KiWi

KiWi 34 Wilfried Erdmann
Tausend Tage Robinson

Wilfried Erdmann

Tausend Tage Robinson

Das Abenteuer
einer Weltumseglung

Kiepenheuer & Witsch

Umschlag Hannes Jähn, Köln
Gesamtherstellung Clausen & Bosse, Leck
ISBN 3 462 01591 5

Inhalt

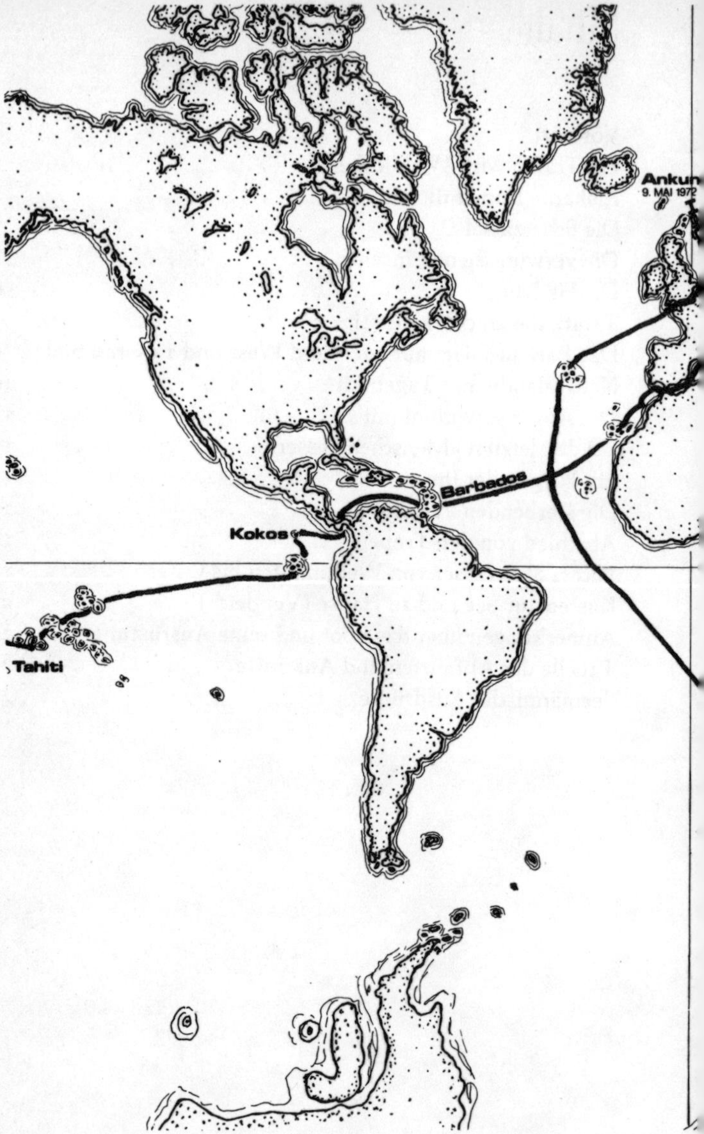
Ankun
9. MAI 1972
Barbados
Kokos
Tahiti

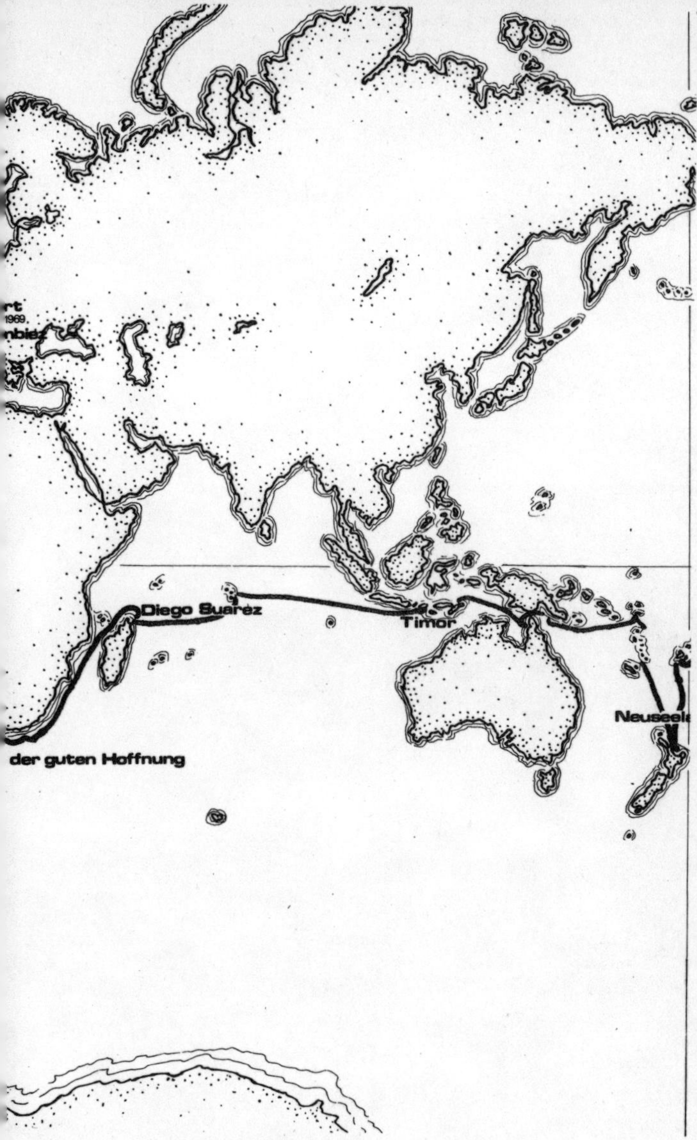

rt
1969,
nbie
Diego Suarez
Timor
Neusee
der guten Hoffnung

Vorwort

»Du hast mich vorher dazu verdonnert, Tagebuch zu schreiben«, sagte Astrid, »und du hast unterwegs deine Logbücher geführt. Was da alles drinsteht! Du solltest an unseren Erfahrungen auch andere teilhaben lassen und ein Buch daraus machen!« So bohrte sie schon gleich nach dem Ende unserer Hochzeitsreise rund um die Welt. Und die Ausdauer, mit der sie das tat, führte zum vorliegenden Ergebnis.

Allerdings muß ich betonen, daß ich von Beruf kein Schriftsteller bin. Man kann von mir keinen blendenden Stil erwarten und keine feierliche oder blumige Schilderung. Dafür werde ich versuchen, alles wahrheitsgetreu aufzuschreiben, ohne zu übertreiben oder genierliche Stellen wegzulassen.

Viele Leute hätten eine solche Reise um den Globus ebenso gut, einige hätten sie besser machen können. Aber auf mich fiel nun mal das große Los, zweimal den großen Rundtörn unternehmen zu dürfen. Alle die anderen mußten zu Hause bleiben, in Büros und Fabriken, hinter Schreibtischen und Maschinen. Dort haben sie bedeutend mehr Resignation erfahren, mehr moralischen Mut und innere Ausdauer bewiesen, als auf der ganzen Reise je von uns gefordert wurden.

Für ihre Träume und zu ihrem Vergnügen ist dieses Buch gedacht.

Düsseldorf, im Frühjahr 1973

Wilfried Erdmann

Ein Traum wird Wirklichkeit

»Die See ist die Hochstraße des Erdballs. Die See ist der Tummelplatz der Kraft und des Unternehmungsgeistes für alle. Die See ist die Wiege der Freiheit. Wer an der See keinen Anteil hat, der ist ausgeschlossen von den guten Dingen und Ehren der Welt – der ist unseres lieben Herrgotts Stiefkind.«

Friedrich List 1789–1846

Die Fischer hatten uns gewarnt: Es sei eine stürmische Nacht zu erwarten. Es gäbe sichere Zeichen am Himmel, daß um Mitternacht ein heftiger Oststurm losbrechen würde. Aber gerade dieser Ost reizte uns. Schließlich hatten wir an der gesamten spanischen Ostküste mit heftigen Gegenwinden zu kämpfen gehabt. Und da er von Osten kommen sollte und wir nach Südwesten wollten, von Malaga nach Gibraltar, war die Sache in Ordnung. Mit einem leichten Gesäusel von den Bergen rutschten wir mit unserer *Kathena II* langsam los. Kaum aber waren wir am Kap Torremolinos, ließ der ohnehin schon schäbige Husten uns gänzlich sitzen. Vor unseren Augen braute sich über den Cordilleren die Suppe zusammen, die wir in der Nacht auslöffeln sollten. Es wurde schwarz am Himmel. Nicht nur schwarz, sondern auch grün und gelb und rot. Der ganze Himmel über dem Gebirge schien in dicken, farbigen Dämpfen zu kochen. Unsere sehnsuchtsvollen Blicke zurück zum sicheren Hafen von Malaga nützten uns nichts mehr. Wir saßen hoffnungslos fest in einer Totenflaute, die man allgemein die Stille vor dem Sturm nennt. Und wir klebten auf der Nase des Kaps. Ich verlor kein Wort darüber. Um so ausführlicher begann Astrid die Wetterlage zu besprechen. Ich gab mich betont ruhig, saß an Deck und tat so, als ob ich an nichts anderes dächte, als daß Astrid bloß ihre Spaghetti richtig würzte, während wenige Meilen entfernt sich der Weltuntergang vorbereitete. Aber woher sollte Astrid, die zum erstenmal in ihrem Leben einen Sturm auf See erwartete, wissen, daß meine Ruhe nur rein äußerlich war. Genauso wie es über den Bergen kochte, qualmte es in meinem Kopf. Ich durchdachte jede Möglichkeit, heil und möglichst schnell in Richtung Gibraltar herauszukommen. Ich kannte die Seekarte auswendig. Dutzende Male hatte ich durchgerechnet, wie man um das gefährliche Capo de Calaburras herumkommen müßte. Das Sturmsegel war zurechtgelegt, das Tauwerk geprüft. Alles war getan, bevor Astrid überhaupt Bedenken wegen des aufkommenden Unwetters hatte.

Als Astrid die Schüsseln mit Nudeln und Paprikaspeck an Deck setzte, wurde es plötzlich Nacht. Das ging so schnell, als hätte eine unsichtbare Hand ein dunkles Tuch über die *Kathena II* geworfen. Immer noch stand die See steif und unbeweglich um uns herum. Astrid wies mich darauf hin, daß einige Nudeln in meinem Vollbart klebten. Ich erwiderte nur kurz:

»Die wird mir heute nacht die See herausspülen.«

Unheimlich schnell kam das Rauschen durch die stockfinstere Nacht auf uns zu. Plötzlich erhielt das Boot einen Stoß, der trotz der gerefften Segel Mast und Stagen zittern ließ. *Kathena II* schoß los. Ich legte die Pinne auf Südkurs, um so schnell wie möglich von der Küste wegzukommen. Mir war klar, weit würde ich auf diesem Kurs nicht kommen, denn bei zunehmendem Ost müßte ich den Wind achterlinks einfallen lassen. Das mächtige Brausen der heranrollenden See war ein sicheres Zeichen, daß es noch mehr geben würde.

Noch konnte ich die Richtung halten. Ein Blick auf die Uhr besagte, daß wir schon gut eine Viertelstunde auf diesem Kurs liefen. Das waren bei einer Fahrt von mehr als sechs Knoten immerhin zwei Seemeilen vom Kap weg.

Nach weiteren zehn Minuten brausender Fahrt wurde die *Kathena II* allzusehr durchgeschüttelt. Da legte ich langsam den Kurs auf Südwest. Etwas später gar Westsüdwest. Und das war schon fast direkt der Kurs auf Gibraltar.

Gewaltige Seen rollten jetzt von achtern an. Fest saß ich in der Plicht und widerstand den wilden Bewegungen des Bootes. Das Kap war klar. Aber der Wind heulte weiter und brachte das Mittelmeer zum Kochen.

Astrid war längst nicht mehr an Deck. Als die Wassermassen die Plicht füllten und ihren Weg durchs Luk in die Kajüte fanden, konnte ich unten im Schein der Petroleumfunzel Verzweiflung und ein wenig Angst in ihrem Gesicht erkennen. Aber noch mehr machte ihr die Seekrankheit zu schaffen. Dicke Tränen liefen über ihr Gesicht. Trösten konnte ich sie nicht, denn ich mußte unbedingt draußen bleiben.

Es ging nicht mehr; um es Astrid etwas erträglicher zu machen, mußte ich das bereits gereffte Großsegel wegnehmen. Ich kroch zum Mast, um das Segel loszuwerfen. Das war nicht einfach. Das knallende Tuch ließ das Rigg zittern, bevor ich es in meine Gewalt bekam. Astrid hatte das ganze Manöver wohl nicht begriffen. Sie rief nach mir, um Gewißheit zu haben, daß ich nicht über Bord gegangen war. Ich öffnete das Luk, um sie zu beruhigen – aber nur kurz, weil viel Wasser überging. Von nun an steuerte ich direkten Kurs Gibraltar. Die Augen schmerzten vom Salzwasser, so angestrengt starrte ich in die brausende Finsternis. Immer wieder reckte ich meinen Hals und suchte nach dem Pünktchen Licht von Europa Point. Doch von Minute zu Minute wurde meine Sorge um das Feuer größer. War ich doch nicht weit genug nach Süden gekommen? Waren meine Berechnungen mit Abdrift und Mißweisung, Geschwindigkeit und Zeit richtig? Schleierhaft blieb mir, warum ich kein Schiff sah. Sicherlich war ich zu weit unter der Küste. Oder ob die Funzel zu schwach ist? Vielleicht von einer Regenwand verdeckt wird?

Als die See im Osten mit einer grandiosen Morgenröte aufzuwarten begann und dann etwas später die Sonne über die Kimm kam, ließ der Sturm merklich nach. Gibraltar lag groß und mächtig vor unserem Bug. Ich rief Astrid an die Luke und zeigte ihr den berühmten Felsen *The Rock*, wie wir ihn immer liebevoll nannten, denn er bedeutet auch für unser persönliches Schicksal sehr viel. Nicht nur, daß jetzt ein ordentliches Stück Weg auf unserer Weltreise mit all seinen Gefahren hinter uns lag. Hier hatte ich auch Astrid, meine Frau, vor drei Jahren kennengelernt. Damals verbrachte sie ihre Ferien an Bord der Yacht ihrer Mutter. Getroffen hatten wir uns in einer Kneipe. Ob diese Kneipe in der Bay Street mit dem ausgesessenen Sofa und dem dünnen Bier noch existierte? Je näher der Felsen kam, je größer er wurde, um so mehr beschäftigte uns diese Frage.

Bei mir gingen die Gedanken noch weiter zurück zum Anfang meiner Bekanntschaft mit dem Meer. Noch mit zwanzig Jahren hatte ich keinen Fuß auf eine Schiffsplanke gesetzt. Ich arbeitete an Land als Zimmermann. Mal hier, mal dort. Eines Tages lud mich mein Vetter Helmut, der ein Faltboot mit Besegelung besaß, zur Ausfahrt vor der Ostseeinsel Fehmarn ein. Es war die erste Segeltour in meinem Leben. Als ich hörte, wie der Wind leise durch die Segel rauschte, und als ich mich dann zurücklegte und den ziehenden Wolken am Himmel nachzuträumen begann, überkam mich plötzlich die Sehnsucht: So müßtest du mal segeln, weit weg, vielleicht sogar um die Welt.

Von dieser Stunde an lebte ich für nichts anderes mehr. Zunächst deckte ich mich mit Büchern von großen Atlantikseglern ein. Lindemann, Slocum, Dumas waren darunter. Dann brauchte ich vor allem ein Boot. Und das mußte ich mir verdienen. Es bedeutete Jahre harter Entbehrungen, schwerer Arbeit und eisernen Sparens. Um das Geld so gut wie möglich zusammenzuhalten, beschloß ich, zur See zu fahren. Auf Schiffen gibt es keine verführerischen Mädchen, keine gierige Zimmervermieterin, kein kostspieliges

Auto. Dieser Entschluß paßte auch gut zur zweiten Voraussetzung: Ich mußte zunächst den Beruf des Seemanns erlernen, um zu wissen, was See und Seefahrt ist, mußte den Anblick von Weite und Wellenbergen gewohnt sein, bevor ich mich ganz allein einem kleinen Boot anvertraute.

Allein? Mir fiel die dritte Voraussetzung ein: Der Blinddarm könnte Schwierigkeiten machen. In einem Lübecker Krankenhaus wurde er mir, auch ohne »Bauchweh«, herausoperiert. Mit dem Blinddarm war die erste Klippe auf dem Weg zu meiner Weltumseglung umschifft.

Die zweite zu umschiffen war schon weitaus schwieriger. Als Jungmann begann mit 200 Mark Monatsheuer auf dem Tanker meine Seefahrt. Das bedeutete zunächst großen Verzicht. Auf dem Bau hatte ich als Zimmermann bereits das Fünffache verdient. Doch es dauerte nicht lange, und ich war Leichtmatrose. Auf dem nächsten Dampfer war ich schon Matrose und später Schiffszimmermann. Nach drei Jahren konnte ich von dieser Seefahrt Abschied nehmen. Ich hatte genug Geld für meine Pläne zusammen und dazu noch Knoten und Spleißen gelernt.

Im Spätherbst gönnte ich mir einen Urlaub in Alicante (Spanien). Zufällig fand ich dort im Hafen ein Boot, das meinen Vorstellungen entsprach. Mit dem Besitzer, einem alten Engländer, war ich schnell handelseinig. *Kathena,* so hieß das Boot, war eine hölzerne Slup und 7,50 m lang.

Sorgfältig bereitete ich mich auf meine Reise vor. Acht Monate lang. Von Freunden, die ihre Boote ebenfalls dort am Kai vertäut hatten, lernte ich die Segeltechnik in der Praxis, die Kunst der Navigation in der Theorie. Auf kurzen Segeltörns von Alicante aus erprobte ich *Kathena* und mich. Bald hatte ich genug Mut gesammelt, um mich von Hafen zu Hafen westwärts nach Gibraltar zu hangeln.

Da geschah es: Im Hafen dieser britischen Felsenfestung lernte ich Astrid kennen. Wir bastelten zusammen an unseren Booten. Wir gingen baden, bummeln und einkaufen. Wir mochten uns. Doch eines Morgens, als Nebel über der

Straße von Gibraltar lag, holte ich die Segel hoch und war weg. Es ging nicht anders. Außerdem hätten wir uns doch bald trennen müssen. Astrid, von Beruf Sportlehrerin, mußte in ihre Schule, und ich wollte den Traum einer Einhand-Weltumseglung nicht aufgeben.

Der weite Atlantik lag vor mir. Mitunter dachte ich noch an die schönen Tage in Gibraltar. Aber die Probleme der Navigation ließen mir nicht viel Zeit dazu. Da ich nur einen Sextanten und ein paar Seekarten zur Ortsbestimmung an Bord hatte, konnte ich auch nicht annähernd genau die Position bestimmen. Denn vor allem fehlte mir die exakte Zeit. Ich hatte keine Uhr.

Trotzdem fand ich Amerika. Die Fregattvögel der westindischen Inseln halfen mir dabei. Da sie sich selten weiter als hundert Seemeilen von den Inseln entfernen, kann man ihr Auftauchen als gutes Vorzeichen betrachten. Nachdem ich die ersten gesehen hatte, stieg ich unzählige Male in den Mast. Land in Sicht. Endlich am 47. Tag.

Auf der Insel St. Vincent machte ich meinen Landfall. Danach ging es weiter nach Panama. Dort versorgte ich mich mit besserem Navigationsgerät und segelte fast ohne Schwierigkeiten weiter nach Tahiti und Port Moresby. Die Briefe von Astrid wurden immer spärlicher, je weiter ich um den Globus kam. Verständlich, die Zeit und die Entfernung lassen vieles vergessen.

Von Port Moresby segelte ich dann in 98 Tagen über den Indischen Ozean nach Kapstadt. Hier bereitete ich mich auf den schwierigsten Teil meiner Reise vor. Nach nur sechs Häfen Nonstop nach Hause.

131 Tage brauchte ich dafür. Am 7. Mai 1968 lief ich in Helgoland ein. Ich hatte mit der kleinen *Kathena* als erster Deutscher die Erde umsegelt. Für die gut 30 000 Seemeilen benötigte ich zwanzig Monate.

Zwei Tage später war Astrid bei mir an Bord. Wenige Monate später waren wir verheiratet. Unsere erste kleine Hochzeitsreise ging nach Südfrankreich zu Freunden, die dort eine Segelyacht zu verkaufen hatten. Die wollten wir uns mal ansehen. Karel und Sigrid hatten ihr Schiff (eine 8,90 m lange Slup aus Stahl), die *Molch III,* in einem prächtigen Zustand. Es war für sie vor drei Jahren auf einer kleinen Werft in Holland gebaut worden. Da sie aber ein neues größeres Boot in Bau hatten, wollten sie dieses so schnell wie möglich loswerden. *Molch III* war kein atemberaubender Entwurf eines Konstrukteurs. Doch nachdem ich den ganzen Nachmittag das Boot vom Masttop bis zum Kiel (ich tauchte in dem 15 Grad Celsius kalten Wasser) durchforscht hatte, bekam ich einen guten Eindruck vom Material und von der Verarbeitung. Alles in allem, es war solide und – für mich noch ein wichtiger Faktor – es war preisgünstig.

»Astrid, das Boot könnten wir uns kaufen.«

»Und was willst du damit anstellen?«

Ich druckste herum, natürlich spukte der Traum, mit Astrid eine Weltumseglung zu machen, in meinem Kopf. Ihr die Meere meiner Einsamkeit zu zeigen, erschien mir in diesem Augenblick erfüllbar. Aber ich mußte es ihr schonend beibringen.

»Was meinst du, wenn wir beide uns mit diesem Boot auf eine Reise um die Welt begeben? Stell dir vor, wenn wir dann auf den Inseln des Pazifiks die Kokosnüsse schlürfen und in dem kristallklaren Wasser tauchen, während der Anker unserer Yacht auf weißem Sandgrund liegt und das Heck an einer Palme vertäut ist? Wär das nichts für dich?«

»Hm, himmlisch stelle ich mir das vor. Und dann kommen die Südseeschönen an Bord und verführen dich mit ihrer Musik, ihren Tänzen und ...«

»Ich meine es ehrlich, Astrid. Hör mal bitte zu. Mit meinen Ersparnissen und dem Erlös aus dem Verkauf der *Kathena* schaffe ich es genau, *Molch III* zu erwerben.«

»Aber die Ausrüstung und die Jahre, die wir unterwegs

sind, kosten doch auch Geld, und überhaupt, da muß ich ja alles aufgeben«, sagte sie zögernd.

»Ja, für deinen Wagen bekommst du noch ein bißchen, und außerdem arbeiten wir noch zwei Monate. Das sollte genug Startkapital sein«, erwiderte ich hastig, um sie von weiteren Argumenten abzuhalten.

»Könnten wir denn nicht noch ein Jahr damit warten?« versuchte sie auszuweichen.

»Du meinst, wenn wir uns so richtig eingelebt haben, wenn wir uns ein schönes, teures Nest eingerichtet haben. Nein, dann kommen wir nicht so einfach wieder los. Dies ist die Chance, denn wir brauchen nicht viel in die Ausrüstung zu investieren. Es ist fast alles da. Die Segel, der Rumpf, der kleine Hilfsmotor sind in Ordnung. Aber komm, über Nacht können wir uns das im Hotel weiter überlegen.«

»Über Nacht?«

»Ja, die Ferien sind schließlich bald zu Ende.«

Am anderen Morgen hatte ich den Kaufvertrag unterschrieben. Wir tranken ein Glas Sekt darauf, und Sigrid schenkte Astrid nachträglich zur Hochzeit ein gutes, farbig bebildertes Kochbuch. Mit einem Lächeln sagte sie:

»Sollte euch auf dem Ozean jemals der Proviant ausgehen, so könnt ihr euch die Bilder darin ansehen oder euch gegenseitig daraus vorlesen.«

Die erste Arbeit an Bord verrichtete ich mit weißer und blauer Farbe. Aus der *Molch III* (mit weiß übermalt) wurde die *Kathena II* (in schönen blauen Buchstaben). Könnte ein Boot wie ein Hund mit dem Schwanz wedeln, *Kathena* hätte es sicher getan. Dieses Gefühl hatte ich jedenfalls. Ob sie ahnte, daß sie auf die Probe gestellt werden würde? Außer ein paar Kaffeefahrten im Sommer hatte sie immer schön fest vertäut in Les Embiez gelegen.

War es das richtige Boot für unsere Zwecke? Leichte Skepsis schlich sich anderntags bei uns ein. An seiner Seetüchtigkeit war nicht zu zweifeln, das zeigten mir die zahlreichen Untersuchungen von vorn bis achtern, von der Mastspitze bis zum Kiel, klar genug.

In der Kajüte befanden sich vier Kojen, davon waren die beiden vorderen als Doppelkoje zu benutzen.

»Gerade das Richtige für zwei zukünftige Erdumflitterer«, stellte ich befriedigt fest. Dahinter waren ein Schrank, eine Spültoilette und eine Kochecke. Stauraum für den Proviant vieler Seetage gab es ebenfalls ausreichend. Wir konnten einziehen und in See stechen. Alles war klar.

Das heißt, ganz so schnell ging es leider nicht. Im heimischen Düsseldorf häuften sich die Schwierigkeiten. Da mußte Astrid zunächst ihre Schule kündigen, ihre Wohnung kündigen, ihr Telefon, ihre Versicherungen ... kündigen, kündigen ... Und bei alledem gingen wir beide bis zum letzten Moment noch unserer Arbeit nach. Als Astrid kurz vor dem Auflösen der Wohnung noch Blinddarmreizungen bekam, sah ich schwarz. Schon am nächsten Tag wurde ihr im Krankenhaus der größte Blinddarm des Jahres herausoperiert.

»Bin ich glücklich, daß es hier passiert ist«, sagte sie hinterher.

Das Unterstellen der schönen alten Möbel aus Astrids Wohnung wurde zu einem Problem. Ihr Vater war nur schwer zu überzeugen, diese Sachen bis zu unserer Rückkehr in seinem Keller zu lagern. Als Kaufmann schien er von unserer Idee ganz und gar nicht begeistert zu sein – verständlicherweise. Gewiß dachte er daran, wozu er seine Tochter in die teure Ballettschule geschickt hatte oder - jahrelang Eiskunstlauf mit gutem Erfolg hatte lehren lassen. Später kamen noch Musik und Tennis dazu. Wozu auch kostspielige Internate und die Ausbildung zur Sportlehrerin für so ein riskantes und unnützes Unternehmen wie eine Weltumseglung?

Ich hatte ganz andere Zweifel: Würde Astrid nicht nach dem ersten Unwetter auf See alles aufgeben? Das Boot einen feuchten Untersatz schimpfen und es fluchtartig verlassen? Schließlich war sie immer gut behütet gewesen, nie hatte sie Geldprobleme oder andere größere Sorgen gehabt. Da war ihr Auto, da war ihre Apartmentwohnung mit Bad und Küche, mit Strom und fließend warmem Wasser. Wie würde es an Bord bei Petroleumlicht und Primuskocher aussehen, oder wenn ihr die Gischt ins Gesicht spritzte und den Nacken runterliefe? Wie würde sie auf See, wenn ihr auf längeren Törns nur eine Tasse Süßwasser pro Tag zustünde, zurechtkommen? Oder wie sähe es mit der weiblichen Putzsucht aus, mit Kleidern, von denen höchstens sechs Stück Platz an Bord haben würden? Fragen dieser Art beschäftigten mich in den Tagen der Vorbereitung sehr. Nachdem wir all unsere Habe verkauft oder untergestellt hatten, saßen wir fast buchstäblich auf der Straße – unter uns ein Berg privaten Gepäcks. Wie sollten wir damit billig zum Boot in Les Embiez kommen? Die Bahn war zu umständlich, ein Leihwagen zu teuer. Schließlich erbarmte sich Astrids Familienfreund Peter Klöckner und fuhr uns mit seinem Wagen zum Startplatz unserer Wünsche und Träume.

Vorher feierten wir zünftig Abschied mit Freunden in Düsseldorfs Altstadt.

»Was, drei Jahre wollt ihr bleiben? Astrid ist nach drei Monaten wieder hier.« So die Kommentare in der Pinte, im Töff-Töff oder im Bobby. Wie schmeckt das Alt (Bier), wenn man weiß, für die nächsten drei Jahre gibt es keines? Gut, einfach zu gut! Die Folge war allerdings eine strapaziöse Fahrt mit Peters überladenem Wagen. Alles vollgestaut. Der Kofferraum, das Dach, die Rücksitze. Sogar die Beine konnte man wegen irgendwelcher geschenkter Farbtöpfe nicht richtig ausstrecken. Und auf den vom Frost aufgebrochenen Straßen im Elsaß – es war Juli – wurden unsere Steißbeine wie unsere Nerven auf die Probe gestellt. Jeden Augenblick rechneten wir mit einem Achsenbruch.

Die Achsen hielten. Sofort nach der Ankunft wurden Decken, Wäsche, Kleidung, Bücher, nautische Instrumente,

Seekarten und tausend andere Dinge an Bord gebracht. Erste Ungewißheiten: Wohin damit? Zum Beispiel mit den Kartons voller Medikamente? Ich verstaute sie tief unten, obenauf legte ich einige Flaschen Korn – noch übriggeblieben von unserem Polterabend. Zufällig gingen diese verschiedenen Arzneimittel auch in derselben Reihenfolge – von oben – zur Neige. Leider! Es wird erzählt, daß Korn nur in kälteren Gegenden trinkbar sei. Das stimmt nicht. Nachdem der Dorfälteste von Hana Vave auf den Marquesas-Inseln sich von seinem ersten Erstickungsanfall erholt hatte, erklärte er das Getränk für wundervoll, und das war nur ein paar Meilen südlich des Äquators ... Ich möchte den Gang der Ereignisse nicht vorwegnehmen: Nachdem so ziemlich alles seinen Platz, jedenfalls fürs erste, gefunden hatte, war es schon recht gemütlich im Bauch der *Kathena II*.

Am 2. August 1969 liefen wir von Les Embiez, der Privatinsel des französischen Schnapskönigs Ricard (Anisette), zu unserer Weltumseglung aus. Ein schwacher Landwind trug uns hinaus. Die *Kathena II* schlich mit kaum zwei Knoten Fahrt unter der glühenden Sonne dahin. Das leise klickende Gurgeln des Wassers am Bug war für mich ein Geräusch der Zufriedenheit und Zuversicht. Ganz nahe schnaufte ein Delphin.

»Ich denke, wir sind 12 Seemeilen gelaufen«, sagte Astrid bei der Wachablösung und verschwand in der Kajüte. Wenig später hörte ich ihr tiefes Atmen.

Solche lauen Landwinde sind die Unzuverlässigkeit selbst. Es dauerte nicht lange, und der ohnehin schon so schwächliche Geselle blies immer mehr von vorn. Wir konnten unseren Südwestkurs nicht mehr halten und begannen aufzukreuzen. Ein schlechter Start: Der Wind war uns nicht gnädig. Durchs ganze Mittelmeer blieb er eigensinnig, unzähmbar und tückisch. Immer, ob stark oder schwach, stand er gegen uns. Nie konnten wir uns auf ihn verlassen. Es war so, als habe – wie in der Odyssee – ein

Gott alle guten Winde eingesperrt und nur den freigegeben, der gegen uns stand.

Der Himmel wurde klarer, die Sonne heißer, und der Sturm flaute weiter ab. The Rock kam näher, deutlich konnten wir die Zisterne sehen, die Gibraltar mit Wasser versorgte. Da war auch Europa Point gerundet. Gegen eine kurze knüpplige See kreuzten wir jetzt in die Bucht. Bald war es geschafft. Ich drückte Astrid an mich und war gewiß, daß sie weiter mitmachen würde. Das Unwetter der letzten Nacht schien vergessen zu sein. Überglücklich legten wir im äußersten Hafenbecken an.

Riskante Romantik

> *»Ohne Wasser, merkt euch das, wär' unsere Welt ein leeres Faß ...«*
>
> *(bekanntes Volkslied)*

Der Hafen von Las Palmas, Puerto de la Luz, besitzt nicht nur die interessante Atmosphäre eines jeden größeren Hafens der Welt, sondern er hat darüber hinaus noch einige besondere »Qualitäten«. Zum Beispiel ist er seit Jahren Sammelpunkt aller Abenteurer auf Segelbooten – und für manche große Hoffnung Endstation. Als ich mich hier vor drei Jahren auf meine erste Atlantik-Überquerung vorbereitete, traf ich zum Beispiel zwei Dänen, die mit einem uralten Kutter über den großen Teich wollten. Das Ding leckte wie ein Sieb. Kein Wunder, daß die Reise von Dänemark bis hierher bereits ein Jahr gedauert hatte. Man sollte annehmen, daß jeder Hochseesegler zumindest eine Breite ausrechnen kann. Nicht aber diese beiden. Mit Koppelkurs und »gegißtem« Besteck allein ist es wirklich keine Überraschung, daß sie nach dem Verlassen Portugals die Insel Madeira verfehlten und sich zum Schluß vor der Tatsache sahen, daß, wenn die Kanarischen Inseln nicht inzwischen versunken waren, der alte Kutter seine eigenen Wege gegangen sein mußte. Ein Frachter gab ihnen zum Schluß die Position. »Steuert Nord«, rief der Kapitän, »dann findet ihr Gran Canaria!« Dieser Kapitän war noch ein Gentleman. Ich habe von einem Fall gehört, wo ebenfalls einige »Seefahrer« ein Schiff stoppten und fragten: »Wo sind wir?« Die unwirsche Antwort des Kapitäns: »Auf See!«

Als ich diesmal um die Ecke, mit der prächtigen Morgensonne im Rücken, in den Hafen glitt, machten wir über zwei Dutzend Yachten aus, die vor dem Yachtclub vor Anker lagen. Die meisten würden in gut einem Monat in

Westindien sein, wenn dort die Zeit der Wirbelstürme vorbei ist. Genau das hatten wir auch vor.

Noch ehe Astrid ihren Mund geschlossen hatte – überrascht vom Anblick der Winterterrassen, Bananenplantagen und Tomatenfelder hinter der Stadt –, waren Freunde an Bord. Hermann Forster und Manfred Roth hatten wir bereits in Casablanca getroffen, unserer Zwischenstation nach Gibraltar. Sie waren mit einem nur fünf Meter langen Bötchen unterwegs. Jetzt gingen wir mit ihnen in eins der vielen Schnellrestaurants in der Stadt essen.

Für den, der zum erstenmal ein bißchen von den Tropen riecht, ist Las Palmas ein Schlaraffenland. Für die vielen deutschen Touristen, die aus ihrem naßkalten Herbstwetter kommen, ist es sicherlich ein Paradies. Gerade warm genug, gerade fremdartig genug und doch zivilisiert, mit vielen Hotels und Ansichtskartenläden. Von den letzteren ein bißchen zu viele; in den vergangenen Jahren hat Las Palmas den Kampf um die Touristen gegenüber Madeira und Teneriffa gewonnen. Das ist schade für das Stadtbild. Und sicherlich auch für die schlafenden Lazzaronis, über die man am Hafen und Markt hinwegsteigen muß. Doch für die geschäftigen Inder und Chinesen eine feine Sache. Aber auch für die schwer arbeitenden Canarios?

Die meiste Zeit verbrachten wir im Hafen, am Strand und an Bord. *Kathena II* mußte für die Atlantik-Überquerung hergerichtet werden. Es gab einiges zu ändern, so am Rigg und in der Kajüte, wo für den vielen Proviant Stauraum geschaffen werden mußte. Oft war ich auch auf dem hier auf Station liegenden deutschen Bergungsschlepper *Baltic* zu Gast. Ich baute mir dort eine kardanische Aufhängung für unseren Kocher und ließ mir auch noch einen neuen Mastbeschlag schweißen. Das machte mein alter Freund Helmut. Ich hatte ihn schon früher in Kapstadt gut kennengelernt, als er dort mit der *Atlantik* lag.

Eines Abends lief endlich Astrids Mutter, Ingeborg, mit ihrem *Ultima Ratio* (Trimaran) ein. Sie war schon überfällig. Ganz allein war meine Schwiegermutter bereits das schwierige Stück von Cartagena (Ostspanien) über Gibraltar und Casablanca gesegelt. Und jetzt wollte sie über den Atlantik, auch allein.

Es gab um uns herum viele Zweifler. Einen Trimaran von 10,50 m Länge und 6,20 m Breite von einer Frau allein über den großen Teich zu schippern, das erschien ihnen unmöglich. Aber sie kannten eben meine Schwiegermutter nicht, ihren Mut, ihre Ausdauer, ihre jahrelangen Planungen und Erfahrungen.

Vor ungefähr zehn Jahren war Ingeborg von Heister vom Segelfliegen auf das Segeln gekommen. Im ersten eigenen kleinen Boot sammelte sie auf dem Rhein ihre Grundkenntnisse. Noch heute erzählen einige Düsseldorfer Bekannte schmunzelnd von einigen kleinen Havarien in den rheinischen und holländischen Yachthäfen. Bald nahm Ingeborg Unterricht im Düsseldorfer Yachtclub. A-, B-, C-Schein, Sportschiffer und Sporthochseeschiffer mit abschließender Prüfung an der Seefahrtsakademie in Bremen, »das alles hab ich mir langsam aufgebaut«.

Das Segelgebiet Rhein und Ijsselmeer verließ sie bald. Mit ihrem 1966 neu erworbenen Trimaran *Ultima Ratio* ging es ins Mittelmeer. An eine Alleinüberquerung des Atlantiks dachte sie da noch nicht. Erst die persönlichen Umstände machten sie zum Einhandsegler – sie fand niemanden, der sich zum Mitsegeln eignen würde. »Ich stehe auf dem Standpunkt, daß es besser ist, allein zu segeln als mit einer Crew, mit der man nicht zurechtkommt. Wen soll ich als Frau mitnehmen? Eine andere Frau? Kommt nicht in Frage, gibt Streit. Ehepaar kommt nicht in Frage. Mehrere Männer, gibt Schwierigkeiten, und einen zu finden, den ich mag und der dazu noch Zeit und Lust mitbringt, ist mir nicht gelungen.« Ihr blieb also nichts anderes übrig, als es allein zu schaffen. Nur in den Häfen waren wir dabei und konnten ihr helfen, wie jetzt in Las Palmas. An Bord der *Ultima Ratio* gab es immer etwas zu reparieren. Kein Wunder, bei mehreren Radios, Schallplattenspielern, Tonbändern und noch allerlei technischem Kram. Viel Vergnügen machte es mir immer, Ölgemische für die verschiedensten Motoren bei ihr zusammenzustellen.

»Ingeborg, wieviel Hütchen Öl für die Hauptmaschine?«

»Zweieinhalb.«

»Und der Außenborder fürs Dinghi?«

»Warte mal, muß mal in meinen Spickzettel und ins Logbuch schauen. Also die Hauptmaschine 2½ Hütchen, der Außenborder 5, der Generator 1½ und das Motorrad 3.«

Apropos Motorrad: Obwohl man ihr auf der Werft abriet, ein Motorrad mitzunehmen, weil das Gewicht des Trimarans für die Seetüchtigkeit leicht gehalten werden müsse, konnte sie sich von dem Knatterstuhl nicht trennen.

Meine wichtigste Arbeit auf dem Trimaran: Das Rigg mußte überholt werden. Ich machte es sehr gewissenhaft, denn ich bezweifelte, daß Ingeborg es schaffen würde, auf See da hochzuentern. Ich glaube, für einen weiblichen Seemann wird es immer ein Problem bleiben, allein in den Mast zu steigen.

Als Frau allein über den Atlantik, das reizte Ingeborg, aber dennoch zögerte sie vor dem großen Unternehmen. Am 19. November scheuchten wir sie auf:

»Morgen mußt du los! Wir haben sonst drüben keine Zeit füreinander, denn Astrid und ich wollen bald zum Pazifik weiter. Außerdem nehmen wir an, daß wir sowieso früher da sind.«

Am Abend vor ihrem Start taten wir noch die letzten Handschläge für ihre Sicherheit. Da Ingeborg sich keine teure Rettungsinsel leisten konnte, fuhr sie ihr Schlauchboot aufgeblasen an Deck. Dort hinein packten wir für den Notfall einen 20-Liter-Kanister mit Wasser, einen Plastiksack mit Segeltuch und Nähzeug für ein Behelfssegel, außerdem ein Messer, eine Flasche Schnaps, Konserven, Knäckebrot und ein paar Fischhaken. Dazu noch einen - Blasebalg und Flickmaterial, Kompaß und Seekarte sowie eine Uhr. Natürlich auch Leuchtraketen und ein paar warme Sachen.

So gaben wir ihr am 20. November den berühmten Schubs. Einige Meilen begleiteten wir sie mit unserer *Kathena.* Mein Abschiedsgeschenk an sie war eine große Tüte mit Krimis und leichten Romanen. Ich wußte von meinen einsamen Reisen, wie wichtig es ist, etwas für die Zerstreuung und Entspannung zu haben.

Acht Tage später waren wir dran. Der Atlantik wurde wieder zu unserer Heimat. Er benahm sich anständig und beherrscht beim Wiedersehen und sandte uns einen schönen Nordwind, der die Segel füllte und uns südwestwärts, gerade in den Nordostpassat brachte, der unser Antrieb für die kommenden 2700 Seemeilen sein sollte.

Das Leben im Hafen war billig gewesen. Las Palmas ist eine Art von Freihafen und hat den Vorteil von Zollvergünstigungen. So konnten wir unseren Proviant preiswert auffüllen. Das ärgerliche an Las Palmas war nur das viele Öl im Hafen. *Kathena II* und unser Schlauchboot hatten an der Wasserlinie einen dicken schwarzen Rand; der mußte jetzt auf der See erst wieder abgeschrubbt werden. Eine Arbeit für Sklaven!

Der Wind blieb. Scharen von fliegenden Fischen kreuzten unseren Bug, und so weit der Blick reichte, schimmerte am Abend das Meeresleuchten in unserem Kielwasser. Voraus strahlte die Venus so kräftig, daß Astrid trotz Seekrankheit an Deck kam, um die Erscheinung zu bewundern. Das Bewußtsein dieser romantischen Jagd nach fernen Sternen war es, was uns den Abschied von der Insel erleichterte.

Als wir am nächsten Morgen heraustörnten, war sogar schon der höchste Berg der Kanarischen Inseln, der Pico del Teide, hinter dem Horizont versunken. Wir waren allein mit dem Nordostpassat und dem Atlantischen Ozean.

Ich stand vorn, den Arm ums Vorstag geschlungen, und

flüsterte einem Delphin, der im Bugwasser Volten schlug, Spaniens uraltes Motto zu:

»Mañana – Morgen!«

Er schien mich zu verstehen und eilte voraus.

»Meine Tortur hat begonnen! Nach dem bißchen Küstensegelei nun der Atlantik. Ich habe ein wenig Bange vor der Weite, und vor zuviel Seekrankheit«, das sind Astrids erste Zeilen in ihrem Tagebuch für die Überquerung. Und es erwischte sie gleich. Die gesamte erste Woche starker bis stürmischer Passat.

Am zweiten Tag auf See passierte es. Wir bekamen einen heftigen Ehekrach. Vorausschicken muß ich: Ich selber bin Nichtraucher, Astrid dagegen hatte sich schon lange daran gewöhnt, täglich etliche Zigaretten von der französischen Art mit schwarzem Tabak zu qualmen.

Nach dem Mittagessen begann sie in der Kajüte zu rumoren. Dann erschien ihr Kopf im Luk, den letzten Glimmstengel aus einer angebrochenen Packung zwischen den Lippen.

»Wilfried, wo hast du denn die neuen Zigaretten gelassen?«

»Die Zigaretten?« fragte ich gedehnt zurück.

»Ja, du hast mir doch in Las Palmas erzählt, daß du beim Schiffsausrüster auch zwei Stangen Zigaretten gekauft hast!«

»Stimmt«, sagte ich, »stehen ja auch auf der Rechnung.«

Ich tat so, als ob ich suchend in der Backskiste kramte, verbarg mein Gesicht, um mich für die kommende Schauspielerei zu fangen. Ich gebe zu, es war brutal von mir – aber ich hatte mir fest vorgenommen, Astrid auf diesem Törn das Rauchen abzugewöhnen. Durch einen miesen Trick.

Ich nahm meinen Kopf wieder hoch, nachdem ich die beiden Stangen noch tiefer versteckt hatte, und tat ganz schuldbewußt: »Du, die muß ich beim Schiffsausrüster liegengelassen haben.«

»Was?!« Astrids Gesicht wurde lang vor Entsetzen.

»Ja, vergessen. Du weißt doch, wieviel ich zu tragen hatte.«

»Aber Wilfried, das kann doch nicht sein!«

Ihr Gesicht verzerrte sich.

»Schau doch noch mal nach!«

»Alles durchsucht«, log ich.

Astrid fing beinahe an zu weinen: »Können wir nicht zurück?«

»Du weißt doch selbst, daß das gegen Strom und Wind sinnlos ist.«

Sie schwieg. Hilflos begann sie auf ihren Nägeln zu kauen ... Drei Wochen dauerte Astrids Gier nach den Zigaretten. Danach war es vorbei. Später holte ich mit verschmitztem Gesicht eine Stange hervor. Versonnen machte sie ein Streichholz an und steckte sich eine an. Warf sie aber nach wenigen Zügen über Bord. Flott zog *Kathena II* an dem weißen Stäbchen vorbei, und Astrid stellte nur fest: »Wir sind ja ganz schön schnell.« Seither hat sie keine Zigarette mehr angefaßt.

In der ersten Woche auf dem Atlantik hatten wir immer Etmale über 120 Seemeilen. Wenn es so weiterging, würden wir ganz sicher vor der *Ultima Ratio* in Barbados sein. Das wäre eine Gaudi! Ingeborg war immer der festen Überzeugung, ein Trimaran sei bedeutend schneller als ein konventionelles Boot mit nur einem einzigen Rumpf. Es kam viel Wasser an Deck, deshalb lagen wir oft in den Kojen. An Deck war kaum etwas zu tun – außer, sich nasse Kleidung zu holen. Die *Kathena* hielt dank der Selbststeueranlage ihren Kurs von allein. Wir beschäftigten uns in diesen Tagen hauptsächlich mit Schlafen, Essen, Kartenspielen und lesen. So las Astrid zum Beispiel jeden Tag ein Buch. Das Essen kochte ich. Kochen macht mir viel Spaß und ist für eine Frau auf einem bewegten, engen Boot viel zu anstrengend. Es gab Reis mit vielen Zwiebeln oder nur aufgewärmte Dosengerichte, ebenfalls mit den großen kanarischen Zwiebeln vermischt. Mit Füßen und Rücken festgekeilt in unseren Kojen, löffelten wir unser Mahl aus tiefen Schüsseln.

Astrid setzte die Seekrankheit weiter zu. Sie hatte schon viele Mittelchen dagegen ausprobiert, doch alle hatten einen unangenehmen Nebeneffekt: Sie machten enorm müde. In einem solchen lädierten Zustand wäre Astrid einmal beinahe über Bord gefallen. Ich bekam sie noch rechtzeitig zu fassen. Seither nahm sie nichts mehr ein. Jetzt hofften wir beide nur, daß es sich irgendwann bessern würde, daß sich die scheußliche Übelkeit nur über einen Tag hinzog und nicht wie jetzt ununterbrochen anhielt. Wir kämpften mit Tee, trockenem Reis oder Knäckebrot dagegen an. Nichts half wesentlich. Ihre Müdigkeit, Übelkeit und Interesselosigkeit blieben weiter bestehen. An manchen Tagen war ich sehr unglücklich über ihren Zustand. Mir ging es blendend, und die Ärmste mußte im Bett liegen und sich mit Büchern oder Schlaf ablenken. Im Mittelmeer waren wir noch recht optimistisch, und ich erinnerte mich an meine Worte: »Wenn wir erst über die Wellen des Atlantiks hüpfen, kennst du das Wort Seekrankheit bald nicht mehr.«

Leider besserte sich gar nichts. Jetzt hofften wir auf später ... und vielleicht auf eine neue Therapie.

Die Tage waren klar. Die weißen Passatwolken trieben rasch dahin. *Kathena II* war kaum langsamer. Wie schwerfällig waren dagegen die Caravellen des Columbus oder die Vollschiffe, die diese Passatwinde auf dem Weg nach Amerika ausnutzten. Da können wir uns wirklich die Hände reiben, und Ausguckwache brauchen wir auch kaum zu gehen. Denn seitdem es Dampfer gibt, die wie Straßenbahnen über die Meere fahren und ihre Routen wie mit dem Lineal von Hafen zu Hafen ziehen, sind die Passatgürtel verödet. Würden sie ihre Tätigkeit einstellen, würde sie außer ein paar Yachtseglern kaum einer vermissen, oder vielleicht noch der Äquator, der ein bißchen frische Luft braucht.

Am 14. Tag auf See hatten wir fast Flaute. Die Segel zogen kaum. Gemächlich schipperten wir dahin. Ab und an schlug ein Segel gegen die Stagen. Es störte unsere innere Ruhe nicht. Bisher hatten wir 1400 Seemeilen nach Barbados gutgemacht. Wir waren glücklich, und auch die geringe Fahrt von einem Knoten störte uns nicht. Das Wettrennen gegen *Ultima Ratio* würden wir schon nicht verlieren. Astrid nahm diese Gelegenheit wahr, um eine ausgedehnte Hygienestunde zu machen, mit Haarwaschen und so. Anschließend nahm sie ihr erstes Sonnenbad auf See.

»Es ist wie in den großen Ferien. Warum muß die See manchmal nur so scheußlich sein.«

»Guck mal, wie blau das Wasser ist.«

»Aber es sind auch fast 4000 Meter bis zum Grund.«

»Also vorläufig keine Gefahr, auf Grund zu laufen.«

Die See atmete ruhig weiter. Wir träumten weiter. Nachdem die Sonne im Westen weggetaucht war, kam die Dunkelheit. Ganz plötzlich. Im Lauf einer Viertelstunde war es schon so dunkel geworden, daß dicht über dem letzten Farbenspiel des sterbenden Sonnenuntergangs die ersten Sterne standen.

Jetzt kamen auch die fliegenden Fische an Bord. Sie waren auf der Flucht vor großen Verfolgern wie Makrelen und Bonitos, und sie landen häufig an Deck von Schiffen. Das Licht unserer Kajütenbeleuchtung schien sie anzuziehen. So manchen Morgen schaufelte ich 20, 30 Stück über die Seite.

Ganz langsam schwenkte der Passat wieder ein. Die Etmale wurden besser, bald sogar sehr gut. In rauschender Fahrt näherten wir uns Barbados. Ungefähr hundert Seemeilen vor der Insel zeigten sich prompt die ersten Fregattvögel hoch am Himmel. Sie nahmen keine Notiz von uns. *Kathena* wurde für den Landfall klargemacht.

Hier möchte ich Astrids Tagebuch sprechen lassen:

›Der Sonnenaufgang des 23. Dezember war der herrlichste Moment meiner Reise. Wir segelten bei leichter Brise sehr dicht unter der Küste auf die Bucht von Bridgetown zu. Von Land kommt ein Eukalyptusgeruch, den ich tief einatme. Wir sehen Zuckerrohrfelder mit hellen, hübschen Häusern dazwischen. Ist das ein Landfall! Ich fühle mich großartig. Der Anker fällt nach 25 Tagen auf reinen weißen Sandgrund. Einige uns bekannte Boote liegen um uns herum, aber von Mami ist nichts zu sehen.‹

Acht Stunden später war sie da. Wir kamen gerade von unserem Landgang zurück, da sah Astrid einen Trimaran mit Tausendfüßler im Rigg in die Bucht einkreuzen.

»Das ist Mami!« Und schon war Astrid mit unserem Beiboot weg. Mir blieb nichts anderes übrig, als hinterherzuschwimmen.

An Bord der *Ultima Ratio* drücken wir Ingeborg arg, lassen sie hochleben und überschütten sie natürlich gleich mit Fragen.

»Wie fühlst du dich?«

»Müde siehst du aus!«

»Während der letzten zwei Tage habe ich viel von Hand gesteuert. Ich wollte doch unbedingt mit euch Weihnachten feiern.«

»Großartig, daß du es geschafft hast. Du bist die zweite Frau, die einen Ozean überquert hat.«

»Aber die Regatta habt ihr gewonnen.«

»Ja, nach dem Motto von dem Hasen und den zwei Igeln: Ich bün all dor!«

Weihnachten ist Hochstimmung in Bridgetown. Bis tief in die Nacht ist in der lauen Sommerluft das rhythmische Trommeln der »Steelbands« zu hören. Wir feierten Weihnachten zusammen mit den hier vor Anker liegenden Seglern der zwanzig anderen Yachten. Am Strand vor dem Yachtclub wurde am offenen Feuer Fleisch gegrillt, und es gab Rum mit viel Cola. Wir saßen und plauderten, machten Pläne, waren fröhlich und ließen unsere Füße durch den weichen weißen Sand gleiten.

»Astrid, kein Heimweh nach Düsseldorf?«

»Du machst Spaß!«

Wir mußten weiter. Nicht, daß uns die Antillen nicht gefielen, aber es zog uns zu den Inseln des Pazifik. Dort wollten wir uns viel Zeit nehmen und die Inseln gründlich kennenlernen.

Über St. Vincent gelangten wir nach Bequia, eine der Grenadinen-Inseln. Hier rüsteten wir *Kathena II* zur Weiterfahrt nach Panama. Ingeborg war mit *Ultima Ratio* auch dabei. Die Bucht war still und geschützt. Wir genossen die Sonne, das klare Wasser (27 Grad Celsius), den herrlich weißen Strand und die wenigen Menschen. Abends saßen wir oft auf der *Ultima* und tranken ein Glas Planters-Punsch, das ist ein Rumpunsch, bestehend aus:

1 Teil Zitrone
2 Teile Zucker
3 Teile Rum
4 Teile Wasser und Eis.

Während einem dieser Abende in der Bucht sprach ich Ingeborg auf eine Notiz in ihrem Logbuch an, in dem ich gelegentlich geblättert hatte. Da stand: ›Was hab ich da nur begonnen! Männer halten seelisch doch mehr aus! Ich wußte nicht, daß die Nächte so finster und einsam sein können ...

‹ Ich fragte sie, mit welcher Empfindung sie diese Zeilen geschrieben habe.

»Ja, das war in den ersten Tagen, als ich gegen die See anknüppelte. Als die Hände von den harten Schoten Risse bekamen und zu bluten anfingen, da merkte ich, was mir bevorstand. Die Trennung von euch setzte mir in den Tagen auch zu. Ihr wißt ja, daß es mir am Morgen meiner Abfahrt sehr schlecht ging. Mit Magenschmerzen fuhr ich los. Schließlich hatte ich überall etwas. War es Lampenfieber? Oder gar Angst? Ich weiß es nicht. Noch ein paar Meilen hinter dem Hafen dachte ich: Gib doch auf, bevor das Abenteuer begonnen hat ...

Ich segelte weiter. An der Küste von Gran Canaria ging noch alles wunderschön. Doch dann begann der Kampf.

Die Wetterlage änderte sich. Neun Tage mit Regenböen, Flauten und ausschließlich Wind von vorn folgten. Und dann das viele Steuern und die Knochenarbeit mit dem Segelwechseln. Dazu bekam ich einen Begriff von der Einsamkeit. Sie wurde belastend, und ich glaube, ein Mann leidet weniger darunter als eine Frau. Ich habe zwar einige Energie und ahnte, was mir bevorstand, doch schlimm war auch, daß ich keine Meilen gutmachte. Das hemmt enorm den Einsatzwillen. Nach einigen Tagen bekam ich das Gefühl, daß man überhaupt keine Brücke, weder achteraus noch voraus, hat. Da merkte ich, daß ich anfing, ein wenig durchzudrehen.

Mir kam der Streit um die Seetüchtigkeit der Mehrrumpfboote in den Sinn. Den Gedanken, daß allein im letzten Jahr sieben auf hoher See havarierten, schob ich einfach beiseite. Aber daß zwei Gesellschaften die Versicherung für *Ultima Ratio* ablehnten, beschäftigte mich sehr. Und die Prämie von Lloyds in London war mehr nach Himmelfahrt als nach Seefahrt berechnet: 5200 DM statt normalerweise 800 DM.

In den Nächten schlief ich schlecht. Ich hatte Angst, von großen Schiffen überrannt zu werden. In einem Gewittersturm, der Donner folgte dem Blitz in weniger als einer Sekunde, fühlte ich mich so verloren wie wohl kein anderer Mensch auf der Welt. Hier empfand ich zum erstenmal das Bedürfnis, die Erlebnisse jemanden mitzuteilen. Da half mir mein Tonband, über das ihr euch so amüsiert habt. Erst als der Passat am neunten Tag auf See richtig einsetzte, bekam ich wieder Mut. Jetzt ließ ich die Segel auch nachts stehen. Sie waren klein, diese ›Vordemwindsegel‹, nur 26 Quadratmeter zusammen, doch ich erreichte damit Etmale von über 200 Seemeilen. Bei meinem besten Etmal von 270 Seemeilen kam *Ultima Ratio* ins Gleiten und brummte dabei wie ein Motorboot. Vorn hob sie sich weit aus dem Wasser, und hinter mir blieb eine breite Bahn von Schaum zurück.

Einmal blies mir der böige Wind ein Segel über Bord, und die Leine verfing sich unter Wasser am Rumpf. Da mußte ich in das Schlauchboot, um den Schaden zu beseitigen. Das waren drei Stunden harte Arbeit, mit dem Kopf immer wieder unter Wasser. Scheußlich! Ein andermal machte mir der Toilettenabfluß Sorgen. Es kam zum Wassereinbruch, und ich mußte das Klo stillegen. – Und immer wieder blickte ich zur Mastspitze: Wie sollte ich da bloß hochkommen, wenn was passieren würde?«

»Das habe ich doch gewissenhaft überholt. Da hättest du keine Bedenken zu haben brauchen. Sag mal, wie bist du eigentlich mit der Hygiene und dem Kochen fertiggeworden? Hattest du auch, wie ich bei meiner ersten Atlantiküberquerung, keine Lust zu beidem?«

»Nein, ganz im Gegenteil. Ich träumte von einer Badewanne mit heißem Wasser, in der ich stundenlang liegen könnte. Die mangelnde Hygiene griff mich an. Da ich eine sehr empfindliche Haut habe, war das Waschen mit Salzwasser für mich eine arge Belastung. Ich habe mir immer Hände und Gesicht mit etwas Frischwasser nachgespült. Übrigens: Die Wäscherei mit Salzwasser war grauenhaft. Da trocknet ja nichts.

Beim Kochen hebt sich der Nachteil, eine Frau zu sein, auf. Ich half mir mit Einfällen, die du sicher nie realisiert hast: Ich machte mir richtige Reibekuchen aus geriebenen frischen Kartoffeln. Für die Zubereitung der fliegenden Fische, die mir täglich aufs Deck plumpsten, erfand ich neue Rezepte. Mein Appetit war unterwegs immer groß. Nur verdarb mir ein Großteil meines Frischproviants, da alles Obst zu schnell reifte.«

Astrid mixte neuen Punsch und füllte unsere fast leeren Gläser nach, während Ingeborg weitererzählte.

»Das letzte Drittel des Ozeans habe ich eigentlich nur genossen. Die Segel standen gut. Ich verbrachte die Tage mit Schlafen, Essen, Schreiben und Lesen. Dein Abschiedsgeschenk, die Tüte Bücher, konnte ich gut gebrauchen.

Ein Zwischenfall kurz vor dem Ziel setzte mich an meinem Geburtstag matt. Ich fiel so unglücklich an Deck, daß ich mir eine Rippe angebrochen hatte. Ich machte mir eine Bandage und legte mich danach verzweifelt hin. Die Nacht versuchte ich einigermaßen hinter mich zu bringen. Im Logbuch steht an diesem Tag nur: Brrr... geht es mir schlecht! Am 23. Dezember machte ich, genau wie ihr, Barbados aus. Die Insel lag voraus. Meine Navigation war richtig. Am Tag vorher war ich deswegen noch sehr kribblig. Nach so vielen Tagen verlor ich ein wenig die Sicherheit mit meiner Ortsbestimmung. Doch jetzt erwiesen sich alle Sorgen als unberechtigt. Die Aussicht, das Weihnachtsfest an Land zu verbringen, versetzte mich in eine Freudenstimmung. Während die Insel immer größer wurde, war mir so feierlich zumute, daß ich mich aufs Vordeck setzte und eine Flasche Sekt aufmachte. Ich hatte es geschafft. Ich, ich, ich, als Frau ganz allein! Ich hätte die ganze Welt umarmen können. Bei mir dachte ich: Tschä, man muß 'n bißchen was arbeiten können, dann schafft man alles.

Neptun opferte ich auch Sekt, nicht nur ein Glas. Nein, eine ganze Flasche. Die letzte.«

»Die letzte? Hattest du nicht in Las Palmas mehr als eine Kiste gebunkert?«

»Ja, aber das ist alles verbraucht. Ich betrachte Sekt als hochwertigen Vitaminträger!«

Leider rückte der Tag unserer Abfahrt immer näher und damit auch die Trennung von Astrids Mutter. Ihr Weg würde sie über die Bermudas zurück nach Europa führen, wir wollten weiter, zu den Inseln des Pazifik. Ein kleiner Schubs von uns, und sie wäre mit uns weitergesegelt. Diesen Schubs wollte ich ihr nicht geben. Ich hatte sie schon zur Überquerung des Atlantiks ermuntert und glaubte, daß die Rückkehr zum Mittelmeer für sie schon zuviel werden könnte. Nach meinen Erfahrungen mit ihr innerhalb der Westindischen Inseln erschien sie mir nicht selbstsicher genug. So hatte sie zum Beispiel immer eine Heidenangst vor

Häfen und Ankerplätzen. Das war verständlich, denn schon bei ein wenig Wind war die motorschwache *Ultima Ratio* schwer zu manövrieren. Außerdem war ihr Ankergeschirr viel zu schwach. Ein bißchen Kette und dann Tau reichte einfach bei den großen Tiefen im Pazifik nicht aus. An den Korallen würde sich ein Tau schnell durchscheuern, und mehr Kette war zu schwer für eine Frau.

Und dann die großen Entfernungen bei einer Weltumsegelung, die psychisch für eine Frau, ich meine für jede Frau, zu einem Alptraum werden können. Dazu käme noch das Risiko: Würde ihr Trimaran heftige Stürme und enorm hohe Wellen im Indischen Ozean, ohne Schaden zu nehmen, überstehen? Denn es ist eine altbekannte Tatsache, daß ein Trimaran mit vielen abgesegelten Meilen unter seinen 3 Kielen plötzlich auseinanderbricht. Ich riet ihr ab. Auch das Warten in den Häfen auf den anderen zerrt an den Nerven.

Am 19. Januar war es soweit. Wir steuern Kurs West, sie Nord, viel Glück, toi, toi, toi und auf Wiedersehen in Europa.

Die Schatzinsel

»In der Good-Hope-Bay, zwischen zwei kleinen Inselchen, das Schiff verlassen. Wassertiefe zehn Yards. An Land dem Bach folgen, erst 350 Schritt, danach in nordnordöstlicher Richtung 850 Yards. Wenn die Abendsonne auf den spitzen Felsen fällt, wirft er einen Schatten wie ein Adler mit ausgebreiteten Flügeln. An der Grenze zwischen Sonne und Schatten liegt die Höhle, die mit einem Kreuz bezeichnet ist. In ihr ist der Schatz vergraben.«

Der Pirat Thompson zu seinem Freund Keating auf dem Sterbebett; um 1826.

Meine Freunde in Panama lachten, als sie mich mit meinem letzten Einkauf an Bord gehen sahen: ein Spaten und eine Machete. Das sind auf einer Yacht, die in See geht, die unnützesten Werkzeuge, die man sich denken kann.

»Wenn du zur Kokosinsel willst, nimm lieber einen Raupenbagger mit«, riefen mir die Freunde zum Abschied spöttisch zu. Sicher hatten die Segler vom Balboa Yachtclub schon so manche Expedition in Richtung Kokos verabschiedet. Nun, ich warf die Leinen los und verkniff mir jede weitere Diskussion. Schließlich hatte ich nicht um behördliche Genehmigung nachgesucht, auf der Kokosinsel landen zu dürfen und nach dem legendären Gold zu graben.

Zehn Tage steuerten wir westwärts in den Pazifik hinein. Segel setzen, Segel bergen, Schoten dicht, Schoten fieren, so ging es während dieser ganzen Zeit. Wohl zwanzigmal am Tag änderte sich das Wetter. Goß es eben noch in Strömen, so brannte uns im nächsten Augenblick die Sonne auf den Buckel. Ich knirschte mit den Zähnen, aber das Wetter in der Zone der äquatorialen Kalmen zwischen Panama und der Kokosinsel blieb zum Verzweifeln. Wie schnell hatten wir dagegen die Fahrt von der karibischen Insel Bequia nach Panama hinter uns gebracht. Für die 1200 Seemeilen nur zehn Tage. Und dann die 46 Meilen durch den Kanal – neun Stunden unter Maschine und mit Lotsen. Eine feine Sache. Und jetzt?

Astrid sah sie zuerst – die unbewohnte und verruchteste Schatzinsel der Welt. Wie ein Smaragd ruht sie in der azurblauen See, üppig bewachsen, wie man es von einer Tropeninsel erwartet.

Wir ankerten in der Wafer-Bucht. Rechts und links erhoben sich steile, bewaldete Hänge, über die silbrige Wasserfälle in die Tiefe stürzten. Seit zehn Jahren war diese Insel ein Ziel meiner Träume. Jetzt war ich da, und nun mußte ich Astrid in meine Pläne und in das Geheimnis dieses Eilandes einweihen.

Das heißt, eigentlich sind es zwei Geheimnisse. Denn zweimal wurden auf der Kokosinsel gewaltige Schätze vergraben. Das erstemal verlor diese unbewohnte, nur acht mal vier Kilometer große Dschungelinsel ihre Unschuld im Jahre 1816/18. Da tauchte der Seeräuber »Benito Bonito mit dem blutigen Schwert« vor der Isla de Cocos auf. Jahrelang hatte er peruanische Kirchen geplündert und all die fluchgeweihten Meßgeräte mitgenommen, die die spanischen Eroberer aus dem zusammengestohlenen Goldschatz der Inkas hatten anfertigen lassen. Benito vergrub das Gold auf der Insel – doch er hatte nichts mehr davon. Denn kurze Zeit später wurde er gefangen und samt seiner Mannschaft aufgehängt.

Nur zwei von der Crew entkamen – einer davon hieß Thompson. Dieser Mann befehligte einige Jahre später eine englische Schaluppe, die 1821 im peruanischen Hafen Callao lag. Zu dieser Zeit gab es heftige soziale Unruhen im Land, und die reichen Bürger flüchteten mit ihren Kisten gehorteten Goldes auf Thompsons Brigg *Mary Dear*. Das

Schiff lief auch sofort aus – doch als es vor der Kokosinsel ankam, lebte keiner der Flüchtlinge mehr. Thompsons Leute hatten sie in der Nacht erschlagen und über Bord geworfen.

Das war das zweite Mal, daß ein blutbefleckter Schatz auf der Insel vergraben wurde.

Aber auch der Benito-Nachfolger und Seeräuber Thompson unterlag dem Fluch der bösen Tat. Als er zusammen mit seinem Kumpan Keating nur einen kleinen Teil des Schatzes bergen wollte, erschlug ihn unter dem Gewicht des Goldes die Brandung an den Klippen. Nur Keating, der von dem im Sterben liegenden Thompson in die Lagepläne des Hauptschatzes eingeweiht wurde, führte bis zu seinem Ende ein flottes Leben.

So ruht der größte Teil der beiden Schätze heute noch auf der Kokosinsel. Allein ihr Goldwert wird auf 200 bis 300 Millionen Mark geschätzt, und der Altertumswert ist noch höher.

Warum sollte ich nicht mein Glück versuchen und einfach einmal graben? Aus einem alten Folianten einer Berliner Bibliothek besaß ich einen Lageplan der Kisten voller Gold, eine Nachzeichnung jener Karte, die von einem Helfer Keatings angefertigt worden sein soll und auf den verschlungenen Pfaden der Geschichte überliefert wurde.

Jetzt fieberte ich unserem ersten Landgang entgegen. Aber wie das so ist mit fluchbeladenen Schätzen – schon vorher gab es Auseinandersetzungen auf unserer *Kathena*. Denn unvorsichtigerweise erzählte ich Astrid auch, was aus jenen Dutzenden von Expeditionen geworden war, die mit dem Spaten und später mit modernen Meßgeräten nach dem Schatz der Kokosinsel jagten.

Da ist vor allem die Geschichte vom Frühjahr 1963, die mich auf die unermeßlichen Schätze aufmerksam machte und seither nicht wieder losließ: Damals hatten sich drei schriftstellernde Franzosen zum Graben auf der Insel absetzen lassen. Nur einer von ihnen kehrte nach Monaten auf

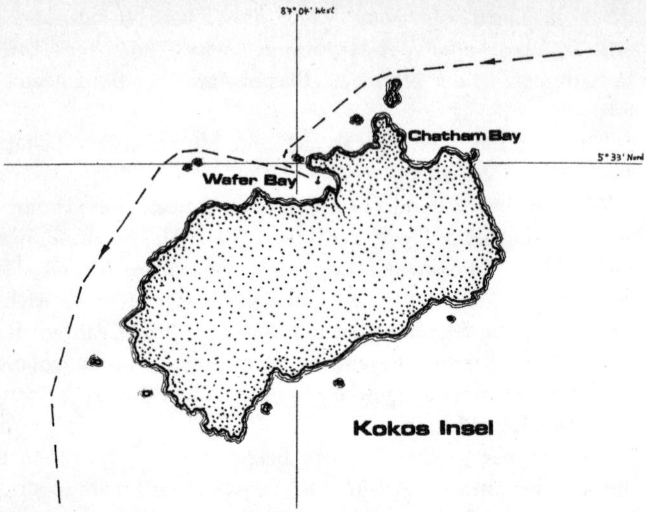

Die Schatzinsel

das Festland zurück und berichtete, seine beiden Gefährten seien mit dem kleinen Ruderboot vom Sturm überrascht worden und ertrunken. Doch Fischer, die bald danach die Insel anliefen, fanden ein menschliches Skelett. Es konnte nur einer der beiden Vermißten sein. Jedenfalls hielt sich seither hartnäckig das Gerücht, in Wirklichkeit hätten die drei Streit miteinander bekommen. Einer sei von seinen Kameraden erschlagen worden, der zweite sei entkommen und aufs Festland zurückgekehrt. Der dritte aber sei irre geworden und geistere jetzt noch über die verwunschene Insel.

Ich gebe zu: Die Geschichte kann einem ein prickelndes Schaudern über den Rücken jagen. Und Astrid gab freimütig zu, sie hätte mächtige Angst. Ja, sie weigerte sich, mit an Land zu kommen. So warteten wir an Bord bis zum Abend und dann noch die Nacht. Mit dem Fernglas suchten wir immer wieder das Ufer ab. Doch nichts rührte sich in dem schier undurchdringlichen Dschungel. Da faßte

Astrid Mut, und ich nahm die Paddel, um mit unserem Schlauchboot hinüberzupullen. Nochmals gab es Diskussionen. »Kannst du nicht wenigstens die Steuerpinne von der *Kathena* abschrauben und mitnehmen?« beschwor mich meine Frau. Kein schlechter Gedanke. Wenn jemand während unserer Abwesenheit an Bord schwimmen würde, könnte er mit einem Boot ohne Steuer nicht fliehen und uns rettungslos zurücklassen. Doch der Beschlag war nicht einfach abzumontieren. Er war außerdem festgerostet. Würde mir jetzt etwas kaputtgehen, hätte ich kein entsprechendes Werkzeug zur Reparatur. Und wir wären ebenfalls auf die verfluchte Schatzinsel verbannt. So ließen wir es also darauf ankommen.

Astrid vergaß ihre Angst, als ich durch eine kleine Flußmündung aufwärts ruderte zu einem Wasserfall: Eine herrliche Süßwasserdusche für uns beide und ein idealer Platz für unsere große Wäsche. Doch tiefer ins Land mochte Astrid nicht. Wir hatten gelesen, daß die Seeräuber zur Bewachung ihrer Schätze kistenweise Giftschlangen auf der Insel ausgesetzt hätten.

Nie werde ich meine Gefühle vergessen, als wir landeten. Wir befanden uns auf einem Fleck Erde, der während der letzten 500 Jahre von Freibeutern, Piraten und Schatzsuchern betreten worden war – und doch war dieser Fleck so abgelegen und abweisend, daß niemand geblieben war, um hier zu leben.

Ich konnte meine Begeisterung nur mit Mühe verbergen, als ich mich dort umschaute. Da Astrid nicht mitkommen wollte, machte ich mich zunächst allein auf die Suche nach den legendären Schätzen. Das heißt: Allzutief kam ich nicht ins Land. Die Kokosinsel hat ein halbes Jahr Regenzeit, und auch außerhalb dieser Regenzeit gießt es oft. Daraus erklärt sich die üppige tropische Vegetation. Ich kämpfte mich über schwarze Lavablöcke und Gebirgsbäche mit toten Baumriesen, aus denen mannshohe Farne und Orchideen mit tellergroßen Blüten wucherten. Mit der Machete schlug ich mir einen Pfad durch das üppige Gewirr von Büschen und Bäumen, zwischen denen Lianen einen natürlichen Drahtverhau spannten.

Um mir hundert Meter mit der Machete freizuschlagen, brauchte ich eine ganze Stunde. Die Kokosinsel hat einen Vulkangipfel von nur 850 Meter Höhe. Der ist wegen dieser Unwegsamkeit – im Gegensatz zu den höchsten Bergen der Welt – noch nie von eines Menschen Fuß betreten worden.

Mitten im Pflanzendickicht stieß ich auf einen verrosteten Herd und die Reste einer Wellblechbaracke. Das war der Platz, an dem ein deutscher Kapitän namens Gissler zwanzig Jahre hauste – in der Hoffnung, die Schätze zu bergen. Es liegt über einem solchen Ort ein seltsamer Zauber, dem man sich selbst als nüchterner Seemann nicht ganz entziehen kann.

Ich versuchte weiter landeinwärts vorzudringen und erklomm einen Hügel, der die Bucht beherrscht, um die Wafer Bay und die anschließende Good Hope Bay überschauen zu können. Als ich nach großen Schwierigkeiten oben stand, holte ich meinen Lageplan aus der Tasche. Nördlich stand der einzige kahle Felsen, der auf der Karte zu erkennen war, und dort fand sich auch die Schlucht und in der Bucht die kleine Riffinsel, die teilweise von der Brandung überspült wurde.

Schweißtropfen standen auf meiner Stirn, gewiß nicht nur von der Sonne, die unbarmherzig brannte. Ich konnte meine Blicke nicht von den drei markanten Punkten abwenden, die angegeben waren. Nach weiteren Anhaltspunkten und exakten Peilungen fand ich eine Stelle, wo mir der Versuch lohnenswert erschien. Mit der Machete stocherte ich im Boden, an den Felswänden und unter Steinen. Schließlich begann ich mit dem Spaten zu graben. Um genau zu sein: Ich versuchte es. Doch was kann man mit einem Spaten ausrichten, wenn der Grund aus Stein besteht und die nur fingerbreite Schicht von Humus darüber voller Wurzeln ist?

Nach einer Stunde schweißtreibender Plackerei machte ich erst mal Pause. Ich lehnte mich auf den Spaten, sah mich um und horchte. Von den berüchtigten Schlangen war nichts zu sehen. Sollten sie ausgestorben sein – oder war das Ganze sowieso eine Mär? Aber da erschrak ich plötzlich doch: Etwa zehn Meter weiter im undurchdringlichen Dickicht raschelte es heftig. Der irre Franzose? Ich hob den Spaten zum Schlag –. Doch dann brach nur ein Wildschwein schnaubend neben mir durchs Gebüsch – Nachkomme einer jener Säue, die früher von Walfängern als Nachwuchs für Frischfleisch auf der Insel ausgesetzt worden waren.

Später am Tag fand ich eine Höhle. Sie war einigermaßen geräumig, doch völlig offen und nicht sehr tief. Sie sah nicht nach einem Versteck aus; ihre gähnende Öffnung war schon von weitem sichtbar. Ich suchte noch bis zum Abend weiter, jedoch ohne Ergebnis.

Am zweiten Tag meiner Schatzgräberei konnte ich Astrid zum Mitmachen überreden. Gemeinsam schleppten wir Spaten, Brecheisen, Kompaß und zwei Dosen Bohnen fürs Mittagessen mit. Wir kletterten bergan, über glitschiges Gestein, und waren schon nach ein paar Schritten wieder im Urwald, wo wir uns mit der Machete vorwärtskämpfen mußten. Wir rasteten auf einem Felsen, der war steil wie eine Klippe im Meer und mit Lianen über und über bewachsen.

Dann sah ich einen Spalt im Gestein. Mit den Händen versuchte ich, ihn größer zu machen, um durchschlüpfen zu können. Aber so ging es nicht. Ich schnappte mir das Brecheisen und stieß es mit meinem ganzen Gewicht gegen die Felsbrocken. Doch nichts gab nach. Ich versuchte es mit Astrid gemeinsam. Außer ein paar abbröckelnden Steinchen bewegte sich nichts.

Plötzlich aber gab der Felsen nach. Mit einem Aufschrei

rutschten wir schräg nach unten in ein Loch. Als ich die Augen öffnete, sah ich nichts. Ich spürte nur die angenehme Kühle einer Höhle.

»Die Schatzhöhle!« schrie ich, aber von Astrid hörte ich keinen Laut. Ich rappelte mich hoch. Jetzt hatten sich meine Augen an den Schimmer des Tageslichts gewöhnt, der von draußen hereindrang. Ich sah Astrid wie leblos vor mir liegen. Ein Schrecken durchfuhr mich. Ich bückte mich, schüttelte sie an den Schultern.

»Astrid!«

Langsam kam sie zu sich. Sie hatte sich beim Fallen den Kopf gestoßen und war nur etwas betäubt. Ich stützte sie und brachte sie hinaus. Im gleißenden Sonnenlicht sahen wir, daß sie durch den Sturz häßliche Beulen und Kratzer davongetragen hatte – aber glücklicherweise keine ernste Verletzung.

Ich griff mir die Taschenlampe und rutschte allein, ganz vorsichtig, wieder hinunter in unsere neu entdeckte Höhle. Mühsam arbeitete ich mich tiefer vor. Der Boden bestand aus spitzen Felsen. Im Schein der Lampe sah ich Ratten huschen.

Ich leuchtete die Wände ab, jede Ritze, aber ich fand kein Zeichen dafür, daß hier jemals ein Mensch gewesen war – geschweige denn ein Schatz.

Enttäuscht kletterte ich hinaus, und ich weiß nicht, wer in diesem Augenblick mehr des Trostes bedurfte: Astrid wegen ihrer Schrammen oder ich wegen meiner vergeblichen Schatzsuche. Beinahe verzweifelt suchte ich die Umgebung nach weiteren Erdöffnungen ab. Nichts!

Auf dem Rückweg, als mir vom Kampf mit der Machete gegen den Dschungel schon die Haut von den Händen platzte, dachte ich darüber nach, warum wohl der frühere US-Präsident Franklin D. Roosevelt die Insel mehrfach aufgesucht hat. War es wirklich nur zum Angeln? Oder hatte auch er daran gedacht, seine Finanzen aufzubessern?

Eine weitere Woche versuchten wir gemeinsam und intensiv, die Schätze zu finden. Astrid hatte sich inzwischen von meiner Begeisterung anstecken lassen. Zusammen hetzten wir jeden Morgen von Bord. Und abends waren wir so müde, daß wir schnell in tiefen Schlaf fielen.

An einem dieser Abende sagte ich etwas niedergeschlagen zu Astrid: »Ich glaube nicht, daß der Schatz vergraben worden ist. Ich nehme eher an, daß er in einer dieser vielen Höhlen versteckt ist. Und diese Höhlen sind inzwischen unzugänglich geworden. Bäume, Wurzeln und anderes Zeug machen die Eingänge unauffindbar. Außerdem gab es seit der Jahrhundertwende drei große und unzählige kleine Erdbeben im Gebiet von Panama und Galapagos. Die haben ganz sicher auch die Kokosinsel umgestaltet, so daß die früheren Karten, so gut sie auch sind, heute nicht mehr stimmen.«

Zu Beginn der zweiten Woche gaben wir unsere Schatzsuche auf, als ich wieder an die Geschichte des deutschamerikanischen Kapitäns Gissler denken mußte: In den zwanziger und dreißiger Jahren dieses Jahrhunderts suchte er vergebens auf dieser Insel. Als er sich zum Rückzug einschiffte, klebte plötzlich wie zum Hohn ein Portugaleser am Absatz seines Stiefels. Dieses Goldstück ist bisher das einzige, was von den Millionenschätzen der Kokosinsel verbürgt wiedergefunden wurde.

Die folgenden Tage verbrachten wir faulenzend am weißen Sandstrand, beschattet von schlanken Palmen. Spaten und Karte waren im Boot weit weg verstaut. Jetzt wollte ich endlich ein paar Fische für Astrid fangen. In der Flußmündung gab es immer große Schwärme Sardinen. Ich formte meine Hände zu einer Schaufel und warf die Fische einfach auf den Strand. Astrid paßte auf, daß die Fregattvögel und Tölpel die kleinen Dinger nicht wegschnappten. Dazu holte ich uns von den Kokospalmen Trinknüsse, die wir beide so gerne mochten. Frisch vom Baum ist das Fleisch der grünen Nüsse noch zart, und die Milch sprudelt wie Champagner.

Vierzehn Tage verlebten wir insgesamt auf der verwunschenen Schatzinsel, die so unzugänglich ist und die sich ihre goldenen Berge bisher nicht entreißen ließ. In diesen Tagen verheilten auch unsere Wunden und Schwielen vom Graben.

Und dann hieß es für *Kathena* Anker auf mit Kurs auf die nächsten, auf ganz andere Weise verwunschenen Inseln: Galapagos.

Einen riesigen Korb voller Zitronen nahmen wir mit auf die Reise. Wir pflückten sie von dem einzigen Zitronenbaum auf der Insel. Der Schatzsucher Gissler hatte ihn einst gepflanzt.

Die verwunschenen Inseln

»Wie ich dahin ging, begegnete ich zwei großen Schildkröten, von denen eine jede mindestens zweihundert Pfund gewogen haben muß; die eine fraß ein Stück Kaktus, und als ich mich näherte, starrten sie mich an. Diese ungeheuren Reptilien in dieser Umgebung von schwarzer Lava, blattlosen Sträuchern und großen Kakteen erschienen meiner Phantasie wie irgendwelche vorsintflutliche Tiere.«

Charles Darwin, 1833, beim Besuch im Galapagos-Archipel.

Fünfhundert Seemeilen sind eigentlich keine weite Strecke. Aber an Bord eines kleinen Segelschiffes in den Regionen, wo Windstille häufiger als Wind ist, kann der Weg ziemlich lang werden. Die meiste Zeit hatten wir auch noch das bißchen Wind von vorn. So wurden aus 500 Meilen Luftlinie durch Kreuzkurse 648 Seemeilen unter dem Kiel und aus der voraussichtlich erreichten Woche Fahrtzeit von Panama nach den Galapagos-Inseln fast 14 Tage.

Der Crew eines Hamburger Frachters sandten wir manchen freundlichen Gedanken – sie hatten uns, ehe wir aufbrachen, einen Armvoll Magazine und Zeitungen an Bord gebracht. Die wurden jetzt vom Titelblatt bis zur letzten Anzeige durchgeackert. Wenn wir nicht mehr lesen mochten, saßen wir an Deck und sahen in Neptuns großes Aquarium.

Unter dem Bug wimmelte es von Fischen in allen Farben. Dunkelrote, blau gestreifte, golden glänzende und silbern schimmernde. Hin und wieder schoß eine Flottille Doraden jagend durch die Schar von kleinen Fischen.

Der Dorado ist einer der schönsten Fische des Meeres – über einen Meter lang mit eleganten Linien. Eine schwimmende Farbensymphonie, deren Töne unaufhörlich changieren, während er jagt. Er wechselt von grünspanfarben bis zum blendendsten Blau. Legt er sich auf die Seite, so wird er schwarz und gelb gestreift wie eine Makrele, und der ganze Fisch leuchtet wie Bronze. Die großen Brustflossen wechseln von Grün zu Gelb mit einer Schnelligkeit, als würden die Farben automatisch von einem elektrischen Kontakt entzündet. Nur darf man nicht versuchen, diese meterlangen Illuminationen an den Haken zu bekommen. Erstens sind sie schwer zu fangen, zweitens werden sie schon im Sterben blaß silbergrau und sind dann langweilig anzusehen.

Um den Mast strich ab und zu ein Fregattvogel, machte ein paar Flügelschläge aufs Meer hinaus und kehrte zurück, um wieder gegen den Horizont zu verschwinden. Dort wurde er zu einem kleinen schwarzen Punkt, den schließlich die Weite verschlang.

Wir waren im Kalmengürtel, dicht am Äquator – in der unbeständigsten Wetterzone unserer Erde. Ein schwaches Lüftchen zeigt sein Kommen mit kleinen Katzenfüßen auf den Wellen an. Eine Bö zog auf – bald stand sie in Ost, bald in Nord –, in einem Augenblick schwang sie um den ganzen Kompaß herum. Dann ging es wieder einen Tag vorwärts, bis der Wind meinte, nun habe er lange genug für uns gearbeitet. Still schlich er sich fort, und das Meer war bald glatt wie ein Spiegel.

Wieder Windstille!

Es war Mittag. Die Sonne hatte ihre größte Höhe erreicht. Ich nahm die Mittagsbreite, legte aber schnell den Sextanten auf den Kartentisch und huschte zum Vordeck. Wir waren auf dem Äquator, und jetzt mußte Neptun, der Gott der Meere, an Bord kommen und unsere Taufscheine einsehen. Ich habe meinen bereits in der Handelsschiffahrt erhalten, aber Astrid hat noch keinen. Seit alters her ist es üblich, daß niemand ohne Paß die »Linie« überschreiten darf. Der Paß besagt, daß man die Taufe auf dem Äquator von Neptuns höchst eigener Hand empfangen hat, aber erst, nachdem man zuvor gründlich untersucht worden ist und der Körper für würdig befunden wurde.

Astrid in ihrem Tagebuch: »Merkwürdige Geräusche im Wasser. Sicher ist Wilfried wieder schwimmen. Wie oft habe ich ihn ermahnt, dies nicht allein zu tun! Ich schaue durchs Luk hinaus. Wer kommt da über den Bug? Neptun! Richtig, wir müssen ja auf dem Äquator sein. – Neptun selbst ist ein braungebrannter, langhaariger Mann mit goldener Krone und Vollbart – er spricht mit norddeutschem Akzent –, es ist unglaublich, daß man in diesen Himmelsstrichen einen Landsmann trifft. Seinen Dreizack habe ich doch schon mal gesehen!«

Da Neptun keinen Gefährten mit hat, muß er die Doktor-, Barbier- und Polizistenarbeit für die Taufbehandlung selber verrichten. Zunächst wurde die Patientin einer sorgfältigen Leibesvisitation unterzogen, bei der eine Segellatte, eine Ölspritze und eine Zahnbürste als Instrumente dienten. Erst nachdem Neptun sie für gesund erklärt und sie gezwungen hatte, einen großen Löffel Pfeffersoße zu schlucken, konnte die Taufe stattfinden.

Weiter in Astrids Tagebuch: »Hustend und mit Tränen in den Augen erhebe ich mich vom Deck, und im selben Augenblick bekomme ich eine Pütz Wasser ins Gesicht. Ich japse nach Luft und will fliehen. Aber wohin? Mit der großen Flasche ›Ajax Salmiakreiniger‹ und unserer harten Deckbürste werde ich regelrecht rot geschrubbt. Wie ein Hund werde ich danach über die Seite geworfen (sicher schrie ich dabei), aber da Neptun hinterherspringt und mich in die Arme nimmt, heißt das wohl, daß ich in sein Reich aufgenommen bin.

Der maschinengeschriebene Taufschein mit dem Siegel wird mir ausgehändigt, und ich stelle fest, daß Neptuns Schreibmaschine I's, O's, und B's hat, die ganz wie unsere aus der Reihe tanzen. Aber wer hängt sich an einem Tag wie diesem an solche Bagatellen! Ich werde auf den Namen ›Tintenfisch‹ getauft. Sollte das rein zufällig sein oder weil ich mit meinen langen Armen schon jemanden eingefangen habe?«

Nachdem Neptun verschwunden war, gab es für die ganze zweiköpfige Mannschaft ein Freß- und Saufgelage. Berge von trockenem Reis mit Zwiebeln und Corned beef und als Nachtisch Pudding wurden in der Cockpit aufgetragen. Getrunken wurde Rum – aber nur ein Gläschen für jeden (Neptun außenbords eingeschlossen). Wir sangen Lieder und erzählten uns bis tief in die laue Tropennacht hinein Geschichten von Gott und der Welt.

Neptun hatte Astrid als kleines Taufgeschenk eine leichte, schöne Brise aus Nordost geschickt. Am anderen Morgen lag eine Reihe von Bergen wie Zacken am Horizont. Die Galapagos-Inseln.

Diese einsame Handvoll Inseln am Äquator hat nur wenig Geschichte. Sie sind wie fast alle einsamen in den Ozeanen liegenden Eilande vulkanischen Ursprungs. Einige der größeren haben Vulkane, die zum Teil noch aktiv sind, von ungeheurem Durchmesser. Auf dem ganzen Archipel gibt es mindestens zweitausend Krater aus Lava und Schlacken.

Die Inseln sind schwarz und barsch. Erst in höheren Lagen haben sie Vegetation und Wasser. Ihr Aussehen und die Beschwerlichkeit des Anbaus nützlicher Pflanzen haben die Menschen stets abgestoßen. Abgesehen davon, daß vorbeifahrende Seeleute und Walfänger in den vielen Buchten Zuflucht vor Stürmen suchten oder landeten, um sich mit den Riesenschildkröten – als lebendem Proviant – zu versorgen, sind die Inseln bis in jüngere Zeit selten besucht worden.

Der Entdecker der Galapagos-Inseln, Thomas de Berlanga, nannte sie im Jahre 1535 »Las Encantadas«, die verzauberten Inseln, weil er meinte, sie würden auf der Meeresober-

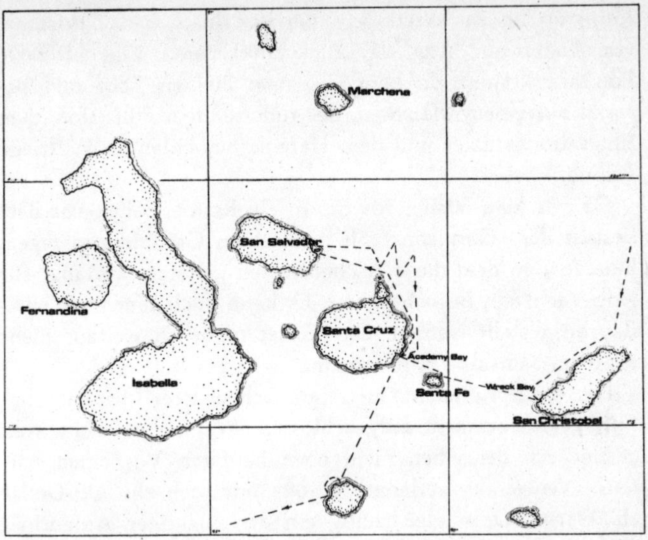

Die verwunschenen Inseln

fläche treiben. Ungewöhnliche Kompaßfehler, Strömungen und Schönwetterdunst, der die Inseln verschleierte, veranlaßten ihn und auch die nachfolgenden Seefahrer zu diesem Glauben.

Auf diesen Inseln war es auch, wo der berühmte britische Naturforscher Charles Darwin entscheidende Anregungen für seine Lehre von der Abstammung der Arten empfing. Während seiner Reise um die Welt (1831–1836) hielt er sich hier längere Zeit mit der *Beagle* auf und studierte die auf der ganzen Erde einzigartige Lebewelt der Galapagos, spezielle Tierarten, die nur hier vorkommen – Riesenschildkröten, Leguane, Seelöwen, Vögel. Und alle haben sie noch keine Furcht vor dem Menschen.

Diese Tierwelt wollten wir erleben. Zunächst aber mußten selbst auf diesem abgeschiedenen Teil der Welt Formalitäten erledigt und die örtlichen Behörden begrüßt werden.

Kathena lag in Wreck-Bay bei der Insel San Christobal vor Anker und war klar zum Einklarieren. Das offizielle Empfangskommando kam in einem kleinen Boot und bestand aus einem Matrosen, der ruderte, dem Polizisten, dem Imigrationsoffizier und dem Hafenkommandanten Wilfriedo Paziño.

Da wir kein Visum für die Inseln hatten, sahen wir dem Besuch der »Garnison« mit gemischten Gefühlen entgegen. Ekuador, zu dem diese Aschenhaufen gehören, verlangt für jede Yacht ein Besuchsvisum. Es kann auch hier in Wreck-Bay ausgestellt werden. Das kostet natürlich weitaus mehr als beim Konsul z. B. in Panama.

Der junge Kommandant zeigte sich unserer kleinen Schatulle gegenüber sehr aufgeschlossen. War es vielleicht, weil er und ich denselben nicht eben häufigen Vornamen hatten? Wenigstens verlangte er uns nur sechzehn US-Dollar ab. Darin waren gleichzeitig ein dreimonatiger Aufenthalt und die Ausklarierung enthalten. Verschiedene andere Yachten, die wir später trafen, hatten das Doppelte zahlen müssen, und manche Amerikaner noch mehr.

Zwei Tage nach unserer Ankunft verholten wir von dieser Niederlassung mit ihrem Dutzend Holzhütten zur unbewohnten Insel Santa Fe. Dort gibt es eine stille Bucht, in der sich das ursprüngliche Tierleben beobachten läßt. Gleich in der engen Einfahrt zur Robbenbucht tauchte der mächtige Schädel eines Seelöwenbullen neben der *Kathena* auf. Das Wasser perlte in großen Tropfen von seinem glänzenden dunklen Fell, und Schaumflocken hingen in den borstigen Schnurrhaaren. Große dunkle Augen blickten uns neugierig an. Der Bulle war so nahe, daß wir in sein Maul blicken konnten, als er sein rauhes Gebrüll anstimmte. Oh, oh, ööh . . .

Ein Seelöwe, der uns danach besuchte, kam längsseits geschwommen, guckte uns neugierig an und promenierte außenbords viele Male auf und ab. Dabei berührte er mit einer Flosse immer *Kathenas* Rumpf, als wollte er ihn polieren. Plötzlich kam ein großer Hai herbeigeschossen. Wir erwarteten einen gewaltigen Kampf zwischen den beiden Tieren. Aber es zeigte sich, daß der Seetiger Angst vor dem Seelöwen hatte; sooft ihre Wege sich kreuzten, bog der Hai in einem scharfen Winkel ab, während der Seelöwe weiterschwamm, als wäre nichts geschehen.

Am Strand hielten sich nicht weniger als zwanzig Seelöwen auf. Die Alten spielten mit ihren Jungen in Wasserlöchern zwischen den Lavablöcken. Als wir mit dem Schlauchboot landeten, ließen sie sich nicht stören. »Wie elegant sie durchs Wasser gleiten können«, meinte Astrid, sprang hinterher, nahm sich einen Seelöwenjungen und spielte mit ihm. Zutraulich blickte er sie aus seinen großen blauen Augen an. Während die Eltern ohne große Unruhe zusahen, fotografierte und filmte ich das ungleiche Paar aus solcher Nähe, daß das Wasser meine Apparate bespritzte.

Auf den Klippen krochen Seeleguane herum, die letzten urweltlichen Echsen, und unter den Kakteen ihre Vettern, die Landleguane. In Form und Größe – sie können gut einen Meter lang werden – sind sie ziemlich gleich, nur die Farbe ist verschieden: Der Landleguan variiert von Staubgrau bis gelblich, der Seeleguan von Rotbraun zu Graugrün.

Mit diesen Tieren hatten wir genausoviel Spaß wie mit den Seelöwen. Schnell faßten die friedlichen Landleguane soviel Vertrauen zu Astrid, daß sie sich von ihr mit Bananen füttern, anfassen und sogar hochheben ließen.

Ähnlich amüsant verhielten sich die Seeleguane, die ihre Pflanzennahrung am Meeresboden suchen und wie Fische schwimmen, indem sie den hochkant platten Schwanz hin- und herschlängelten, während ihre Beine untätig am Körper baumeln. Zur Ruhe liegen sie in ganzen Kolonien am Ufer. Als wir näher kamen, starrten sie uns neugierig an. Und als wir nach ihnen haschten, mußten wir verblüfft feststellen, daß diese guten Schwimmer ganz offenbar wasserscheu sind. Denn sie flohen im letzten Augenblick nicht zum Wasser, sondern höher hinauf aufs Land. Zoologen meinen, der Seeleguan sei ein früheres Landtier – das Seemann geworden ist. Das Fehlen von Schwimmhäuten zwischen den Zehen scheint darauf hinzudeuten.

Diese paradiesische Bucht mit Pelikanen und Tölpeln, Seeschildkröten und Fischen ist auch ein Schlaraffenland für Angler. In Astrids Tagebuch steht das so: »Nach langem Zureden bereitet Wilfried endlich Fischhaken und Leine vor und holt auch sofort einen Pufferfisch hoch, der sich häßlich aufbläst. Er ist ungenießbar. Mir selbst gelingt dann gleich darauf der große Coup. Ein appetitlich aussehender, silbern schimmernder Fisch findet innerhalb kürzester Zeit seinen Weg über die Pfanne in meinen Magen.«

Leider konnte kein Stück von Astrids knusprigem Fisch in meinem Magen landen. Seit ich denke, habe ich zwar schon des öfteren Fisch probiert. Aber ich bekam immer Ausschläge und Übelkeit davon. So wird ein Robinsontraum von mir, einmal auf einer einsamen Insel zu leben, immer ein Traum bleiben müssen.

Gut zwei Flitterwochen verlebten wir in dieser urigen Einsamkeit, arbeiteten am Schiff und feierten die erste Wiederkehr unseres Hochzeitstages mit der Erinnerung an unsere Freunde und Verwandten im naßkalten Deutschland, an den Polterabend damals in Astrids kleiner Einzimmerwohnung mit einem Faß Düsseldorfer Altbier und an das Hochzeitsessen in der Schnellenburg am Ufer des trüben Rheins. So schön das alles war – jetzt mußten wir ehrlich zugeben: Dieser Landfall fern aller Telefone, Autos, Finanzämter, Heizungssorgen, Kleidungsvorschriften, ja sogar fern aller Menschen, das war's, was wir uns wirklich zur Hochzeit wünschten. Wehmütig nahmen wir Abschied von der Robbenbucht und richteten den Bug der *Kathena* auf ein neues Ziel: die Academy Bay von Santa Cruz. Das ist im Archipel der verwunschenen Inseln von Galapagos das Eiland mit der verrücktesten Abenteurergeschichte unserer Zeit.

Einer dieser Abenteurer hatte uns kommen sehen. Während wir nach dem Ankermanöver noch an Bord aufklarten, ruderte er auf uns zu – ein Mann mit kräftigen Armen und Händen und einem muskulösen, braungebrannten Oberkörper. Wir hatten von den sonderbaren Bewohnern dieser Insel längst gehört und waren deshalb auf eine Begrüßung in deutscher Sprache gefaßt. Wer sich uns da, mit einem Anflug von breitem, hamburgischem Dialekt, bekanntmachte, war Gusch Angermeyer.

Mit seinem lecken Beiboot schaffte er uns an Land und führte uns sofort in seine Hütte, die zur Bucht hin geöffnet ist. Wir kamen kaum dazu, die Schildkrötenköpfe, Muschelschalen, Haifischgebisse und Walknochen an den Wänden zu bewundern. Gusch hatte schnell einen »Puro« (eine Art Zuckerrohrschnaps) eingeschenkt und prostete uns nun ein Willkommen zu.

Es war gewiß nicht der Schnaps, der ihm die Zunge löste. Es lag sicherlich an seinem weltfernen Dasein, daß er so gesprächig war und uns ohne besondere Aufforderung haarklein seine Geschichte erzählte, die wir schon in groben Zügen kannten. Sie allein würde ein dickes Buch füllen, deshalb kann ich sie hier auch nur in Stichworten wiedergeben.

Die Geschichte beginnt in den zwanziger Jahren unseres Jahrhunderts in der grauen Hamburger Industrievorstadt Harburg. Dort lebten drei Brüder namens Angermeyer neben dem Haus eines Kapitäns, der den wißbegierigen Jungen immer wieder von Galapagos vorschwärmte: Dort könnt ihr was schaffen, dort könnt ihr alles haben, was das Herz begehrt.

Um ein kühnes Bild zu gebrauchen: Das Garn des alten Seebären fing bei den Jungen Feuer – und nicht nur bei ihnen, sondern auch bei ihrem Vater. Der verkaufte sein Haus und zog in eine Mietwohnung, um seinen Kindern den Lebenstraum zu erfüllen. Aus dem Erlös erstanden sie einen ausgedienten Lotsenkutter und machten sich auf den

Weg, als der Jüngste gerade zwanzig war. Da schrieb man das Jahr 1933.

Die drei Brüder kamen nur langsam voran. Zwei Jahre nach dem Start hingen sie immer noch an Englands Küste herum. Der Kutter war beinahe verrottet, und es fehlte an Geld für Reparaturen wie für Proviant.

So verzichteten sie darauf, die Inseln ihrer Träume auf eigenem Kiel zu erreichen. Sie verscheuerten das halbe Wrack, verdingten sich als Hilfsarbeiter und kratzten gerade so viel zusammen, daß es für eine Schiffspassage um die halbe Welt reichte.

Sie waren beharrlich, wie es wahre Abenteurer nun mal sein müssen. Vier Jahre nach ihrem Aufbruch aus Hamburg, 1937, trafen sie am Ziel ihrer Wünsche ein. Ohne einen Pfennig Geld in der Tasche, nur mit einer Kiste sorgfältig ausgesuchten Werkzeugs.

Zuerst ließen sich die Brüder Angermeyer in den Bergen nieder. Dort, wo die Vegetation beginnt, machten sie sich Land urbar, pflanzten Früchte und Gemüse. Das notwendige tierische Fett für ihre Nahrung holten sie sich durch die Jagd auf jene verwilderten Nachkommen von Hausschweinen, die von früheren Besuchern der Inseln als lebende Fleischreserve ausgesetzt worden waren.

Aber die Brüder waren nicht ausgewandert, um Farmer zu sein, sondern um am und vom Meer zu leben. In der Academy Bay bauten sie sich ihr erstes Boot. Es fiel bescheiden aus, denn es fehlte an Material. Mit diesem schwimmenden Ungetüm betrieben sie Fischfang. Die Beute wurde auf den Klippen getrocknet und dann verkauft. Stockfisch brachte damals viel Geld ein, und zum erstenmal nach vielen Hungerjahren hatten die Gebrüder wieder satte Bäuche.

Doch 1942 mußten die Abenteurer aus Hamburg-Harburg den Aufenthalt in ihrem bescheidenen Paradies unfreiwillig unterbrechen: Als Deutsche wurden sie des Weltkrieges wegen nach Ekuador evakuiert. Gleich danach kehrten sie alle drei nach Galapagos zurück – diesmal aber verheiratet.

Heute sind sie nicht mehr auf die schwere Arbeit der Fischerei angewiesen. Vor wenigen Jahren wurde eine wissenschaftliche Station, nach Darwin benannt, zur Erforschung der Inseln eingerichtet; dort helfen die Angermeyers. Und seit kurzem gibt es einen bescheidenen Tourismus auf Galapagos; gelegentlich kommen reiche Globetrotter, die von den Angermeyers Boote chartern.

Wurde ihre Sehnsucht nach einem Robinson-Leben fern aller hektischen Zivilisation damit zerstört? Ich frage Gusch danach, als wir in seiner Palaverhütte hocken, »Puro« trinken und hinausschauen auf die Bucht, wo unsere *Kathena* sanft vor Anker schaukelt.

Gusch lacht: »Ihr seht ja: Wir laufen hier zwar nicht nackt herum wie im Paradies. Wir haben Tisch und Stuhl, Konservendosen, Taschenlampen, Papiergeld und Radio. Aber auf den wesentlichen Unterschied zum Leben des 20. Jahrhunderts legen wir Wert: Wir haben Zeit. Wir nehmen sie uns.«

Astrid und ich können uns selber davon überzeugen. Das stundenlange Gespräch nimmt kein Ende.

Astrid bohrt weiter: Ob es ihm auf dieser abgeschiedenen Insel immer noch gefällt. Gusch beugt sich vor. Eindringlich versichert er uns mit leiser Stimme: »Wißt ihr, auf dieser Ascheninsel bin ich als Ältester unserer ganzen Sippe so etwas wie ein König. Das Meer liefert mir Fische, das Land die wilden Ziegen, und die Kakteen tragen mir Melodien zu, wie sie kein Mensch besser empfangen kann.«

»Du bist also wirklich zufrieden?« frage ich mit letztem Zweifel.

»Schaut euch um, all dieses habe ich mit eigenen Händen gebaut. Das Haus aus Lavasteinen, den Hof, die Mauer drumherum. Das Boot aus Matazanaholz gezimmert . . .«

Gusch scheint wirklich einer der wenigen zufriedenen Menschen zu sein, die wir auf der Welt getroffen haben. Selbst auf diesen verwunschenen Trauminseln versuchten sich viele friedliche Kolonisten vergeblich mit Plantagen und Fischfabriken. Die meisten von ihnen scheiterten und kehrten zurück in die sogenannte zivilisierte Welt, oder sie blieben verschollen.

Gusch sprudelt förmlich über vor Mitteilungsbedürfnis, als wir in seiner Hütte sitzen, und so erzählt er uns auch, als wir auf die gescheiterten Abenteurer zu sprechen kommen, die Schicksalsgeschichte jener österreichischen Baronin, die sich 1930 auf der Nachbarinsel Floreana zur Königin von Galapagos aufgeschwungen hatte.

Die Baronin Wagner-Bousquet lebte ganz flott in Paris, doch eines Tages, Ende der zwanziger Jahre, war sie dieses reichen und sinnlosen Lebens überdrüssig. Auf der Suche nach einem Paradies drehte sie den Globus und stieß auf die Galapagos-Insel Floreana. Hier wollte die lebenslustige Dame ihr Traumreich gründen. Und sie fuhr hin. Aber nicht allein. Sie hatte zwei Liebhaber dabei. Der eine groß und stark; sie nannte ihn Bubi. Der andere war schwach und bleichsüchtig und hieß Lorenz. Das Gepäck bestand aus einem Scheckbuch, einer Sammlung von Büchern über Landwirtschaft, ein paar Koffern mit Kleidung und einem Bienenschwarm. Die drei nahmen sich Land, bauten eine Blockhütte und schlugen ans Tor ein Plakat: »Willkommen Freunde im Paradies!«

Wie die Familie Wittmer, die in unmittelbarer Nähe wohnte, zu berichten wußte, gab es jedoch nicht viel Frieden im Paradies. Von der Besitzung der Baronin hörte man in der Nachbarschaft oft wildes Heulen und Schreien. Eifersuchtsdramen und Prügelszenen schienen nichts Ungewöhnliches im Haushalt der Baronin zu sein. Hin und wieder kam es vor, daß die »Piratenkönigin« dem großen Bubi einfach befahl, den kranken, geschwächten Koch über die Lavasteine zu jagen, bis er niederstürzte und sich ohne Widerstand verprügeln ließ, während die Baronin zusah.

So kam es, daß Lorenz eines Abends zitternd bei den

Wittmers vor der Tür stand und um Unterkunft bat. Er erzählte, die Baronin und Bubi seien verschwunden. Eine Yacht sei gekommen. Die beiden hätten ihre Habe mitgenommen und ihn, Lorenz, seinem Schicksal überlassen.

Lorenz blieb nicht lange bei den Wittmers. Eines Tages lief der Fischer namens Nuggeröd von San Cristobal mit seinem offenen Boot *Dynamit* ein und nahm Lorenz an Bord. Das Boot wurde in den nächsten drei Wochen von anderen Inseln aus gesichtet, aber eine der besiedelten Buchten lief es nicht an. Es schien ohne Zweck und Ziel bald hierhin, bald dorthin zu segeln. Dann hörte man längere Zeit nichts mehr von dem Fahrzeug und seiner Besatzung.

Man suchte sie. Auf der kleinen, öden Insel Marchena fand man den Skipper Nuggeröd und jenen rätselhaften Lorenz. Sie lagen ein Stück vom Strand entfernt. Ihre Leichen waren von der Sonne eingetrocknet. Von Nuggeröds eingeborenem Matrosen, der sich mit an Bord befunden haben muß, war keine Spur zu entdecken. Ebenso keine Spur von dem Boot.

Von der rätselhaften Yacht, mit der die Baronin und Bubi entschwanden, hat man in anderen Teilen des Archipels weder etwas gehört noch gesehen. Deshalb meint man, Lorenz habe endlich genug von den Quälereien bekommen und in einem Anfall von Wut die beiden Mitfahrer im Schlaf ermordet. Noch lange geisterte das Gerücht über die Inseln, daß auch etwas anderes als Eifersucht und Rachgier dahintergesteckt habe. Die Galapagos-Inseln sind stets ein Seeräubernest gewesen, und die Sage von vergrabenen Schätzen geht immer noch um. Lorenz – so heißt es – soll ein Gespräch zwischen der Baronin und Bubi belauscht haben und dadurch in Erfahrung gebracht haben, wo ein solcher Schatz verborgen ist. Das würde auch die seltsamen Fahrten der *Dynamit* erklären und daß die drei Insassen auf einer Insel landeten, die sonst nichts von Interesse bot. Haben sie dann gegeneinander um die vermeintlichen

Schätze gekämpft? Wo ist das Boot geblieben und wo der Matrose? Die ganze Affäre ist noch heute in einen Schleier undurchdringlicher Mystik gehüllt.

Mehrmals während unseres Aufenthaltes auf Galapagos besuchten wir die Darwin-Station, die das einzigartige Tierleben dieser Inseln erforschen und schützen soll. Manager der Station ist ein junger Deutscher, Rolf Sievers, der mit seinen Eltern im schönsten Haus auf dem schönsten Hügel wohnt. Auch dort kehrten wir häufig ein, um das Angenehme mit dem Nützlichen zu verbinden: Bei opulentem Gastmahl erfuhren wir alles über die Aufgaben der Station.

Rolf hatte uns gleich zu Anfang das gesamte Gehege gezeigt, wo Vögel und anderes Getier wissenschaftlich beobachtet werden. Daneben gibt es eine große Anlage, wo frisch geschlüpfte Riesenschildkröten bis zum fünften Lebensjahr großgezogen werden. Erst dann setzt man sie auf den Inseln aus. So sollen die urigen Tiere vor dem Aussterben gerettet werden. In den Bergen von Santa Cruz und Isabella gibt es nämlich nur noch 10 000 dieser Panzerträger, die bis zu drei Zentner schwer und dreihundert Jahre alt werden. Am stärksten haben die Walfänger in den vorigen Jahrhunderten die Schildkröten dezimiert. Oft trieben sie an einem Tag zweihundert Stück zusammen und schleppten sie an Bord. Dort konnte man sie als vorzüglichen Frischfleischvorrat monatelang am Leben halten, ohne sie füttern zu müssen. Auch als der Walfang später abnahm, setzte sich das Vernichtungswerk an der einheimischen Fauna fort. Denn hier wie überall anderswo auf der Welt hat der weiße Mann Schweine und Ziegen ausgesetzt und Ratten eingeschleppt. Speziell diese drei »Kulturfolger« des Menschen zerstören die natürliche Lebewelt völlig.

Auf Galapagos zum Beispiel fressen die Ratten die Gelege und die kleinen jungen Schildkröten, so daß diese Tierart ohne die Hilfe der Wissenschaftler keine Chance mehr hätte. Die verwilderten Ziegen zerstören durch Kahlfraß jegliche Vegetation und verwüsten damit das Land im wahrsten Sinne des Wortes. Deshalb sind die Männer der Darwin-Station über jede abgeschossene Ziege glücklich – abgesehen davon, daß diese Naturvernichter die billigste Fleischquelle für die Insulaner sind.

Deshalb zogen wir eines Sonntags los – Gusch, Rolf und ich –, um Ziegen zu jagen. Wir ruderten aus der Academy Bay hinaus und landeten etwas nördlich davon in einer kleinen Bucht. Sie ist dicht von Mangroven eingeschlossen und von Land her unzugänglich.

Sieht man von einigen Kaninchenjagden während meiner Schulzeit ab, so sollte das hier meine erste Pirsch werden. Ich fand es ungemein aufregend, hier zwischen Lava und Kakteen zu jagen.

Es war noch sehr früh am Tag – die beste Zeit für die Jagd, denn dann gehen die Ziegen auf Nahrungssuche und verstecken sich nicht. Außerdem ist es morgens noch nicht so unerträglich heiß.

Knapp eine Stunde stolperten wir durch Kakteen und blattlose Sträucher. Dann stießen wir aufs erste Rudel. Die Büchsen von Gusch und Rolf knallten und rauchten. Ich selber hatte kein Schießeisen. Meine Aufgabe war es, den getroffenen Tieren die Gurgel mit dem Messer durchzuschneiden. Scheußlich! Zwar bin ich der Sohn eines Schlachters, aber ich habe dieses Handwerk nie geliebt. Mir wurde übel, und Gusch lachte sich kaputt.

Weiter ging die Jagd. Über viele kleine Krater und Felsenspalten zogen wir bis Mittag durch die Steinwüste. Dann hatten wir die dritte Ziege. Gusch traf sie mit einem Weitschuß – wenn man bedenkt, daß er sein Gewehr seit seiner Einwanderung benutzt, ist das eine beachtliche Leistung.

Wir schulterten jeder eine Ziege und schleppten sie zum Boot. Wir waren alle durstig und tranken kannenweise Wasser und Saft.

Drei Tage lang gab es dann bei uns an Bord frischen Ziegengulasch und Leber. »Oh, ja, wir hatten a hell of good time!« so steht es in Astrids Tagebuch. A hell of good time – das ist durchaus doppeldeutig. Denn wir lebten auf diesen verwunschenen Trauminseln keineswegs nur unbeschwert in den Tag hinein. Ausgerechnet in diesem abgeschiedenen Winkel der Welt und kurz nach unserem ersten Hochzeitstag kam es zum erstenmal zwischen uns zu dem, was man als eine Art Ehekrise bezeichnen kann.

Es lag gewiß an mir, und ich will fair sein und Astrid in der Schilderung den Vortritt lassen. In ihrem Tagebuch liest es sich so: »Seit vierzehn Tagen sind wir nun in Academy Bay vor Anker. Nach den vielen gemeinsamen Erlebnissen mit den Sievers und Angermeyers folgt jetzt dieser Tag, an dem Wilfried mit sehr großem Enthusiasmus auf einem nahen Hügel ein Haus bauen will. Er ist nicht abzubringen von seinem Tatendrang, Land abzustecken. Mich ergreift eine tiefe Traurigkeit, denn dies ist nicht das Fleckchen Erde, wo ich mich niederlassen könnte. Es ist hier nicht so wie an jenen anderen Orten, wo wir beide einhellig sagten: Die Landschaft gefällt uns, hier möchten wir wohnen. Aber ich kann es gar nicht beschreiben, wenn Wilfried mich fragt, warum ich hier nicht bleiben möchte, wahrscheinlich ist es dieses abgeschnittene Leben, so entfernt von meiner eingegrabenen Bürgerlichkeit. Andererseits verstehe ich Wilfried sehr gut, daß man begeistert sein kann bei dem Anblick der hübschen kleinen Lavahäuschen der hier ansässigen Siedler. Man nimmt sich Land, kauft sich ein paar Sack Zement, schlägt sich Lavasteine zurecht und hat letztlich kaum Geld ausgegeben.

Hauptsächlich das Wissen, in Deutschland so etwas nach vielen Jahren harter Arbeit nicht erreichen zu können, reizt Wilfried wohl. Aber ich hoffe, dieses Datum, zwei Tage vor seinem Geburtstag, hat keinen starken Einfluß auf unser weiteres Leben.«

Mein 30. Geburtstag. Astrid hatte mir als Überraschungsgeschenk einen Flaschenkopf aus Stoff mit gelben Wollhaaren gebastelt. Ich gebe zu, ich war in diesen Tagen hin und her gerissen, war wohl etwas verwirrt. Die Weltumseglung abbrechen? Nie mehr all das wiedersehen, was im fernen Europa unser Zuhause war? Was sollte man dort? Aber was sollte ich für den Rest meines Lebens hier – wenn es meiner Frau nicht gefiel?

Wir hatten ein langes Gespräch an diesem Abend an Bord der *Kathena*. So eines, nach dem man deutlich weiß, wohin man wirklich gehört. Es war ein Gespräch, das nur uns beide angeht, Astrid und mich, und deshalb möchte ich nichts davon wiedergeben. Nur so viel: In dieser Nacht wurde mir wieder ganz klar, wie sehr ich meine Frau liebte. Über alles andere ...

Wir waren wohl schon zu lange geblieben in der Academy Bay, hatten dort zwar unvergeßliche Tage verlebt, mit kurzen Zwischenbesuchen auf den Inseln Plaza, Santiago und Floreana, aber jetzt drängte es uns beide, wieder Segel zu setzen und im letzten Augenblick der Gefahr zu entfliehen, dem Bann der verwunschenen Inseln zu erliegen.

So stiegen wir ein letztes Mal den mühseligen und staubigen Weg zur Vegetationsgrenze hinauf, um uns Ananas, Bananen und andere frische Früchte zu holen. Danach verabschiedeten wir uns von den Robinsons auf Galapagos. Mit der obligaten Bananenstaude am Heckkorb setzten wir Kurs auf die Marquesas, zu den Polynesischen Inseln, zu den Inseln der Südsee.

Die Fischaugen

*»Es gibt kein Geschöpf auf Erden,
das gegen sein eigenes Geschlecht
so wütet wie der Mensch.«*

Heinrich von Langsdorff 1810

»Baie des vierges« (Jungfrauenbucht) stand auf der Seekarte. Ich meinte schon, diese Bezeichnung sei dem bitteren Scherz eines schwergeprüften Missionars entsprungen nach dem vergeblichen Versuch, den Schönen dieser Südseeinseln das sechste Gebot zu predigen. Astrid war da anderer Ansicht. Sie deutete auf die gewaltigen Felsnadeln, die die Bucht einschlossen und versuchte, mich davon zu überzeugen, daß sie verblüffend an Marienstatuen erinnerten. Ich bemühte mich sehr, eine Ähnlichkeit zu entdecken. Bevor ich aber näher darauf eingehen konnte, wurde unser Gespräch in der Cockpit von einer hellen Stimme unterbrochen.

»Bonjour, Monsieur, Madame!«

Ich sah mich um und entdeckte einen kräftigen Mann, der in einem Auslegerkanu ein gutes Stück an der *Kathena* vorbeipaddelte. Er winkte freundlich.

»Der spricht ja französisch«, stellte Astrid freudestrahlend fest.

»Ja, nun antworte mal schnell, damit er näher kommt«, sagte ich schnell.

Der Mann begriff sofort und nahm Kurs auf die *Kathena.* Er schien mühelos gegen die scharfen Böen, die das Tal herunterkamen, anzukommen.

»Du, er ist ja nur mit einem Lendenschurz bekleidet«, meinte Astrid plötzlich mit großen Augen und etwas stokkend.

Ich stand am Heckkorb, machte eine Leine fürs Kanu klar und lachte: »Ja, da siehst du deinen ersten Südseeinsulaner.«

»Hoffentlich bringt er uns an Land.«

Das hoffte ich auch. Denn seit gut zwei Stunden lagen wir hier in der Jungfrauenbucht auf Fatu Hiva, der südlichsten Marquesasinsel, und konnten nicht an Land. Unser Schlauchboot aufzubauen, um damit an Land zu paddeln, war uns sinnlos erschienen. Gegen die Böen, die fast ohne Unterbrechung durchs enge Tal in die Bucht schossen, wären wir sicherlich nicht vorwärts gekommen. So lechzten wir doppelt nach frischen Früchten, nach Brot und waren neugierig auf die Leute im Dorf, das wir nicht sehen konnten, da es von einem Vorsprung der Steilküste verdeckt wurde.

Für die 3000 Seemeilen von den Galapagos bis zu dieser Bucht hatten wir 35 Tage benötigt. Etwas zu lange, aber während der ganzen Zeit hatte der in diesem Gebiet vorherrschende Südostpassat nicht in der erwarteten Stärke geblasen.

In der heutigen Morgendämmerung waren rechts voraus die fast 2000 Meter hohen Gipfel von Fatu Hiva über die Kimm gekommen. Noch vor Mittag hatten wir die von Fallböen bewachte Leeseite der Inseln erobert. Der Wind kam da mit siebzig Knoten die Steilhänge herabgepfiffen. Wenn er uns traf, machte *Kathena* irre Beschleunigungssprünge, und das Wasser rauschte. Die Leeseite des Bootes tauchte bis zu den Fenstern weg. Um an unseren Ankerplatz zu gelangen, hatten wir den Motor zu Hilfe nehmen müssen.

Astrid palaverte jetzt mit dem Mann, der recht sympathisch aussah.

»Komm Wilfried, zieh dir schnell ein Hemd an. Er nimmt uns mit. Außerdem hat er uns in sein Haus eingeladen. Ich glaube sogar zum Essen.«

Ich beeilte mich, die Ankertrossen gegen das Schamfilen zu schützen. Ich hatte vorsichtshalber zwei Anker mit je 25 Meter Kette und 15 Meter Nylontrosse ausgelegt. Da die *Kathena* stark schwojte, konnten die Trossen innerhalb weniger Stunden in der Küste durchscheuern. Vorsichtig stiegen wir in das wacklige Kanu. Astrid griff sogar ein Paddel und stieß es heftig ins Wasser. Sie konnte es kaum erwarten, an Land zu kommen. Die Überfahrt war schwer für sie gewesen. Tagelang hatte sie nur in der Koje gelegen und sich nicht gerührt. Sie war nicht einmal imstande gewesen, ihr Haar zu kämmen. Wenn es so weit kommt, dann steht es schlecht um sie. Um so erstaunlicher war ihr Elan beim Einlaufen, und erst jetzt ...

Bereits nach wenigen Metern sahen wir hinter dem einen »Jungfrauenfelsen« ein winziges natürliches Hafenbecken mit einer kleinen Plattform. Dahinter standen ein paar Polynesier in farbenprächtigen Hüfttüchern und Kleidern zwischen den Palmen.

Und dann betraten wir endlich die Insel. Keiner von uns sagte ein Wort. Wir blickten uns nur an, und ein Gefühl der Befriedigung erfüllte uns. Geschafft!

Das Dorf machte im ersten Augenblick einen gepflegten und sauberen Eindruck auf uns. Die Frauen und Männer, denen wir auf dem Weg begegneten, winkten und lachten. Aber die kleinen Kinder auf den Armen ihrer Mütter weinten und brüllten bei unserem Anblick. Sie hatten bisher wohl nur wenige Weiße gesehen.

Astrid redete unentwegt mit unserem neuen Freund und übersetzte mir in Stichwörtern, um was es ging.

»Weißt du, er spricht ein recht gutes Französisch. Übrigens, er heißt Puane – jedenfalls habe ich das so verstanden –, und die Bucht und das Dorf heißen Hana Vave.«

Wir kamen zu Puanes Wohnsitz. Mehrere junge Männer und Mädchen begrüßten uns mit Handschlag.

»Das ist Puanes Familie«, bedeutete mir Astrid kurz, und dann ließ sie mich stehen, um mit dem Hausherrn gleich die Schweine zu besichtigen, über die sie geredet hatten – offenbar sein ganzer Stolz. Die Schweine waren mit Leinen an die Bäume gebunden.

Ich sah mich um. Das ganze Anwesen bestand aus drei

aneinanderliegenden Hütten. Die eine, aus einfachen Kistenbrettern zusammengezimmert, war nur zum Kochen da, die Küche also. Die zweite war aus Palmblättern geflochten – sozusagen das Speisezimmer. Die dritte Hütte war die größte, massiv aus Baumstämmen und Brettern erbaut: Der Schlafsaal für die ganze Familie.

Ich wartete und sah einer Frau zu, die vor den Hütten mit einer runden Holzkeule emsig Tapa schlug. Das ist dünne zerschlagene Palmenrinde, die einst nur von Eingeborenen zu Kleidung gebraucht wurde. Heute kauft der ungefähr monatlich vorbeikommende Schoner aus Tahiti das Zeug auf, um es dann in Tahiti an Touristenläden teuer zu verkaufen.

Astrid kam mit Puane heiter schwatzend von den Schweinen zurück. Wie wohl sie sich jetzt offenbar fühlte!

Inzwischen hatten hinter meinem Rücken fleißige Hände in der Hütte schnell ein Gastmahl hergerichtet. Wir nahmen auf dem Boden vor einer Bastmatte Platz, auf der Brot und Honig, gekochte Bananen, gedünstete Brotfrucht und ein großer bunter Fisch hergerichtet waren. Nur Astrid und ich bekamen ehrenhalber Messer und Gabel, und Astrid übersetzte mir kurz, daß sich unsere Gastgeber ebenso verlegen wie wortreich entschuldigten: Sie seien es gewöhnt, mit den Fingern zu essen.

Ich sah mit Grausen den dicken bunten Fisch vor uns liegen und bat Astrid rechtzeitig, bei unseren Gastgebern mit der Erklärung vorzubauen, ich sei ein etwas sonderbarer Mensch, der keinen Fisch essen könne. Astrid gab sich offenbar alle Mühe, nicht verletzend zu wirken.

Doch das dicke Ende kam für Astrid noch. Während ihrer wortreichen Erläuterung legte Puane nun ihr als Ehrengast den ganzen Kopf des Fisches vor.

Astrid erschrak. »Mensch, sieh dir das an! Das kann ich doch auch nicht essen, mit all dem Gnusch drumherum und sogar noch mit den Augen.«

Ich gebe zu: Ich war nicht fair, als ich meiner Frau das

Problem überließ, das ich sehr gut kannte: »Sei kein Frosch! Fischaugen gelten hier als besondere Delikatesse, die nur Ehrengästen angeboten wird. Du würdest Puane und seine Leute tödlich beleidigen, wenn du sie nicht schluckst. Mensch – diese kleinen Dinger!«

Dabei sah ich selber vor lauter Ekel nicht hin; Astrid sah nicht hin, und auch unsere Gastgeber haben es wohl nicht bemerkt, auf welche Weise sie die delikaten roten Fischaugen beseitigte. Wenigstens lief das Gespräch, während ich mich genüßlich über meine Brotfrucht hermachte, munter fort.

Es war für Astrid nicht leicht, unseren einfachen Gastgebern klarzumachen, daß wir aus Deutschland kamen und daß dort nicht dieselbe Lebensweise gilt wie die der weißen Menschen auf Tahiti. Tahiti selbst, das ist für die Bewohner dieses Tals nur ein verschwommener Begriff von mehrstöckigen »Hütten«, befestigten Straßen, papierenem Geld und überhaupt: von unverständlich unnatürlicher Lebensweise. Deutschland, wie Astrid es ihnen schilderte, mit Heizung, festen Arbeitszeiten und Bezahlung für alle Lebensmittel und Miete – das ging ihnen nicht ein.

Puane formulierte das Erstaunen der Anwesenden: »Aber das ist ja genauso wie in Tahiti! Man muß bezahlen, bloß weil man in einem Haus wohnen darf.«

Dann sagte Puane – welterfahren, weil er schon mehrmals mit dem Schoner in Tahiti war: »Viele von euch Weißen schauen auf die Uhr, wenn sie arbeiten müssen, und andere wiederum haben überhaupt keine Arbeit. Es war vernünftig von euch beiden, daß ihr aus dieser verrückten Welt zu uns gekommen seid.«

Und dann meinte er: »Was ist das für eine Welt, in der man Fisch sogar kaufen muß!«

Alle in der Hütte lachten über so verdorbene Sitten, und wir waren reichlich hilflos, als uns Puane erklärte: »Hier gibt es genug zu essen für alle, und man arbeitet nur, wenn man will . . .«

Nachdenklich kehrten wir an Bord zurück. Die beiden halbwüchsigen Burschen, die uns zur *Kathena* ruderten, witterten ihr großes Geschäft: Sie wollten uns anderentags für den lächerlichen Betrag von nur einer Packung Zigaretten zu den berühmten Lagerstätten polynesischer Totenschädel führen.

Wir waren am nächsten Morgen rechtzeitig zur Stelle. Bald blieben die letzten Hütten der Siedlung hinter uns zurück. Wir schritten dem Schluß des Tales zu, wo die Felsen senkrecht in den Himmel ragen. Ich fragte mich schon, wie wir da rüberkommen sollten und hatte den Eindruck, das Wichtigste vergessen zu haben, nämlich Kletterschuhe und Bergsteigerpickel. Aber plötzlich öffnete sich die Wand vor uns. Durch eine schmale Schlucht traten wir bequem in ein liebliches Palmental, das sich tief ins Innere der Insel zog. Das Tal war unbewohnt. Nur ab und zu trafen wir einen Menschen, der Kokosnüsse schlug. Andere wuschen ihre Kleidung im Bach oder badeten einfach.

Der Weg führte steil aufwärts. Bald befanden wir uns auf dem Kamm, wo wir freie Sicht nach allen Seiten genossen. Es war überwältigend mit dem Blick auf die Insel und das tiefblaue Meer in der Ferne. Oben auf dem Gipfel führten uns die Jungen zu einer Nische und zeigten bedeutsam auf einen Schädel. Da polynesische Schädel eine Rarität sind, nahm ich das Prachtexemplar daher mit festem Griff an mich.

Auf dem Rückweg trafen wir Puane und präsentierten ihm den kostbaren Fund. Doch Puane winkte mit beiden Händen ab und erklärte: »Aber meine Lieben, das ist doch kein marquesischer Schädel! Was davon noch vorhanden ist, liegt sicher verwahrt in Felsgrotten. Dieser Schädel stammt von einem Chinesen, den ein Schiff hier todkrank abgesetzt hat. Das war lange vor meiner Zeit.«

»Und warum wurde er nicht begraben?«

»Als Heiden durften Chinesen nicht in geweihter Erde ruhen.«

Wir gingen ein Stück in die Felswand und steckten den Schädel in eine verborgene Spalte. Auf diese Weise würde er – vom chinesischen Standpunkt aus gesehen – nicht länger dem unverzeihlichen Schimpf ausgesetzt sein, einmal verhökert zu werden.

Es war schon ziemlich spät am Nachmittag, und die Sonne war längst hinter den hohen schroffen Bergwänden verschwunden. Uns umgab dichtes Grün, die Baumkronen schlossen sich zu einem gewaltigen Dach über uns zusammen. Mir fiel das Bibelwort vom Tal der Finsternis ein, und ich fühlte mich merkwürdig beklommen.

Im Halbdunkel erkannte ich, daß wir durch einen richtigen Orangenwald wanderten. An jedem Baum hingen Hunderte grüner Früchte.

»Schade, daß sie nicht reif sind«, bedauerte Astrid. Ein wenig Orangensaft wäre uns nach der vitaminlosen Kost auf See ausgezeichnet bekommen. »Sie sind reif«, antwortete Puane, der uns jetzt führte. »Hier werden die Orangen nie gelb. Ihr werdet sie meistens süß und saftig finden, auch wenn sie grasgrün aussehen.«

Mit einem Stock schlug er ein paar herunter, und wir ließen sie uns schmecken. Der Boden war von verfaulten Orangen übersät. Ich fragte Puane verwundert, warum niemand die Früchte pflückte und nach Tahiti schickte, wo fünf Stück einen Dollar kosteten. Jedenfalls, als ich damals dort war.

»Man merkt, daß ihr nichts vom Geschäft versteht«, gab er lachend zurück. »Wißt ihr, die Schonerkapitäne sind nicht daran interessiert, welche zu kaufen. Die Matrosen, wie ich in meiner Zeit, brauchten sie ja nur zu pflücken, ohne dafür zu zahlen. Im allgemeinen nahmen wir nur ein paar Kisten mit, denn wenn zuviel auf den Markt kommt, sinkt der Preis in Papeete schnell.«

»Aber warum lassen es die Eingeborenen zu, daß die Matrosen sich ihre Orangen ohne Bezahlung nehmen?«

»Das ist ganz einfach. Ohne Schoner gibt es keinen Zukker, kein Mehl, keinen Tabak. Ohne diese Schätze kann keiner auskommen. Darum ist es am besten, sich mit dem Kapitän gut zu stellen.«

»Na ja, aber schade ist es doch um die Orangen.«

»Vielleicht. Jedenfalls haben wir genug, um ganz Tahiti damit zu versorgen. Nach einem Sturm liegt der Boden dicht mit Früchten bedeckt. Sogar das Bachwasser schmeckt danach.«

Wir gingen weiter, folgten einem schlüpfrigen Pfad und wateten durch einige eiskalte Bäche. Verdammt noch mal, wohin schleppte Puane uns nur? Plötzlich blieb er stehen und zeigte zur Bucht hinunter. Dort, ganz einsam innerhalb der Steilwände, lag im Abendlicht unsere *Kathena*.

Inseln der Schönheit, Marquesas. Das sagte der Spanier Mendaña bei der Entdeckung der Inseln im Jahre 1595. Sein Chronist hat die Eindrücke beim Ansteuern der Bucht Vaitahu auf der Insel Tahuata so trefflich formuliert, daß ich sie hier wiedergeben möchte.

»Und da kamen sie auch schon auf ihren Auslegerbooten dahergepaddelt, vierhundert gleich große, schöne, stattliche Gestalten im Schimmer einer makellosen Haut, die wie Bronze glänzte, mit Blumen im Haar, mit blitzenden Zähnen, mit dem Wohllaut einer reinen Stimme und Sprache, kindliche, fröhliche Menschen ohne Knoten in Leib und Seele, die mit Grazie einer gelösten Anmut die fremden Wesen willkommen hießen und mit großen Gebärden auf ihre Hütten wiesen, die gastlich vom blanken Strand herüberwinkten und sich in Palmenhaine schmiegten, die in der Brise des Abends leise wogten wie ein Fächer, der Linderung bringt und alle Hitze von der Stirne weht. Niemand war an Bord, den der Zauber dieser Inseln und Menschen nicht alsbald bewegt und gebannt hätte. Es war einer jener großen, einmaligen, ach so unwiederholbaren Augenblicke, da wirklich ein Neues geschah, da sich zwei fremde Welten und Rassen begegneten, in einem Wunderland, von dem noch der Charme eines unberührten Daseins ausging, wo noch die letzte Harmonie des Paradieses in Friede und Schönheit zu wohnen schien.«

Verglichen mit diesem Zitat klingt es wie bitterer Hohn, was nach der Entdeckung der Marquesas folgte. Hier fand eines der blutigsten Dramen in der Behandlung friedlicher Völker durch den weißen Mann statt. Die Eingeborenen wurden regelrecht erschlagen wie die Karnickel – aus lauter Lust am Morden, Mendaña und seine Leute machten den Anfang. Als er absegelte, ließ er Dutzende toter Polynesier zurück.

Später setzten Walfänger, Händler und Abenteurer das grausige Werk fort. Ganze Täler wurden entvölkert und der kleine Rest der Einwohner durch mißverstandene Missionsarbeit und europäische Krankheiten weiter dezimiert. Für das Jahr 1800 schätzte man die Bevölkerung auf mehr als 20 000 Köpfe; heute sind es nicht viel mehr als 3000.

Die Vaitahu-Bucht, wo der Entdecker Mendaña geankert hatte, sollte unser nächstes Ziel sein. Um Mitternacht gingen wir in See, um noch vor Einbruch der Dunkelheit dort anzukommen. Die *Kathena* war mit Früchten beladen; außerdem hatten wir noch ein paar Tauschgeschäfte getätigt. Astrids letzte Duftwässerchen, Cremedosen und Nagellackfläschchen wurden gegen Honig, Eier und Mehl eingetauscht. Ich war froh, endlich all die vielen unnützen »Bottles« von Bord zu haben.

Die Überfahrt zur Insel Tahuata war bei dem halb einfallenden Wind eine schnelle Sache. Die Leeseite der Insel versorgte uns dafür nur mit leichten Winden aus den Bergen. Nach jedem Felsvorsprung schrie Astrid: »Da! Das ist Vaitahu.« Sie irrte. Es waren immer nur kleine Buchten zwischen steilen Hängen mit schmalen Sandstreifen und ein paar Palmen.

An dem Kap, hinter dem ich Vaitahu vermutete, segelte ich ganz dicht vorbei. Mit einemmal öffnete sich die Bucht vor uns zu einem lieblichen Bild. Vor dem kilometerlangen schwarzen Kiesstrand brachen sich die Wogen zu einer weiß schäumenden Mauer. Dicht hinter dem Strand zog sich ein schmaler Streifen grünen Grases entlang. Dahinter ragten schlanke, sich wiegende Palmen. Zwischen den Kokospalmen schimmerten ein paar rote Hausdächer. Ein breiter Weg zog sich in die Tiefe, eingefaßt von blühenden Tiare- und Puraubäumen. Der Pfad verlor sich indessen bald am Hang. Man glaubte sich fast in einem Theater mit gemaltem Rundhorizont versetzt, so harmonisch wirkte der Aufbau. Über dem allen lag ein Hauch von märchenhafter Stille, von Unberührtheit und tiefstem Frieden.

»Ist das nicht bezaubernd?« sagte ich zu Astrid, während ich »Kathena« weiter zum Scheitel der Bucht steuerte, wo sich der Ankerplatz befand.

»Sicher wirkt das so auf uns, weil es in der Bucht auf Fatu Hiva immer so böig war«, meinte Astrid.

»Oder weil hier soviel weiße Vögel über die Palmenkronen segeln.«

»Es ist ja auch gleichgültig«, winkte Astrid ab, und es hörte sich so an, als ob sie den überwältigenden Anblick des Vaitahutals ohne viel Gerede genießen wollte.

So verharrten wir schweigend und reglos, als könne sich das Zauberbild jeden Augenblick auflösen.

Aus der Verzückung erwachten wir erst, als ein Kanu längsseits kam – der Dorfpolizist, der unsere Papiere einsehen wollte. Astrid bat ihn an Bord, doch plötzlich schienen die »passeports« nicht mehr so wichtig. Der Mann wollte gerne Munition für sein Gewehr kaufen. Da die Marqueser von der französischen Verwaltung nur rationiert Munition zugeteilt bekommen, sind sie immer in Verlegenheit. Sie brauchen die Patronen für die Ziegenjagd hoch oben in den Bergen. Leider konnten wir dem Mann nicht helfen, denn wir führten weder Waffen noch Munition mit.

Mit unserem Schlauchboot kamen wir wohlbehalten durch die Brandung, wenn man davon absieht, daß nur ich naß wurde. Einen Landungssteg gab es nicht. Wir zogen das Boot ein Stück den Strand hinauf, und dann standen wir da: wie wir glaubten, mitten im Paradies.

Aber aus der Nähe sah auf einmal alles ganz anders aus. Überall wucherte wildes Buschwerk, die Palmen waren vermorscht und überaltert. Rund um die Stämme hingen Reste von rostigen Blechringen, die einmal dazu gedient hatten, die Ratten am Erklettern der Baumkronen und damit am Aufnagen der Nüsse zu hindern.

Noch verkommener wirkte die Siedlung. Zu beiden Seiten des Weges durchs Dorf lagen je etwa zwanzig Häuser. Importierte Holzbretter bildeten die Wände, darüber rostrote Dächer aus Wellblech. Das waren die lustigen Farbtupfer, die wir von See aus gesehen hatten. Fast alle Gebäude sahen alt, verfallen und schmutzig aus. Leere Konservendosen, Papier und Gerümpel lagen überall herum.

Wie gut hatten die 80 Eingeborenen im Hana-Vave-Tal dagegen ihre Häuser in Ordnung gehalten. Ihre Palmen, Wege und Strände hatten gepflegt ausgesehen. Fatu Hiva war unberührter, wahrscheinlich weil es weiter von der Inselgruppe der Marquesas abliegt. Hier hatte die »Zivilisation« sehr deutlich ihre zerstörerischen Spuren hinterlassen.

»Ich glaube, wir gehen besser ankerauf«, meinte Astrid. »Sonst verderben wir uns den guten Eindruck von den Inseln.«

Das leuchtete auch mir ein, aber ich wollte noch ein Stück weiter zum Laden eines Chinesen gehen, um etwas zu trinken. Es war das schönste Haus im ganzen Tal, offenbar erst vor kurzem gebaut und blau gestrichen. Der Verkaufsraum war mit Regalen ausgestattet, auf denen Konservendosen, Stoffballen und allerlei Kram ausgebreitet lagen. Ein halbes Dutzend Marqueser saß am Boden und trank Limonade. Wir verlangten auch eine. Der Chinese holte eine dunkle Flasche mit gelblichem Inhalt ohne Etikett hervor und verlangte 25 Francs, umgerechnet etwa eine Mark.

»Ist das französische Limonade?« erkundigte sich Astrid.

»Das ist mein eigenes Erzeugnis!« erwiderte der Chinese selbstbewußt.

Wir probierten die »Limonade«. Brrr! Wir hielten es für besser, den Rest stehenzulassen – das Gesöff schmeckte nach hundert Jahren.

Wir setzten unsere Wanderung bis zum Ende des Dorfes fort. Ein kleiner Bach schlängelte sich am Weg entlang. In der schmalen gelblichen Wasserrinne waren Kinder damit beschäftigt, Wasser in alte Bierflaschen zu füllen. Einige Meter weiter wuschen Frauen Hemden aus, und noch ein Stück weiter oberhalb badete ein runzliger Alter in derselben Brühe.

Wir hasteten beinahe zum Strand hinunter. Unser Schlauchboot klarmachen und durch die Brandung rudern war eins. Hier wollten wir nicht noch einmal an Land gehen.

Der letzte Blick zurück erinnerte uns an ein weiteres schreckliches Zivilisationsgut, mit dem der weiße Mann die unbedarften Völker rund um die Welt »gesegnet« hat: Alkohol. Auf dem Kiesstrand saßen zwei Marquesaner, stark angetrunken und offenbar nicht mehr Herr ihrer Sinne.

Ich erinnerte mich, mal gelesen zu haben, daß es in alten Zeiten auf den Marquesas keine destillierten Getränke gab. Das einzige Rauschmittel, das man mit einiger Berechtigung so nennen konnte, war Kawa. Sie wurde aus bestimmten Wurzeln zubereitet, die man zu dickem Brei zerkaute. Die ganze Mischung spuckte man dann in einen Bottich mit einigen Zutaten und ließ sie gären. Danach wurde die Masse mit Wasser angerührt. Auch wenn die Kawa nicht vollkommen harmlos war, richtete sie doch keinen dauerhaften Schaden an. Bei übermäßigem Genuß konnte ein Hautausschlag auftreten und sich eine gewisse Nervosität bemerkbar machen. Als die Marqueser jedoch Rum und anderen Schnaps kosteten, begannen sie bald, ihre Kawa zu verschmähen. Da die Einfuhr alkoholischer Getränke begrenzt war, zeigten sie sich natürlich hell begeistert, als ihnen ein paar Seeleute beibrachten, wie man aus Palmensaft Schnaps brennen kann. Überall wurden Destillen eingerichtet. Das Saufen hält bis heute an.

Vier Stunden sind es bis zur nächsten Bucht von Hana Menu an der Nordwestküste Hiva Oa. Dort ankern wir dicht am Strand mit einer gepflegten Kokospflanzung im Hintergrund. Sie wird von einem einzigen Siedler, einem Tahiti-Franzosen, bewirtschaftet, bei dem ich auch die am saubersten gebauten Palmblätterhütten sah. Gleich hinter seiner Pflanzung entdeckte ich viele Fundamente ehemaliger Hütten. Mir wurde klar: Dies war eines der Täler, in denen der weiße Mann seinen Vernichtungsfeldzug siegreich vollendet hatte. Heute ist das Tal völlig tot. Die Brotfruchtbäume, Papaya und Zitronenbüsche wuchsen wild weiter. Die riesigen Mangobäume waren voller schmackhafter Früchte, die kein Mensch pflückte. Ich hing trüben Gedanken nach, stellte mir vor, daß hier vor vielleicht hundert Jahren noch Kinderlachen und Frauensingen zu hören waren, bevor die Todesschreie zwischen den Felswänden in schaurigem Echo verhallten.

Ich rede hier nur von mir – denn Astrid kam selten mit an Land. Sie ist sehr empfindlich gegen Insekten jeder Art, und die Insel wimmelt von Sandfliegen, den Nou-nous. Die Stiche sind zwar nicht gefährlich, aber sie jucken so stark, daß man sie oftmals aufkratzt. Dann bilden sich furchtbare Geschwüre. Wir haben in Tahiti Segler getroffen, die nach ihrem Besuch auf den Marquesas mit einem Dutzend solcher Dinger behaftet waren. Sie mußten sich ärztlich behandeln lassen.

Wir machten *Kathena* seeklar und verließen die Bucht mit Kurs Tahiti.

Tahiti, die glückliche Insel

»Wo kann ein Mensch glücklicher sein als auf dieser Insel, wo er in einem der besten Klimate der Welt den Luxus des Lebens bequem und reichlich genießen kann?«

Der britische Entdecker James Cook, 1769, beim Besuch der polynesischen Inseln.

Der nächste Seetörn fing gut an. Die *Kathena* machte sechs Knoten, und so verschwanden die Marquesas bald im Kielwasser unter dem Horizont. Unseren Lebensrhythmus an Bord fanden wir schnell wieder: Wachegehen, Lesen, Essen, Navigieren und natürlich Schlafen.

Schlafen ist eine der Hauptbeschäftigungen auf so einem Schiffchen und während einer solchen Reise. Denn der Schlaf wird durch Manöver und Kontrollen immer wieder unterbrochen. Da muß man also stets etwas »Matratzenhorchdienst« nachholen. Außerdem ist der Schlaf nicht so tief und erholsam wie an Land im richtigen Bett, denn die Koje ist kurz und schmal; dazu liegt das Boot schräg, schlingert oder stampft oder macht sogar beides. Um nicht aus der Koje zu fallen, liegt man stets angespannt, klemmt und keilt sich irgendwie fest.

So kommt es wohl, daß man auf See nur leicht schläft und viel träumt – wie wir jetzt von unserem nächsten Landfall auf dem Manihi-Atoll in der Tuamotu-Gruppe –, und daß man auch von Alpträumen geplagt wird. Sie hatten angesichts unseres nächsten Ziels einen besonderen Grund: Einen Begriff von der Gefährlichkeit jener Inselkette bekam ich, als ich sie drei Jahre zuvor allein durchschipperte. Und dabei wäre ich um ein Haar auf einem Riff gestrandet.

Die 78 Inseln der Tuamotu-Gruppe, die sich alle gleichen

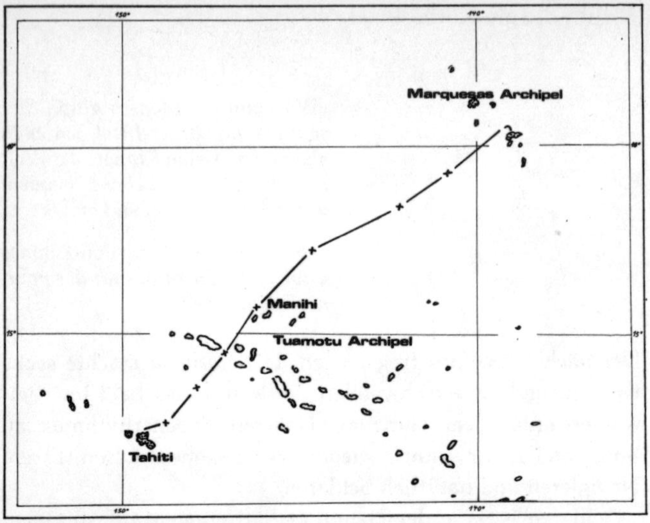

Der 8-Tage-Törn von den Marquesas nach Tahiti

wie ein Ei dem anderen, sind nur niedrige Korallenriffe, die sich kaum einige Meter über den Meeresspiegel erheben und nur vereinzelt mit Palmen bewachsen sind. Man kann sie nur fünf bis sieben Seemeilen weit sehen, und es ist manchmal genauso schwer, sie zu finden, wie ihnen zu entgehen. Starke und tückisch wechselnde Meeresströmungen zwischen den Inseln können einem Segler leicht zum Verhängnis werden. Deshalb spricht man auch vom »Gefährlichen Archipel« oder von den »Labyrinthinseln«. Wie es um die Navigation zwischen den Tuamotu-Inseln bestellt ist und wie die Inselschoner sich zurechtfinden, verdeutlicht eine Anekdote, die auf Tahiti sehr populär ist.

Da sagte der Kapitän zum Rudergänger: »Du siehst die Wolke dort über dem Horizont, steure darauf zu.« Dann geht er beruhigt in die Kajüte, legt sich aufs Ohr, kommt aber nach einer Weile wieder an Deck.

Nun befiehlt er: »Die Vögel ziehen nach Nordost, das

bedeutet, daß da irgendwo Land ist. Steure ihnen nach, so gut du kannst.« Allmählich taucht wirklich Land am Horizont auf, und nach einem kleinen Schläfchen kommt der Kapitän abermals an Deck.

Jetzt meint er: »Sieh da, eine Laguneneinfahrt mit zwei Korallenblöcken in der Mitte. Das muß Tahanea sein.« Oder er sagt vielleicht: »Keine Palmen auf der Südseite? Das muß Taou sein.«

Sollte er zufällig die Insel nicht genau wiedererkennen, so geht er einfach an Land und fragt, wo er ist.

Tatsächlich spielt es sich noch heute oft so ab. Denn es gibt keine Leucht- und Funkfeuer in diesem Archipel, und die Angaben in den Seekarten sind fehlerhaft und irreführend. Da heißt es etwa im Seehandbuch über eins der kleineren Eilande: »Diese Insel soll nach Berichten von 1882 fünf Meilen östlich der angegebenen Position liegen, 1920 wird sie bedeutend nördlicher angegeben. Ihre Länge ist unsicher.«

Als wir uns Manihi näherten, schlug das bisher schöne Wetter um. Das Barometer fiel stetig. Die Nacht wurde schauderhaft. Einige Böen waren so stark, daß ich das Großsegel wegnehmen mußte. Dazu setzte starker Regen ein, und ich mußte in diesem Mistwetter, der heftigen Böen wegen, draußen Wache gehen.

Während der Morgendämmerung regnete es zwar kaum noch, dafür begann der Wind zu schralen. Es wurde schwierig, den Kurs auf Manihi zu halten. Meiner Berechnung nach durften wir erst gegen Mittag zu Land erwarten. Doch wir hielten schon jetzt eifrig Ausguck nach dem geringsten Zeichen, das auf die Nähe von Land schließen ließ.

Stunde um Stunde verging. Kein Sonnenstrahl zeigte sich am Himmel; alles war grau in grau. Unsere Augen schmerzten. Vereinzelte leichte Schauer nahmen uns die Sicht fast ganz. Ich überlegte schon, ob ich nicht vorsichtshalber abdrehen sollte, um in der nächsten Nacht frei von den Inseln zu sein, da ertönte plötzlich Astrids Schrei:

»Wilfried, komm schnell! Da unter der Fock – sind das nicht Palmen?«

Ich sah nichts. So begab ich mich aufs Vordeck und kletterte in den Mast, sieben Meter hoch bis zur Saling. Da konnte auch ich die Palmenwipfel erkennen.

»Du hast recht«, schrie ich hinunter, »es ist Land. Hohhoo!«

»Ist es Manihi?«

Ich rutschte wieder an Deck.

»Die Palmen- und Rifflinie ist unterbrochen, das müßte der Seekarte zufolge Manihi sein.«

»Bist du sicher?«

»So sicher, wie man hier eben sein kann. Trotzdem, wir werden keinen Landfall machen.«

»Warum eigentlich nicht«, fragte Astrid enttäuscht, »wo wir so nah dran sind?«

»Zu gefährlich. Die Windrichtung kann sich ändern, dann liegen wir in der großen Lagune ungeschützt. Und den Ankerplatz anzusteuern, wäre jetzt viel zu waghalsig. Schau selbst, der Himmel ist bedeckt, da ist eine Riffnavigation unmöglich.«

Ich gebe zu: Ich selber bedauerte es auch, daß wir die Insel liegenlassen mußten. Aber es half nichts. Es blieb uns nichts anderes übrig, als direkt auf Tahiti zuzuhalten.

Das Wetter blieb unbeständig. Ein paar Stunden später hatten wir Ahe und Arutua mit großem Abstand passiert. Jetzt war vor dem Steven alles frei.

Im Logbuch notierte ich erleichtert: »Oh, Gott, zum zweiten Male die Tuamotus hinter mich gebracht. Ich höre den Stein von meinem Herzen plumpsen.«

Am neunten Tag seit unserer Abfahrt von Hana Menu war es geschafft. Um die Mittagszeit schlängelte sich die *Kathena* mit wenig Wind in den Segeln durch die mit Bojen gut gekennzeichnete Riffeinfahrt in den Hafen von Papeete. An der berühmten Wasserfront, genau gegenüber der

Hauptpost, ließen wir unseren Anker fallen und machten die Heckleinen an Land fest.

Die Ankunft eines Segelbootes nach längerem Seetörn spielt sich fast ab wie ein festes Ritual. Das erste ist ein »small talk« mit dem Bootsnachbarn.

»Wo kommen Sie her?«

»Wie viele Tage waren Sie unterwegs?«

»Haben Sie die Yacht Soundso gesichtet?«

Und noch bevor der Zoll oder die Polizei zur Paßkontrolle an Bord erscheinen, werden ein langes frisches Weißbrot, Milch und Obst als Willkommensgeschenke auch unter unbekannten Segelkameraden herübergebracht. Das alles gab es schon lange nicht mehr an Bord der *Kathena*.

Dann folgt sofort der erste Landgang. Es klingt paradox, aber es ist so: Man bewegt sich zunächst unsicher auf dem festen Boden.

An Land schleckten wir erst einmal ein Eis, ein zweites, ein drittes, und dann stürzten wir ein Bier darauf.

Ich ging hinüber zur Hauptpost und rief Richard Backer an, einen alten Freund seit meinem ersten Aufenthalt auf Tahiti während meiner Allein-Weltumseglung ein paar Jahre zuvor.

Richard schien seinen Ohren nicht zu trauen: »Was? Du bist wieder hier? Eine Frau hast du auch bei dir? Ich komme sofort!«

Richard, gebürtiger Deutscher, war bis 1944 auf dem Schlachtschiff *Tirpitz* gefahren. Dann hatte es ihn in die Fremdenlegion verschlagen. Als Soldat in Indochina und Algerien verdiente er sich eine schöne Pension. Außerdem tut er heute noch als Zivilbeamter bei der Legion Dienst und erwirbt sich so die Butter zu seinen Brötchen. Er ist auf Tahiti einfach hängengeblieben, lebt zusammen mit einer viel jüngeren Tahitianerin, die ihn kürzlich zum Vater machte.

Die beiden kamen nach meinem Anruf sofort zum Hafen. Irgendwie hatten sie unterwegs Blumenketten aufgetrieben, die sie uns jetzt um den Hals hängten. Dann umarmten sie uns, minutenlang, und küßten uns. Ich bekam kaum noch Luft. Und Astrid strahlte. Das war der Empfang ihrer Träume.

Zum Abendessen wurden wir von Richard ins Auto verladen und zu seinem Haus gebracht. Es liegt paradiesisch, gleich an der Lagune, mit hüfttiefem klarem Wasser, davor eine kleine Wiese, von Palmen und Bananenbäumen überschattet. Das war für uns das richtige Fleckchen zur Erholung von den Strapazen der See. Spät am Abend kehrten wir zur *Kathena* zurück. Wir legten uns satt und zufrieden in unsere Kojen und lauschten noch beim Einschlafen durchs offene Kajütluck dem leisen Gesang und der Musik, die aus den Lokalen an der Wasserfront zu uns herüberdrangen. Die Blumenketten, die wir auf den Tisch gelegt hatten, dufteten so stark daß sich der Duft in unsere Träume mischte.

Mit der Sonne ging auch die Schönheit unseres Liegeplatzes auf. Ein kleiner Park neben der Post, bestückt mit zwei Kanonen, die einst der deutsche »Seeteufel«, Graf Luckner, hiergelassen hat. Dazwischen liegt allerdings die vielbefahrene Hauptstraße Papeetes. Aber das störte uns nicht. Wenigstens mich nicht. Im Gegenteil. Astrid notierte in ihrem Tagebuch: »Wilfried kann sogar Gefallen daran finden, denn vom Cockpit aus kann er nun gemütlich die Schönheiten der Insel in Pareu und Supermini auf ihren Solex' oder Vespas vorbeiflitzen sehen. Eine Beschäftigung, der er sich Stunden widmet.«

Gleich am Morgen nach unserer Ankunft ging ich zur Post, die am Vortag schon geschlossen hatte, um unsere Briefe abzufordern, die wir von Freunden aus aller Welt und vor allem aus der Heimat erwarteten. Das ist ein spannender Moment auf einer Weltumseglung. Monatelang hat man nur für sich selber gelebt und nichts gehört aus dem persönlichen Umkreis, dem man trotz äußerlicher Entfernung innerlich immer noch so verhaftet ist. Ist der Freund schon in seine neue Wohnung gezogen? Sind die Bootsnachbarn, die man auf Barbados kennenlernte, auch wirklich bis nach Panama gekommen? Wie war eigentlich der letzte Winter zu Hause? Gab es lange Schnee – oder blühen die Krokusse schon?

Der Postbeamte reichte mir mehr als zwanzig Briefe, alle mit der Anschrift »Wilfried und Astrid Erdmann, Tahiti, postlagernd« – unsere erste Adresse im Pazifik.

Ich eilte an Bord zurück, riß die Umschläge hastig auf. Und dann lasen wir beide stundenlang, unterbrachen uns gegenseitig, teilten uns die wichtigsten Neuigkeiten mit, auch wenn sie schon einige Wochen alt waren. Nach langem Seetörn Post zu kriegen – das ist wie Weihnachten mitten im Jahr.

Ein Luftpostpäckchen war dabei mit vielen Mark Porto drauf – das erste Exemplar des Buches über meine Weltreise als Einhandsegler*. Ich hatte meine Manuskripte und Logbücher, Kartenskizzen und sonstige Aufzeichnungen zurückgelassen, als ich mit Astrid zur Hochzeitsreise aufbrach. Inzwischen war dieses schöne Buch entstanden – mein erstes. Ich warf es Astrid hinüber auf ihre Koje: »Da, lies mal. Stehen ein paar Sachen drin, die du noch nicht kennst. Kannst mich kennenlernen . . .«

Und während Astrid anfing zu schmökern, machte ich mich abermals über die Post her. So schön es ist, Post zu erhalten, so schrecklich ist es, sie zu beantworten. Viel schlimmer, als aus dem Urlaub an all die Verwandten, Nachbarn und Bekannten die obligatorischen Grußpostkarten zu schicken. Ich schrieb und schrieb, an alle, wenn auch ein bißchen kurz, ein bißchen flüchtig, ja fast schon im Telegrammstil: »Nur ein paar Zeilen, meine Lieben. Fühlen uns prächtig, werden wahrscheinlich länger hierbleiben . . .« Über die Straße zur Post, Marke drauf – bums – bums –, in vier, fünf Tagen würden alle wissen,

* Mein Schicksal heißt Kathena, Verlag Friedrich Oetinger, Hamburg.

daß es uns noch gibt. Es ging nämlich täglich ein Jet nach Amerika und nach Europa.

Wenn man so als Segler in einem Hafen liegt, sieht das Leben doch ein bißchen anders aus als das eines Urlaubers. Er hat das Gefühl, daß er das bezahlte Geld »ausnutzen« müsse. Er wohnt in einem Pensions- oder Hotelzimmer meist so unpersönlich, daß es ihn stets hinaustreibt zu Ausflügen, Besichtigungen, Promenierspaziergängen und Kneipenbesuchen. Und persönliche Bekannte gewinnt er in der kurzen Zeit höchstens nur oberflächlich durch kurze Worte von einem Lagerplatz am Strand zum anderen.

Segler dagegen haben Zeit mitgebracht, die fast nichts kostet. Sie haben ihr eigenes Heim – das Boot – gratis bei sich. Da bleibt man viel eher »zu Hause«. Und außerdem gibt es viel schneller eine tiefere persönliche Verbindung untereinander durch den gemeinsamen Kampf gegen widrige Strömungen, Flauten und Gegenwinde sowie Proviantmangel und all die anderen Schwierigkeiten des Metiers.

So hatten wir sofort herzlichen Kontakt zu Pierre und Kathrin Deshuemers, die schon hier lagen, als ich meine erste Weltumseglung machte. Genauso freundschaftlich verkehrten wir mit Yves und Babette Jonville, die wir später noch in vielen andern Häfen trafen. Zudem trafen wir in Papeete einen Landsmann von Astrid, den Düsseldorfer Klaus Alvermann, der mit seiner nur sechs Meter langen Slup allein unterwegs war. *Plumbelly* (Pflaumenbauch) heißt sie, und so sieht sie auch aus.

Die größte Freude war für mich indes das Wiedersehen mit meinem Freund Bernard.

Bernard Moitessier – der Name ging um die Welt. Von den einen wurde er als großer Weiser und als größter Einhandsegler aller Zeiten bewundert, von den meisten als großer Spinner abgetan. Lange bevor er ohne eigenes Zutun zu einer zweifelhaften Berühmtheit hochgejubelt wurde, habe ich ihn kennengelernt. Das war 1966 in Alicante an der spanischen Mittelmeerküste. Ich war sozusagen ein »Greenhorn des Meeres«, hatte mir gerade meine erste *Kathena* gekauft und große Pläne im Kopf, aber keine Erfahrung im Einhandsegeln.

Bernard lag ein paar Boote weiter. Zusammen mit seiner Frau Françoise hatte er gerade auf seiner Ketsch *Joshua* den Törn von Tahiti nach Alicante rund ums Kap Hoorn hinter sich. Er hatte schon damals einen Namen in der Fachwelt, ich dagegen war ein völlig unbeschriebenes Blatt. Trotzdem kümmerte er sich rührend um mich, nachdem wir uns zufällig kennengelernt hatten. So zurückhaltend, ruhig und bescheiden er ist, so hilfsbereit ist er auch. Als ich ihn andeutungsweise merken ließ, was für hochfliegende Pläne ich hatte, da machte er sich ungefragt sofort daran, mir die Grundbegriffe der Navigation beizubringen. Und dabei prägte er den für mich aufmunternden Satz: »Es ist doch alles gar nicht sooo schwierig ...«

Ich beäugte stundenlang seine rot gestrichene *Joshua* und bewunderte Bernard grenzenlos. Es ging mir so wie einem jungen Boxer aus der Provinz, der einmal Max Schmeling gesehen hat und jede Geste in Erinnerung behält. Allerdings trifft dieser Vergleich nicht ganz zu: Der eine scheu te die Publizität – mir ganz sympathisch –, während der andere ihr sehr wohlgesonnen zu sein scheint.

Gerade diese Abneigung gegen alle Publizität hat wohl dazu geführt, daß Moitessier von allzu flotten Journalisten als Irrer dargestellt wurde, als er die größte Leistung in der Geschichte des Yachtsegelns vollbrachte.

Das war im Frühjahr 1969. Bernard lag vorn im Rennen um den Preis für den Mann, der als erster allein und nirgendwo anzulegen um die ganze Erde segeln würde. Im englischen Hafen Plymouth war er gestartet, hatte den Atlantik südwärts um Afrika, den Indischen Ozean und den Pazifik durchschifft, schließlich Kap Hoorn umrundet und brauchte jetzt nur noch das »letzte Stückchen« durch den Atlantik nordwärts nach England zu segeln. Aber da lief er plötzlich nach 204 einsamen Tagen auf See in die Tafelbucht von Kapstadt ein. Er legte – den Regeln des Rennens entsprechend – nicht an, sondern warf dem entgegenkommenden Lotsenboot nur einen Plastiksack mit Nachrichten zu. Dann allerdings drehte er statt in den Atlantik ums Kap der Guten Hoffnung in den Indischen Ozean ab. Damit verschenkte er den offiziellen Sieg als erster Nonstop-Einhand-Weltumsegler in der Geschichte.

In einem Brief an die Veranstalter des Rennens, der sich in dem Plastiksack befand, versuchte er zu erklären, was dennoch kaum jemand verstand: »Meine Arbeit ist, die Reise fortzusetzen, immer noch nonstop, aber in Richtung auf die pazifischen Inseln. Denn da gibt es viel Sonne und mehr Frieden als in Europa. Bitte, glaubt nicht, daß ich Rekorde aufstellen will. ›Rekord‹ ist ein dummes Wort auf See. Ich fahre weiter, einfach weil ich auf See glücklich bin – und vielleicht, weil ich meine Seele retten will.«

Da behaupteten viele, Bernard sei durch die lange Einsamkeit verrückt geworden, und die pazifischen Inseln erreiche er in dieser Verfassung nie.

Er erreichte sie natürlich. Nach 308 Tagen und 41 000 Seemeilen machte er in Papeete fest. Das ist eine weitaus längere Segeltour als die von Robin Knox-Johnson, der später in das Logbuch der Geschichte als erster Nonstop-Einhand-Weltumsegler nach den Regeln des Wettbewerbs einging.

Seither liegt Bernard mit seiner *Joshua* im Hafen von Papeete. Wir fielen uns als alte Bekannte um den Hals, als wir uns gleich nach der Ankunft der *Kathena* entdeckten. Und dann hockten wir häufig zusammen, oft an Bord bei ihm oder bei uns, meistens jedoch auf dem einzigen Fleckchen Rasen am ganzen Kai, direkt vor seinem Boot.

An einem dieser lauen Abende in gemütlicher Runde auf dem Rasenfleckchen machte uns Bernard ein besonderes Essen nach Tahiti-Art: Poisson cru. Dies ist kein Kochbuch, gewiß, dennoch sei hier kurz das Rezept für dieses aparte Mahl angegeben: Man schneidet rohes weißes Fischfleisch in Würfel und läßt es im Saft mehrerer ausgedrückter Zitronen mindestens zwei Stunden ziehen. Danach preßt man den Saft geraspelter Kokosnüsse durch ein Tuch über den Fisch. Das Ganze wird kurz gedünstet, etwas gesalzen und mit Gemüse – am besten Möhren – serviert.

Das war – weil ich ja keinen Fisch mag – natürlich nichts für mich. Um so mehr hielt ich mich an Bernards Wein. Dieser Wein war eigentlich ganz gewöhnlicher spanischer Rotwein; dennoch stellte er etwas Besonderes dar: Er hatte, abgefüllt in Plastikkanister, schon mehr als eine Weltumseglung hinter sich. Kenner mögen sich streiten, ob einem so »edlen Getränk« das monatelange Durchschütteln an Bord und die Tropenwärme bekommen. Wenn ich ehrlich sein soll: Das Zeug schmeckte wie »Knüppel auf den Kopf«. Aber was machte das schon: War es doch Originalwein von Bernard.

An einem solchen Abend war es auch, daß ich Mut faßte, Bernard nach den tieferen Gründen zu fragen, warum er eigentlich den von der »Sunday Times« ausgeschriebenen Preis von 5000 englischen Pfund und allen damit verbundenen Ruhm für den ersten Non-stop-Weltumsegler in den Wind schießen ließ.

»Ruhm?« fragte Bernard. »Das ist eine Vokabel, die ich aus meinem Wortschatz gestrichen habe. Es gibt noch so ein paar Wörter, die mir nichts bedeuten: ›Nationalismus‹ und ›Materialismus‹. Die schreckten mich von einer Rückkehr nach Europa ab. Da wäre ich doch ganz sicher in den Strudel von Geldmacherei und nationalistischer Protzerei geraten.«

Tatsächlich hat Bernard nie viel von den Segnungen der Zivilisation gehalten. Und er hatte die Nonstop-Tour um die Erde längst beschlossen, als die »Sunday Times« mit Geld und Ehren waghalsige Männer zu dem kühnen Abenteuer verlockte. Erst kurz vor seiner Abfahrt in Plymouth vermochten die »Sunday Times«, Yachtclubmitglieder und Freunde den berühmten Segler zu einer Teilnahme an dem

Rennen zu bewegen. Da hatte er wohl, da er ein netter Mensch ist und nicht unfreundlich sein wollte, ohne innere Überzeugung nachgegeben. Unterwegs in der langen Einsamkeit hat er zu sich selber zurückgefunden. Da ist er dann bei Kapstadt aus dem Rennen ausgeschert und in die Südsee geflüchtet.

»Und hast du nun dein Paradies gefunden?« fragte ich Bernard in unserer Runde auf dem Fleckchen Rasen vor seinem Boot in Papeete.

Er kratzte sich nachdenklich am Kopf. »Vielleicht – soweit man das als Mensch noch kann, der in seiner Jugend von der sogenannten Kulturwelt in Europa geprägt worden ist . . .«

Seine Frau Françoise ist in Frankreich geblieben. Hier auf Tahiti lebt er mit einer Inselschönen zusammen, die ihm einen Sohn geboren hat. »Der Kleine ist mein ganzer Stolz«, ließ er mich wissen, »ich möchte, daß er Schwimmen lernt, noch bevor er ein Jahr alt ist.« Drüben auf der Nachbarinsel Moorea hat sich Bernard abseits jeder Straße ein Stückchen Land gekauft, aber er lebt noch immer auf der *Joshua* im Hafen von Papeete. Sein Tageslauf wirkte selbst auf uns etwas ungewöhnlich:

Morgen von vier bis elf Uhr schrieb er an dem Buch über seine seltsame Reise. Dann schwamm er gut 200 Meter zur Yacht seines Freundes Pierre, hielt dort einen kleinen Plausch und begab sich dann im Dauerlauf – immer noch in Badehose – zum Postamt, um nach Briefen zu fragen. Nach einem Mittagsschläfchen arbeitete er von vier bis fünf an seinem Boot – nach dem tahitianischen Motto: Aita peapea (immer schön langsam). Im ersten kühlen Abendhauch traf er sich mit jener legendären Runde auf dem Fleckchen Rasen. Dann ging er essen, zu Freunden oder in ein billiges Restaurant. Und spät abends korrigierte er noch ein bißchen am Manuskript seines Buches.

Übrigens: Das Buch ist inzwischen in Frankreich erschienen, und es wurde schnell zu einem Bestseller. Was mit den Einkünften aus dem Verkauf geschieht, ist wiederum typisch für Bernard, den man gewiß nicht als wohlhabend oder gar reich bezeichnen kann: Auf seinen ausdrücklichen Wunsch werden alle Honorare an die katholische Kirche überwiesen. Bernard denkt auch da anders als etwa ein deutscher Einhandsegler, der Abend für Abend durch die Vortragssäle zieht und dem zahlenden Publikum in Schauspielermanier atemberaubende See- und Landgeschichten auftischt.

Unsere eigenen Erlebnisse klingen ungleich bescheidener, aber sie waren eben nicht in erster Linie für die Ohren anderer Leute geplant, sondern dem Zufall überlassen, wenn auch nicht weniger stark empfunden. Was uns so auf Tahiti widerfuhr, beschreibt Astrids Tagebuch: »Mein Selbstvertrauen wurde heute erheblich gestärkt. Da holte mich zunächst Mere, die Lebensgefährtin von Richard, mit ihrem Motorroller ab. Das muß bestimmt ulkig ausgesehen haben: Zu zweit auf dem kleinen Ding, vorne eine Dunkelhäutige mit langem schwarzem Haar, hinten eine Weiße mit langem blondem Haar.

Wir essen und plappern ein bißchen. Danach lasse ich mich von ihr überreden, zum Riff schwimmen zu gehen. Davor habe ich eigentlich eine scheußliche Angst. So weit weg vom Land den Haien vor der Nase herumzupaddeln, behagt mir gar nicht. Zögernd frage ich Mere:

›Hast du gar keine Angst vor Haien?‹

›Es gibt hier keine.‹

›Aber ich habe doch welche gesehen, als wir die Insel ansteuerten.‹

›Ja, draußen gibt es sicherlich welche, aber in die Lagune kommen sie nicht‹, antwortet Mere, und es klingt überzeugt.

Zögernd werfe ich ein: ›Aber wenn sich einer verirrt?‹

Mere steht schon bis zur Hüfte im Wasser und sagt nur

noch: ›Ach, es gibt hier genug Fische, da werden sie uns nicht angreifen.‹ Dann taucht sie weg.

Ich also hinterher. Im Nu hat Mere vier Fische harpuniert. Ich lasse derweil die Unterwasserwelt durch die Taucherbrille auf mich wirken: Farbige Fische und die verschiedenartigsten Korallen. Wie ich mich auch drehe und wende – ich fühle mich nicht so richtig wohl in dem nassen Element. Hinter jedem Korallenblock vermute ich einen Hai. Das legt sich erst, nachdem ich meine erste Südseemuschel gefunden habe. Da werde ich zur weiteren Suche angespornt und vergesse darüber nicht nur meine Angst, sondern verliere sogar jedes Zeitgefühl. Über zwei Stunden schlängele ich mich über und an Korallen vorbei, immer wieder nach neuen Muscheln Ausschau haltend. Wahrhaftig, so lange bin ich noch nie im Meer schwimmen gewesen. Dafür friere ich hinterher auch wie ein Schneider. Wilfried wundert sich am Abend über so viel Mut und über meine Handvoll bizarrer Naturschätze.«

Währenddessen füllte ich unsere schwindsüchtige Bordkasse auf. An manchen teuren Yachten reicher Leute war etwas zu reparieren. Zum Beispiel war auf einem der Boote ein Salingskreuz durchgefault. So etwas kann nur der Fachmann ersetzen, der richtig gelernt hat, mit Holz umzugehen. Da kam es mir zustatten, daß ich von Beruf Tischler bin und lange als Zimmermann gearbeitet habe. Der Verdienst half uns, die langen Wochen im teuren Papeete zu überstehen.

Aber auch Astrid konnte einmal helfen, unsere Kasse flott zu halten. Als eines Morgens unsere müden Blicke über den Hafen glitten, blieben sie in der Takelage der norwegischen Viermastbark *Regina Maris* hängen. Sofort waren wir hellwach und flitzten. Schließlich hatten wir diesen Großsegler schon in Las Palmas getroffen und kannten einige Besatzungsmitglieder. Das Französische Fernsehen ORTF war schon da, um diesen seltenen Besuch festzuhalten, und als wir an Bord kletterten, suchte der Regisseur gerade nach einem Übersetzer. Die Kapitänsbrüder Wilson sollten interviewt werden. Mit einem kleinen Schubs von mir besorgte Astrid die Übersetzung vom Englischen ins Französische. Ihre Fremdsprachenkenntnisse lohnten sich: sie bekam für ihre zehn Minuten Mühe 900 Pacifik francs (35 DM). Die wurden von ihr gleich in zwölf Meter Pareu umgesetzt, jenen bezaubernden Stoff, den es nur in der Südsee gibt.

Von mir bekam Astrid noch ein Kleid dazu – das einzige auf der ganzen Reise –, ein paar schicke Sandalen, einen weißen Minirock und einen Bikini. Ich mußte mich generös zeigen, denn der Weg mit der *Kathena* nach Hause war noch weit ...

Nach Hause – daran erinnerte uns der deutsche Frachter *Senator Poschel,* der eines Tages in die Bucht einlief. Ich ging wie zufällig dort an Bord, um die Landsleute zu begrüßen – mit dem Hintergedanken, vielleicht ein paar alte ausgelesene deutsche Zeitungen abstauben zu können. Lektüre ist für einsame Segler noch wichtiger als für Dampfermatrosen. Ich erhielt ein paar Hefte und lud die Sailors dafür zum Abend auf einen Drink ein.

Zu ihrer großen Ehre sei's gesagt: Die Sailors ließen sich nicht lumpen. Sie ahnten wohl unsere Situation und hielten mich frei. Während Astrid die *Kathena* hütete, gingen die Matrosen und ich ins *Quinns,* Tahitis bekannteste Bar mit dem enthemmtesten Nachtklub des südlichen Pazifik.

Mit süßduftenden Blumenketten um den Hals (alles im Preis inbegriffen) tranken wir Hinano und Manuia – die einheimischen Biere – und sahen dem lebhaften Treiben der Tanzenden zu. Ich versuchte mich sogar selber im Hüftenwackeln – zur großen Freude aller Zuschauer. Alles schien mir bei *Quinns* vertraut. Sogar die Toiletten waren noch gemeinsam. Es fiel mir schwer zu glauben, daß schon drei Jahre seit meinem letzten Besuch verstrichen waren. Es war wie in alten Zeiten.

Auch das Leben im Hafen wirkte auf mich heimatlich.

Viele Bekannte von früher traf ich wieder, die immer noch hier hingen oder die schon wieder da waren. Andere liefen gerade ein, auch neue. Sie wurden fast immer mit großem Hallo begrüßt. Aber es gab auch Wiedersehen in gedrückter Stimmung. Zum Beispiel mit Pam und Ted Bosch, die wir mit ihrer Yacht *Renegaat* auf Galapagos getroffen hatten. Tahiti – das war kurz vor ihrem Zuhause, Neuseeland. Doch kurz vor der Ankunft hier setzte sie der heftige Strom einige Meilen nördlich auf die Riffe der Insel Tetiaroa. Ihr Boot blieb auf dem Riff und wurde langsam von der See zerschlagen. Wortwörtlich stand ihnen das Wasser bis zum Hals, als sie sich auf das unbewohnte Atoll retteten, das übrigens Marlon Brando gehört. Drei Tage verbrachten sie dort, Ted mit schlimmen Wunden von den scharfen Korallen, Pam mit gebrochenem Arm und der dreijährige Sohn Markus mit geschwollenen Gliedern von den unzähligen Moskitostichen. Zufällig wurden sie von einem Sportflugzeug entdeckt.

Weniger lebensgefährlich, aber ähnlich hart verlief die Begegnung mit Tahiti für viele andere Segler, die es nicht verstanden, sich dem Touristenrummel zu entziehen, der die Insel beherrscht, seit sie täglich von großen Düsenflugzeugen mit dollarkräftigen Kurzbesuchern überflutet wird.

Selbst uns wurde klar, daß wir hier nicht unseren Lebensabend verbringen konnten. Wir rüsteten die *Kathena* deshalb langsam zur Weiterreise, ließen sie mit einem Kran für zehn Tage an Land setzen und schufteten Tag und Nacht, um das Unterwasserschiff mit neuer Farbe zu versehen.

Der Abschied fiel uns schwer. Wir schoben den Tag vor uns her, bis zum 5. September. Da gaben wir uns selbst den Schubs. Richard und Mere, Pierre und Kathrin, Yves und Bernard behängten uns über und über mit Muschelketten, dem traditionellen Abschiedsgeschenk. Bernard rief uns noch ein »very good« nach – sein fachkundiger Kommentar über unser Ablegemanöver unter Segel.

Drei Stunden später lagen wir bereits in Robinson Cove auf der fünfzehn Seemeilen entfernten Nachbarinsel Moorea. Der Grund in dieser reizvollen Bucht fällt steil ab. So ließen wir den Anker in zehn Meter tiefes Wasser fallen und konnten doch die Achterleine an einer Palme festmachen. Wir zogen das Heck der *Kathena* so nahe an den Strand, daß es möglich war, über den Heckkorb in knietiefes Wasser zu springen.

Robinson Cove ist einer der vollkommensten Ankerplätze, die ich je angelaufen habe. Der schmale Strand besteht aus sauberem weißem Sand und wird von außergewöhnlich hohen Kokospalmen beschattet. Diese Palmen hatten es uns angetan. Denn es war heiß und wir waren sehr durstig, und die zwanzig Meter hohen Palmen hingen voll mit Trinknüssen.

Rasch schnitt ich aus einem Palmenblatt einen Streifen, knotete es und schlug es um meine Füße. Wie ein Telegraphenarbeiter mit Steigeisen glitt ich im Nu den schlanken Stamm hinauf. Zwanzig Nüsse purzelten in schöner Reihenfolge auf den Strand. Genug für die restlichen Tage hier und für die Überfahrt nach Samoa.

Als ich wieder herunter wollte, passierte es. Die Schlinge an meinen Füßen riß. Ich kam ins Rutschen, und erst nach etlichen Metern konnte ich mich mit letzter Kraft festhalten. Aber große Fetzen Haut von den Händen, Armen, Beinen und vom Bauch blieben auf der Rinde des Stammes.

Ich stürzte mich sofort in das Salzwasser der Lagune, um eine Entzündung zu vermeiden. Es nützte nichts. Mit Fieber und Schmerzen lag ich einige Tage in der Koje. Die Narben verheilten erst auf dem Weg nach Samoa.

Das war unser Abschied von Französisch-Polynesien.

Das Paradies liegt auf 176 Grad West und 13 Grad Süd

»Daß wir diese Leute hier in unseren europäischen Sprachen Wilde nennen, ist ein dummdreister, durch nichts gerechtfertigter Größenwahn.«

Der deutsche Dichter und Weltreisende Adalbert v. Chamisso über die Südseeinsulaner.

Lange genug hatte ich wortlos überlegt. Jetzt stand mein Entschluß fest.

»Meine liebe Astrid, wir laufen ein.«

»Wie bitte?«

Ich konnte die Verblüffung von ihrem Gesicht ablesen.

»Hier?«

»Ja, hier!«

»Du bist wohl verrückt! Was ist denn mit dir los? Wir waren uns doch schon einig, daß wir wegen der gefährlichen Laguneneinfahrt nicht reingehen würden.«

»Trotzdem. Mich reizt so eine Insel, die so schwer zu erreichen ist. Was meinst du, was man da erleben kann.«

»Nun hör auf. Überlege mal! Hier gibt es bestimmt nichts anderes als auf den Marquesas, auf Tahiti oder Samoa.«

»O doch. Hier gibt es vielleicht alles, was ich bisher noch nicht kennengelernt habe. Eine ruhige Lagune mit vielen kleinen Inseln auf dem Riff, die wir besuchen können. Eine ...«

»Ja, aber ... Wir riskieren in dem Paß mit den starken Wirbeln unsere *Kathena* und vielleicht ...«

»Ist bisher nicht alles prima gegangen«, versuchte ich sie zu beruhigen. »Habe ich bisher die Auswahl unserer Inseln nicht gut getroffen? Denk an die Kokosinsel, auf die du partout nicht wolltest! Du hast dich nachher dann doch riesig gefreut, oder?« Ich steckte das Fernglas unter mein Hemd und enterte damit den Mast bis zur Saling empor. Deutlich sah ich durchs Glas das Riff, das die Insel umgab. In aller Ruhe rutschte ich runter und begann *Kathena* für die Einfahrt klarzumachen. Schoten, Fallen, Anker, Motor – alles wurde überprüft. Danach warf ich noch einen Blick ins Seehandbuch: »... Insel Wallis auf 176 Grad Minuten West und 13 Grad Minuten Süd liegend ... Von einem Riff umgeben ... Der an der Südseite liegende Paß weist Strömungen von acht Knoten auf ...« Nun wurde ich doch wieder nachdenklich. Um ganz sicher zu sein, enterte ich erneut in den Mast. Inzwischen war die Einfahrt deutlich zu sehen, sie öffnet sich wie ein schmaler Trichter im Riff und war beiderseitig von weißen Schaumstreifen eingerahmt. Es sah ungeheuerlich aus. Mein Herz pochte. Um meinen Entschluß nicht doch wieder umzuwerfen, rutschte ich schnell an Deck. Aus Astrids Augen liefen Tränen. Ich versuchte sie zu beruhigen, aber es gelang mir nicht. Was nun, dachte ich. Ich hatte schon diese kristallklare Lagune in ihrer leuchtenden Pracht von oben aus dem Mast gesehen ...

»Astrid, es ist so weit. Paß gut auf! Jetzt geht's los!«

Ich kurbelte den Motor an. Er und die Segel sollten es zusammen gegen den Strom schaffen. Langsam näherten wir uns dem Nadelöhr, immer langsamer. An beiden Seiten des Bootes brachen sich die Wassermassen wie in Surfers Paradies. Mit voller Motorkraft näherten wir uns der engsten Stelle des Passes, nicht breiter als eine Straße. An Backbord und Steuerbord sahen wir die Korallen beinahe in Griffweite an der Wasseroberfläche vorbeiziehen. Sie schimmerten blau, grün und rot, ebenso schön wie feindlich. Der Strom drückte so stark aufs Ruderblatt, daß ich mit beiden Händen steuern mußte.

Mein Herz klopfte bis zum Hals; ich war sicher: Astrid ging es genauso. Gleich haben wir es geschafft! Doch da –

ein Knacken, das ich im Rauschen des Meeres nicht höre, aber in meinen Händen spüre. Das Ruder reagiert nur noch flau; ich sehe, daß die Pinne angebrochen ist, genau am Ruderkopf.

»Schnell, Astrid, nimm die Pinne, ich muß eine Zwinge auf die Bruchstelle schrauben.«

Ich behob den Schaden in Windeseile – es bleibt mir bis heute unbegreiflich, wie diese übergroße Pinne eigentlich brechen konnte. Gewiß: Der Strom war so stark, wie ich es nie zuvor erlebt hatte.

Um den Korallen nicht zu nahe zu kommen, hatte ich mehrmals hart Ruder gegeben. Dabei mußte es passiert sein.

Über diesem Mißgeschick vergaßen wir jede Angst. Und hopp, da waren wir auch schon in der blauen Lagune. Sie war so ruhig, daß es uns die Sprache verschlug, obwohl wir sonst nach Aufregungen immer ziemlich gesprächig sind.

Jetzt begann eine richtige Slalomfahrt zwischen Riffköpfen und kleinen Inseln. Das war weniger aufregend, dafür unvergeßlich schön. Astrid gab mir einen Kuß. Ich sonnte mich in dem Gefühl, es geschafft zu haben.

Mit strahlenden Gesichtern ankerten wir vor Gahi. Mein Blick ging zum Dorf hinüber. Dort lagen Auslegerkanus hochgezogen auf dem Land. Am Strand war zwischen einigen Stangen ein Fischernetz aufgespannt. Ein Pferd graste im Schatten einer einzeln stehenden Kokospalme. Irgendwo war das Gegacker von Hühnern zu hören. Frauen in weiten Kleidern, die bis zum Boden reichten, gingen schwatzend durchs Dorf. Brotfruchtbäume, Palmen und Papayabäume verbreiteten Schatten. Rauchsäulen stiegen über dem Blattwerk auf. Von unserem Ankerplatz konnte man eine Ansammlung von ungefähr 50 Hütten erkennen. Kleine Pfade schlängelten sich zwischen ihnen hin.

Wir waren wirklich auf der Insel Wallis angekommen! Im Seehandbuch stand: »Das Klima ist auf Wallis besonders gesund. Es gedeihen blühende Pflanzungen von Kokospalmen. Die Bevölkerung ist der polynesischen Rasse zugehörig und sehr gastfreundlich.«

Während des Sonnenuntergangs kam das erste Kanu zur *Kathena.* Einige Frauen und jüngere Mädchen saßen darin, und zwei Jungen paddelten. Eine von der Besatzung rief uns den Gruß »Malo« zu. Ich rief zurück: »Malolo.« Das hatten wir in Samoa gelernt.

»Malolo« jubelten sie darauf alle in ihrem Kanu.

Im Nu waren sie herübergeklettert und hatten unser Boot in Beschlag genommen. Alles schauten sie sich an und plapperten in ihrer Eingeborenensprache drauflos. Nur eines der Mädchen sprach französisch, und das ziemlich schlecht.

Auf die Frage, warum wir gekommen wären, antwortete Astrid: »Um euch singen zu hören.« Sie sagte das wohl, um ein bißchen Ruhe zu haben. Die Mädchen aber hielten das für eine Aufforderung. Wie auf Kommando erfüllten ihre sanften Stimmen den Abend mit Musik. Es war ein unerwarteter Genuß für uns, nach der Anstrengung dieses Tages Worte zu hören, die nicht aus dem Munde zu kommen schienen, sondern aus der Gegend des Herzens.

Es dauerte nicht lange, und ein zweites und drittes Kanu kam längsseits. Die Neuankömmlinge brachten eine Gitarre mit, von der kräftig Gebrauch gemacht wurde. Ihren Gesang unterbrachen sie nur, wenn ich Zigaretten und Kekse herumreichte. Ich machte Aufnahmen mit dem Tonband, und den größten Spaß des Abends gab es beim Abspielen; da machten sie ein Geschrei, als wollten sie in den Krieg ziehen.

Am nächsten Tag machten wir uns zu Fuß auf zum Hauptort der Insel, Mata uta. Die Mädchen hatten uns erzählt, daß es dort Polizei und auch sonst noch eine ganze Menge Franzosen gäbe. Und ordentlich wie wir als brav erzogene Deutsche nun mal sind, wollten wir vorschriftsmäßig unsere Pässe vorweisen.

Wir marschierten gut eine Stunde durch schöne gepflegte Kokosplantagen, bis wir auf den Ort stießen. Er lag am

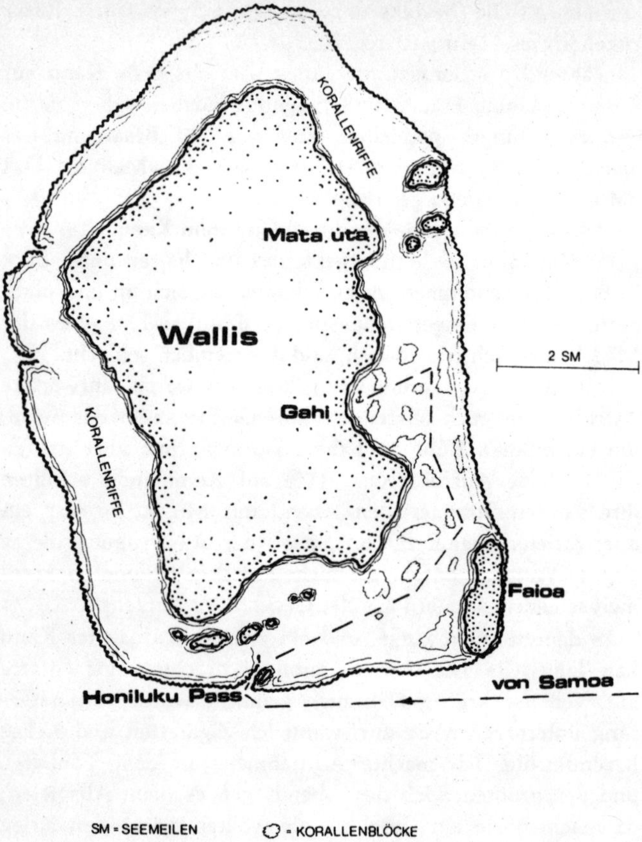

Laguneninsel Wallis auf 176 Grad West und 13 Grad Süd

Ufer der Lagune und sah recht armselig aus. Die Hütten mit ihren Dächern aus Palmwedeln oder rostigem Wellblech lagen verstreut unter den hohen Palmen. Am Ufersaum, der bei Ebbe frei lag, wühlten schwarze Schweine im Schlamm, der ihre Hauptnahrung, die Muscheln, enthielt.

Auf dem kurzgeschorenen Rasen eines großen Grundstückes bot sich uns ein erstaunliches Bild. Eine riesige mittelalterliche Kathedrale erhob sich gegenüber der Lagune. Mit der ganzen Monumentalität seiner zwei quadratischen Türme stand dieses Gotteshaus dort ehrfurchtgebietend in düsterer Schmucklosigkeit – ein bizarrer Anblick unter tropischer Sonne.

Nach unserem Pflichtbesuch auf der Polizeistation, wo drei Polizisten gemeinsam erstaunt unsere Pässe einsahen, flüchteten wir zu unserem Dorf zurück. Am Strand stießen wir auf ein paar junge Männer, die auf einem Kanu saßen.

»Wollt ihr mit auf Fischjagd kommen?« fragte einer von ihnen auf französisch.

»Wo denn?«

Mit seiner Hand wies er zum Außenriff: »Dort bei dem Inselchen Faioa.«

»Und wann?«

»Wir werden abends mit dem Kanu rübersegeln und kaum vor Mitternacht zurück sein.«

Und ob wir wollten!

Kaum war die Sonne untergegangen, holten uns unsere neuen Freunde, Tamo und Samoni, am Strand ab. Jeder von ihnen brachte eine Machete mit, so daß ich meine auch mitnahm. Über dem Rücken trugen sie einen Koprasack. Bekleidet waren sie nur mit einem Hüfttuch. Wir ergriffen die beiden Stangen, die Rumpf und Ausleger ihres Kanus verbanden, und schoben es ins Wasser. Dann setzten sie ein kleines Segel, und die leichte Brise brachte uns in einer Stunde hinüber zur Riffinsel.

Gemächlich zu Fuß folgten wir dem Strand nach Süden. Zur Linken lag das Ringriff mit seiner weiß leuchtenden Brandung. Zur Rechten standen Büsche und Palmen. An der Spitze schritt Tamo mit einer Petroleumlampe. Darauf folgten Astrid und ich, und den Abschluß machte Samoni. Als er fand, es sei zu dunkel, drehte er sich eine Fackel aus Kokosblättern. Bald knisterten und sprühten die Funken um unsere Köpfe. Sie machten den Kontrast zwischen dem

Lichtkreis unserer kleinen Gruppe und der Schwärze der Nacht noch schärfer. Es war Ebbe, und da und dort glänzten im flackernden Widerschein die Korallenblöcke des Riffs.

Nach einer halben Stunde gelangten wir an die Südspitze der Insel. Hier sollte der Fischfang beginnen. Der Plan war, langsam entlang des Riffs zum Kanu zurückzuwandern.

Tamo watete als erster hinaus.

»Das ist genau die richtige Zeit«, rief er uns zu. »Die Flut beginnt.« Da kommen die Fische vom Meer herein, innerhalb des Riffs geschützt, um zu schlafen.

Astrid und ich gingen zu beiden Seiten Tamos, der in der einen Hand die Lampe und in der anderen seine Machete trug.

Nach wenigen Metern erspähte Tamo den ersten Fisch, der ruhig in dem zehn Zentimeter tiefen Wasser schlief. Unser Freund näherte sich vorsichtig, hob die Machete und schlug zu. Der Fisch trieb betäubt an der Oberfläche. Samoni griff ihn sofort und ließ ihn im Sack verschwinden.

Diese Methode sah einfach aus, und als ich nach einer Weile auch einen Fisch entdeckte, hob ich mit finsterer Entschlossenheit die Machete. Ich schlug zu, so heftig ich konnte. Es dauerte ein Weilchen, bis sich die Wellen beruhigt und wir uns das Salzwasser aus den Augen gewischt hatten. Der Fisch aber war spurlos verschwunden. Samoni bedeutete mir, ich müsse die Klinge nicht mit der Breitseite, sondern senkrecht ins Wasser führen. Theoretisch begriff ich das ausgezeichnet, aber als ich es wiederholte Male in die Tat umzusetzen versuchte, hieb ich jedesmal in Steine oder Korallen.

Derweil beförderte Tamo ein halbes Dutzend Fische in Samonis Sack. Ich war neidisch und beschloß, alles aufs Ganze zu setzen.

Ich sah mich nach einer geeigneten Beute um. Astrid entdeckte sie. Sie rief plötzlich: »Komm her, da ist ein Fisch für dich! Der ist einen halben Meter lang, da kannst du gar nicht danebenhauen.«

Unter Geheul hieb ich drauflos und schlug den Fisch mitten auseinander. Dann drehte ich mich um und hielt ihn Tamo triumphierend entgegen. Doch statt mich zu loben, sah Tamo nur kurz hin und begann zu lachen. Sofort brüllte auch Samoni los.

Schließlich, nachdem sie sich etwas beruhigt hatten, sprudelte Tamo heraus: »Aber diese Sorte ist doch ungenießbar! Das weiß man doch! Und außerdem hast du den armen Kerl kaputtgeschlagen. Du mußt nicht mit der Schneide zuschlagen, sondern nur mit dem stumpfen Blattrücken, um den Fisch zu betäuben.«

Wir zogen weiter das Riff entlang. Ich hatte es beinahe aufgegeben, doch später gelang es mir wirklich, meinen ersten Fisch regelrecht zu erledigen. Unterdessen hatten unsere beiden Freunde bereits den halben Sack voll. Zu meinem Erstaunen ließen sie kaum einen Fisch entwischen. Wenn sie den ersten Schlag verfehlten, nahmen sie sofort die Verfolgung auf.

Als wir beim Kanu ankamen, war der Sack noch nicht ganz voll. »Wir gehen ein Stück nach Norden«, schlug Tamo vor, biß einem Fisch den Nacken ab und begann mit Wohlbehagen das rohe Fleisch zu kauen. »Der Sack muß voll werden, sonst lacht man uns im Dorf aus.«

Wir stimmten nur zögernd zu, denn der Fischfang hatte unsere Beine müde gemacht. Aber tapfer planschten wir eine weitere Stunde lang in der milden Nacht durch das laue Wasser.

Natürlich gibt es auch Angelfischerei auf Wallis, aber diese Fangmethode mit der Machete scheint die lohnendste zu sein. Unsere Freunde brauchten sich nicht zu schämen. Als wir noch vor der Morgendämmerung beim Dorf ankamen, war der Sack prall voll.

Nach unserem Ausflug mit den Eingeborenen flogen uns

die Sympathien schnell zu. Davon zeugt Astrids Tagebuchauszug:

»Der Häuptling des Dorfes lädt uns zum großen Kai-kai ein. Das Wort ist uns inzwischen schon geläufig, denn auf allen polynesischen Inseln heißt Kai-kai trotz unterschiedlicher Dialekte: Essen. Zusammen mit 22 Bewohnern von Gahi – ich glaube, zum größten Teil sind es Familienmitglieder – sitzen wir, ich neben dem Gastgeber, mit gekreuzten Beinen auf dem mattenbedeckten Boden. Vor uns auf Bananenblättern liegt das Essen: Geröstetes Schweinefleisch, Fisch, gefüllte Pigeonvögel und im Erdofen gebackene Hühner. Mit den Händen lange ich kräftig zu, hingerissen von der Begeisterung über soviel Köstliches. Vom Taro, den Süßkortoffeln und der glänzenden Brotfrucht kann ich gar nicht probieren, so pappsatt bin ich schon nach kurzer Zeit. Ich bin bald restlos erschlagen und kann immer weniger Konversation machen. Wilfried, der mir gegenübersitzt, neben einem Mädchen, das bei uns an Bord gesungen hat, bekommt zum Schluß kein Wort mehr von mir übersetzt. Besonders, nachdem ich von der Cava getrunken habe, dem ortsüblichen Gebräu.

Immer aufs neue läßt der Häuptling meine Kokosschale nachfüllen und sagt: ›Laßt uns Cava trinken und uns freuen.‹ Der Cava schmeckt süßlich, anfangs gar nicht mein Geschmack, etwas Alkoholisches spüre ich jedenfalls nicht.

Dann fährt der Häuptling fort: ›Die Papaya ist gut, laßt uns essen. Die Bäume sind voller Früchte.‹

Für ihre Nahrung brauchen die Menschen auf Wallis nur die Hand auszustrecken, um das zu ernten, was die Natur ihnen beschert. Wenn sie einen Bananenbaum pflanzen, haben sie später nur darauf zu achten, daß nicht zu viele Bäume wachsen.

Die Eingeborenen auf Wallis sind weitaus unterhaltsamer und lustiger als die Marqueser. Sie vertilgen heute abend gewaltige Portionen und haben sich anscheinend genauso wie wir richtig vollgegessen, denn bald überfällt alle die

Müdigkeit. Wir pullen mit unserem Beiboot zur *Kathena* und sind von allem total erschöpft. So ein Tag mit Eingeborenen kann sehr anstrengend werden, besonders wenn es darauf ankommt, die vielen Fragen zu beantworten.«

Nach fast zwei aufregenden und abwechslungsreichen Wochen verabschiedeten wir uns. Beladen mit Früchten, Muscheln und Tapa verließen wir Gahi. Um uns für die Weiterfahrt vorzubereiten und vielleicht ein paar schöne Muschelschalen als Mitbringsel für unsere Freunde in Europa zu finden, ankerten wir noch vor Faioa, der Insel, wo wir die Nacht mit dem seltsamen Fischfang verbracht hatten. Mit Taucherbrille, Schwimmflossen, Messer und Eimer gingen wir auf die Suche. Doch es dauerte nicht lange, bis Astrid klagend ankam: »Hier gibt es Moskitos.«

Ach, dachte ich, macht sie schon wieder so ein Geschrei wegen einer Fliege? Da merkte ich auch ein Pieksen auf meiner Haut, und Astrid schlug inzwischen wild um sich.

»Ich bin voller Stiche«, schrie sie und lief zum Dinghi zurück.

Ich überlegte. Beim Fischfang waren wir doch auch auf dieser Insel gewesen, und es hatte keinen einzigen Mückenstich gegeben. Dann fiel es mir ein: Damals waren wir auf der Luvseite und heute in Lee. Der Passatwind in Luv schien den Plagegeistern nicht zu behagen.

Während ich hinter Astrid her zum Dinghi lief, stolpernd, fluchend und ein bißchen ärgerlich, wurde ich doch versöhnt, weil mir wieder die Geschichte einfiel von dem Menschen, der von Moskitos verfolgt wird. Die beliebte Tropengeschichte geht so:

Der Mensch schlief in einem Zelt im Urwald. Sein Moskitonetz reichte bis auf dem Boden hinab, aber die lieben Tierchen krochen trotzdem hinein. Da kletterte der Mensch auf einen Baum, um Frieden zu haben; aber auch dorthin verfolgten die Insekten ihn. Zuletzt kroch der Mensch in einen eisernen Tank und schloß den Deckel. Die Moskitos rochen ihn und bohrten die Rüssel sogar durch die Wände.

Da nahm der Mensch einen Hammer und schlug die Rüsselspitzen eine nach der anderen um, so daß die Viecher hängen blieben. Schließlich waren so viele Moskitos an den Tank festgenagelt, daß sie ihn in die Luft heben und damit wegfliegen konnten.

Diese Anekdote gibt vielleicht einen Begriff von der Hartnäckigkeit dieser Quälgeister. Am anderen Morgen wenigstens war Astrid derart zerstochen und verquollen, daß sie einer Mondlandschaft glich.

Dann hieß es schließlich Anker auf für uns.

Die Ausfahrt durch den gefährlichen Paß bot keine Schwierigkeiten. Mit halbem Wind und laufendem Motor ging's wieder auf See.

»Nosula« schrien wir der Insel zu. Das bedeutet »Auf Wiedersehen«. Und das meinten wir auch ehrlich. Ein Gefühl der Verlassenheit ergriff uns, als wir Wallis achteraus am Horizont verschwinden sahen.

Neuseeländisches Tagebuch

»Schon der Seefahrer und Entdecker Cook hatte Neuseeland für England beansprucht, aber dieses beachtete die abgelegene Insel wenig. Die kriegerischen Maori und ihr Kannibalentum wirkten abschreckend. Die Insel wurde vorwiegend von Walfisch- und Robbenjägern, von Abenteurern und Vagabunden besucht.«

Eduard Sieber »Kolonialgeschichte der Neuzeit«.

Neuseeland lag voraus. Mit besonderer Erwartung freuten wir uns auf den Landfall. Es klingt vielleicht komisch, aber es ist so: Wir hatten vor, einmal einige Wochen von unserer Weltumseglung Urlaub zu machen.

Landratten können sich das wohl nur schwer vorstellen. Sie denken meist, so eine Reise bestehe zur Hauptsache darin, gemütlich übers Meer in den Tag hineinzuschaukeln oder zeitlos an weißen Palmenstränden zu dösen. Aber solche Muße ist selten. Die Anstrengungen überwiegen.

Da ist zum Beispiel die eintönige Kost aus Konservendosen, die den Körper mit der Zeit schlapp macht. Da wird man nervlich bis zum Letzten angespannt durch die Navigation zwischen den gefährlichen Riffen. Da hat man keine ruhige Nacht auf den offenen Reeden vor den Inseln, wenn der Wind dreht, die Strömung kentert und man immer wieder nach dem Ankergeschirr sehen muß. Da wälzt man sich schlaflos in der Koje vor lauter juckenden und schmerzenden Hautekzemen, die nicht heilen wollen, weil immer wieder Salzwasser hineinkommt. Schließlich strengt sogar die herzliche Gastfreundschaft der Eingeborenen an, das dauernde Palaver in fremden Sprachen, von denen sie noch weniger Vokabeln beherrschen als wir.

So waren wir jetzt also ziemlich erholungsbedürftig. Und noch einen anderen Grund gab es für uns, die Weltumsegelung durch einen längeren Aufenthalt zu unterbrechen. Zwar war unser Hauptberuf sozusagen »Weltumsegler«, aber diese Tätigkeit bringt nichts ein. Unsere Kasse war so erschöpft wie wir. Ich beabsichtigte, auf Neuseeland einige Zeit Geld zu verdienen, damit wir uns Proviant und Ausrüstung für die Weltreise kaufen konnten – Segel und Taue, Farbe, Zylinderkopfpackung für den Motor und vieles andere mehr.

Letztlich brauchte ich auch Abwechslung nach den vielen Tagen auf See, die mich doppelt anstrengten, weil Astrid, die Arme, mir wegen ihrer dauernden Seekrankheit kaum etwas abnehmen konnte. Ich kümmerte mich um die Segel, um Navigation, laufende Reparaturen, aber auch um Essen und Trinken und Wäschewaschen und Geschirrspülen; eine der strapaziösesten Pflichten war dabei die korrekte Führung des Logbuchs: alle paar Stunden Eintragung von Windstärke und -richtung, Seegang, Segelführung, Position ...

Wer meine Schreibfaulheit kennt, der weiß, wie mich das schlauchte. So hatte ich nicht ohne Hintergedanken an meine Bequemlichkeit mit Astrid schon zu Beginn der Reise abgemacht, daß ich zwar das notwendige Journal auf See führe, sie aber das Tagebuch über unsere Landaufenthalte. Deshalb – und weil ich meistens ereignislos arbeiten ging wie ein Büroangestellter in München oder ein Bauarbeiter in Gummersbach – seien hier unsere »Ferien vom Segeln« auf Neuseeland aus Astrids Sicht und Feder mit ihren Tagebuchnotizen dargestellt:

»Whangarei, 2. Dezember 1970

Einen solch herrlichen Morgen wie bei dieser Ansteuerung von Whangarei auf Neuseeland hatten wir seit Barbados nicht mehr. Zwar bin ich dick verpackt wegen meiner Halsschmerzen. (›Mal wieder was Neues‹, so Wilfrieds typische Reaktion!) Aber die Sonne geht strahlend auf, und wir haben um kurz nach sechs Uhr Bream Head querab. Ein phantastischer Anblick bietet sich uns, steile zerklüftete Felswände, in denen sich die Sonnenstrahlen brechen. Wir segeln nur ein paar hundert Meter daran vorbei, und wie immer schimpfe ich mit Wilfried, der den zusätzlichen Reiz des Risikos, so dicht unter ein Kap zu gehen, schön findet. Nach dem Kampf, in der Bucht von Whangarei, kommen helle kilometerlange Sandstrände zum Vorschein. Dahinter befinden sich leicht hügelige Weiden mit unzähligen Schafen darauf. Während der drei Stunden Fahrt, zwanzig Kilometer flußaufwärts, winken uns die Leute freundlich zu. Das Schönste an der ganzen Seefahrt ist für mich immer noch der Landfall. Wenn ich da wieder an die letzten zwölf Seetage zurückdenke! Auch der Schlager, der oft von den neuseeländischen Radiosendern zu hören war und den Wilfried auf mich bezog, munterte mich nur wenig auf: ›I never promised you a rosegarden‹ (Ich habe dir nie einen Rosengarten versprochen). Ich finde das gar nicht so komisch, wenn ich ihn kochen und spülen sehe, während ich in der Koje liegen muß, weil die Seekrankheit mir so zusetzt.

Aber diese bedrückenden Gedanken sind jetzt verflogen in der Vorfreude auf einen mehrmonatigen Landaufenthalt. Ich denke da an Butter, Käse, Brot und die viele frische Milch, die wir hier kriegen. Neuseeland ist ein Agrarland, und diese Produkte sind billig zu haben.

Und wie viele Briefe werden wir heute hier erhalten? Wilfried reagiert nicht auf diese Frage. Er streicht die Bojen auf der Seekarte ab und läßt sich dabei nicht stören.

Endlich ist Whangarei erreicht, ein kleines verschlafenes

Städtchen. Mittendrin eine Brücke über den Fluß, und gleich nebenan können wir die *Kathena* zwischen Pfählen vertäuen. Seit langem der idealste Liegeplatz für uns: Der Hafen liegt so geschützt, daß die Winde nur schwach wehen, und die Strömung ist so gemächlich, daß sie dem Boot nichts antun kann.

Kaum haben wir angelegt, da treffen wir schon auf bekannte Gesichter: Segler, die wir auf anderen Inseln kennengelernt haben. Unter ihnen Walter Last, der uns aus seiner Polaroid gleich ein feuchtes Ankunftsfoto überreicht und uns zum Essen in sein Haus einlädt.

›Was, ihr habt schon ein Haus?‹ frage ich verblüfft. Schließlich haben wir Walter mit seiner Frau Erika und deren zweijähriges Töchterchen auf ihrer Yacht *Karma* erst vor wenigen Monaten in Tahiti getroffen. Sie kamen von Köln und wollten nach Neuseeland auswandern. Ihr Boot war vollgestopft wie ein Frachtschiff: Sie hatten eine Unmenge Hausrat an Bord.

›Erika weiß schon‹, sagte Walter, ›daß ihr hier seid. Ich habe sie gerade angerufen.‹

Ich bin sprachlos. Telefon haben sie auch schon!

Als Walter uns in seinen Austin einlädt, bin ich völlig perplex. Walter beruhigt mich mit dem Hinweis, daß man hier nicht alles gleich bezahlen muß. Beim Essen gewöhne ich mich langsam an den Gedanken . . .

Whangarei, 3. Dezember 1970 bis 2. Januar 1971

Gut ausgeschlafen am Morgen nach der Ankunft frühstükken wir ausgiebig, klaren *Kathena* auf, richten uns selber etwas her und machen einen Bummel durch die Stadt. Abends verschleppen uns die Segler von den Yachten *Tryste* und *Shearwater* in ein Pub.

Das ist für uns etwas ganz Neues in den Tropen: eine Kneipe, die einem Bahnhofswartesaal ähnelt. Der von vielen Stimmen erfüllte Raum riecht stark nach Bier und

Rauch. Es ist ein Donnerstag, der offizielle Zahltag für die Arbeitslöhne, und daher bekommen wir keinen Tisch. Der Laden ist brechend voll. Am Tresen stehend, beobachte ich, wie das Bier ausgeschenkt wird. Es gibt keine Gläser, nein, gleich Krüge, die mehr als einen Liter fassen. Jar werden sie hier genannt.

Richtig überrascht bin ich aber erst, nachdem ich beobachten kann, daß das flüssige Braun aus einem Plastikschlauch fließt. Es geht regelrecht wie beim Benzintanken zu, nur der Griff ist etwas kleiner.

Im Pub trinkt man schnell. Viele Gäste nehmen es übel, wenn man sie beim Schlucken aufhält, und so kommen sie schon früh auf Touren.

Die Kneipen schlossen vor einiger Zeit schon um sechs und machten nicht wieder auf. Da hatte man gewöhnlich nur eine Stunde Zeit zum Trinken. Allerdings gibt es heute noch viele Kneipen in Neuseeland, die zwischen sechs und sieben Uhr abends vorübergehend schließen, damit die Familienväter nicht ihren ganzen Lohn vertrinken, sondern gezwungen sind, zwischendurch nach Hause zu gehen, Geld abzuliefern und auch was zu essen.

Das Lustigste an den Pubs war für mich die ›Schulhofklingel‹ um Punkt zehn Uhr. Sie zeigt an, daß die Gäste nach Hause verschwinden sollen. Es hat keinen Zweck zu rebellieren. Ein Hahn am Biertank schließt sich automatisch mit dem ersten Ton der Klingel. Kein Tropfen kommt mehr aus dem Schlauch. Auch wenn das Jar erst halbvoll ist, nützt es nichts, mit dem Barmann zu flirten.

Die Vorweihnachtszeit verbringen wir überwiegend auf kleinen Festen bei Neuseeländern, die wir im Yachthafen kennengelernt haben. Meistens sind es ›Australian Parties‹, das bedeutet, daß jeder etwas mitbringt, Bier, Wein oder ›Hamburger‹ für den Grill. Mir ist das anfangs immer recht komisch vorgekommen, eine Tasche mit dem Zeug beim Gastgeber abzuliefern. Aber ich habe mich schnell daran gewöhnt. Es ist für uns nachher wie eine Ballsaison.

Walter und Erika kutschieren uns zu Sandstränden, an die sich selbst am Wochenende kaum ein Mensch verirrt. Das Schönste für mich aber ist Erikas Waschmaschine. Ich vergesse bald, wie man Wäsche überhaupt mit kaltem Wasser, noch dazu Salzwasser, von Hand an Bord wäscht.

Weihnachten steht vor der Tür. Den Lieben in der Heimat schicken wir 36 Glückwunschkarten, die Wilfried selber malt. Das ist für uns, rundheraus gesagt, harte Akkordarbeit gewesen. Getrennt schleichen wir in die Stadt, mit wenig Geld in der Tasche, um Weihnachtsgeschenke zu kaufen. Es ist alles zu teuer für mein bißchen Taschengeld.

Heiligabend. Einige Tannenzweige in einer Flasche, auf dem Bordkocher selbstgebackene Plätzchen und kleine bunte Päckchen zaubern in unsere Kajüte eine ›Stille-heilige-Nacht-Stimmung‹. Wir essen und trinken gut, und ich stürze mich danach sofort auf die Geschenke. Ich bin hell begeistert von zwei großen Kauri-Muscheln, die Wilfried auf den Fidschi-Inseln gefunden hatte und selbst auf unserem kleinen Schiffchen bisher gut versteckt halten konnte. Dann packe ich einen türkisen Schal aus und einen Taschenkalender, den ich bei meinen vielen Notizen gut gebrauchen kann. Wilfried bekommt von mir einen schwarzen Gürtel, ein Netzhemd und – damit er sich nicht immer einen Bart stehen läßt – Rasiercreme und Aftershave. Ich bin glücklich und genieße diese stillen Stunden.

Nach einer Weihnachtsfeier bei Freunden am anderen Tag streben wir voller Elan an Bord zurück. Die Luke steht halb offen wie immer, damit die Kajüte belüftet wird. Ich ziehe die Luke ganz auf und taste nach Streichhölzern, um Licht zu machen. Da fühle ich plötzlich, daß mein ›Weihnachtsbaum‹ samt Wasserflasche auf die Koje gekippt ist. Alles naß. Schon ärgerlich darüber, daß Wilfried das verursacht haben könnte, berühre ich etwas merkwürdig Wei-

Der Sextant, ein unentbehrliches Instrument für jeden Seefahrer, besonders wenn es um das Auffinden kleinster Inseln geht.

Wir träumten von den Inseln des Pazifik und steuerten sie unverzüglich an. Oben: Eingeborene beim Fischfang. Unten: Bald bekamen wir den ersten Besuch.

Eine Galapagos-Schildkröte. Das selten gewordene Tier steht auf den Inseln heute unter Naturschutz.

Auf der Galapagosinsel Plazza. Astrid füttert einen Landleguan.

Werden die Kinder dieser Frau im Busch von Santo bleiben?

Eingeborenenkinder auf Craig Cove bieten Astrid Muscheln zum Tausch an.

Eine Goldmakrele für die Pfanne – willkommene Bereicherung der eintönigen Konservennahrung.

Ein Nachmittagstörn mit einem Gast in der Lagune von Diego Garcia.

Wir sind wieder unterwegs. Ein günstiger Wind treibt uns zügig voran.

Mit James durchkämme ich den Busch von Espirito Santo. Inzwischen besucht die Jugend der Insel unsere »Kathena«.

Ein Krokodilskelett – wie wär's damit als Reiseandenken?

Die herrlichen Sonnenuntergänge auf dem Meer gehören zu den unvergeßlichen Erlebnissen unserer Reise.

ches, und der Schreck läßt mich wie eine Rakete aus der Kajüte schießen.

Wilfried, noch draußen an Deck, amüsiert sich darüber köstlich, doch hineingehen und nachsehen, was da ist, will er auch nicht. So warten wir. Da hören wir etwas rascheln. Zunächst denken wir an einen Betrunkenen, der hier seinen Rausch ausschläft. Doch plötzlich kommt im Dämmerlicht der Kailaterne ein Pelztier, groß wie ein Hase, herausgeklettert. Über einen der Pfähle verläßt es gemächlich das Boot. Erstarrt schauen wir ihm nach.

›Mensch, hat der mir einen Schrecken eingejagt‹, ist Wilfrieds erste Reaktion. Das Tier sah bräunlich aus, ebenso struppig wie buntgescheckt in allen Pelzfarben und hatte lange nackte Ohren.

Anderentags erzähle ich einem alten Neuseeländer, der gegenüber vom Liegeplatz der *Kathena* wohnt, von unserem Erlebnis. Nach unserer Beschreibung meint er, daß es sich nur um ein Opossum handeln kann. Das ist eine Art von Beutelratte, die eine merkwürdige Geschichte hinter sich hat: Europäer haben das Tier von Nordamerika, wo es eigentlich beheimatet ist, nach hierher mitgebracht und ausgesetzt. Bis heute hat sich das Opossum derart vermehrt, daß es als außerordentliche Plage gilt und zu Tausenden getötet wird. Die Felle werden exportiert, und es gibt sogar Abschußprämien. Die Tiere sind darum sehr scheu, und der Alte von gegenüber wundert sich, daß uns das Opossum nächtens an Bord besuchte.

Für den Fall seiner Rückkehr legen wir vorsichtshalber gleich etwas Brot auf die Anrichte. Und siehe da: Zwei Abende später ist das Vieh wieder da und besucht uns künftig jede Nacht. Da ich ohnehin einen leichten Schlaf habe, wache ich sogleich auf, wenn es am Niedergang zur Kajüte raschelt. Dann knipse ich die Taschenlampe an und schaue dem Opossum beim Fressen zu. Es mümmelt ganz ruhig vor sich hin und verharrt erst noch eine Weile, bevor es sich auf den Rückzug macht.

Am nächsten Morgen, als wir Whangarei vorübergehend zu einem mehrtägigen Trip zu anderen neuseeländischen Häfen verlassen, legt Wilfried noch ein ganzes Brot, in dünnes Papier gewickelt, unter den Anlegesteg. ›Vielleicht kommt unser Darling wieder, wenn wir zurück sind.‹

Kawau Island, 3. Junuar bis 5. Januar 1971

Es ist gut, daß man sich in dieser Bucht vor einem aufkommenden Sturm verkriechen kann. Doch gefallen tut sie uns nicht sonderlich. Mit noch fünfzig anderen Yachten liegen wir hier einfach zu dicht zusammen.

Ein hoffnungsloses Durcheinander entsteht, als der als ziemlich schwach angesagte Zyklon ›Rosy‹ mit 55 Knoten den Hügel herabgeschossen kommt. Wir alle rennen vom Bug zum Heck, checken die Ankerleinen oder versuchen, eine Kollision mit dem Nachbarn zu verhindern. Ein Wunder ist, daß nicht einige ›Ankerleinchen‹ brechen. In der Tat ›Ankerleinchen‹, die Neuseeländer haben für die Größe ihrer Boote durchweg einen allzu kleinen Anker, zu kurze Kette und auch noch ein zu dünnes Anschlußtau.

Glücklich überstehen wir ohne Schaden ›Rosys‹ ungestümes Temperament und können nach Auckland schippen.

Auckland, 5. Januar bis 23. Januar 1971

Endlich mal wieder eine richtige Stadt mit einer Einkaufsstraße, die mich entfernt an die geliebte Düsseldorfer ›Kö‹ erinnert. Das gefällt mir. Darüber hinaus haben wir einen Liegeplatz mit fließendem Wasseranschluß, und ein paar Schritte davon entfernt ist ein Baderaum mit heißer Dusche – einfach super.

Unser großer Bekanntenkreis wird um Herrn und Frau Baader bereichert, ein älteres Ehepaar, das aus Deutschland stammt und schon seit längerer Zeit hier lebt. Juan Baader war uns schon vorher namentlich bekannt als Autor eines

Buches über die Segeltechnik. Die beiden wollen uns unbedingt viel von Neuseeland zeigen und kutschieren uns in und um Auckland herum – der vorbereitete Picknickkorb ist immer dabei. So kommen wir auch in das Museum von Auckland, das sich besonders auf die Maorikultur spezialisiert hat. Da stehen noch Originale gut 20 Meter langer Auslegerkanus der Eingeborenen, und Wilfried, für Bootsbau interessiert, bleibt dort länger stehen, als uns lieb ist. Dafür bin ich gar nicht von der Muschelsammlung wegzukriegen; mindestens 200 verschiedene Arten sind ausgestellt.

Juan Baader klärt uns auch über das Wappentier der Neuseeländer auf, den Kiwi. Es ist ein hühnergroßer Vogel ohne Flügel, sehr scheu und inzwischen schon sehr selten, weil die von den Europäern mitgebrachten Hunde ihn heftig verfolgt haben. Viele Banken und Gesellschaften haben sein Bild oder seinen Namen in ihr Firmenschild aufgenommen. Auch stellten sich uns Neuseeländer mit den Worten vor: *›I am a Kiwi.‹* – Nicht ohne Ironie kommentiert Herr Baader diesen Spruch: ›Sie haben recht – denn der Kiwi ist ein Vogel, der nicht fliegen kann, tagsüber schläft und fast blind ist.‹

Wir haben während der Tage in Auckland viele ›Kai-Kais‹, und dabei stelle ich fest, daß Lamm und Erbsen, die eine grasgrüne Farbe haben, offensichtlich das Nationalgericht in Neuseeland sind. Drei-, viermal schaffen wir es, ohne die Augen zu verdrehen. Danach sind wir sehr vorsichtig, weitere Einladungen zum Essen anzunehmen. Wilfried hat dazu noch seine persönliche Beziehung zu Hammel und kann das Wort bald nicht mehr hören, denn er hat sich im Hafen Arbeit gesucht, um unsere Finanzen aufzubessern, und da hat er ausgerechnet einen Job erwischt, wo er den ganzen Tag tiefgefrorene Hammelhälften aus dem Kühlhaus auf Frachtschiffe schleppen muß.

Mit dem Motorschiff *Riederstein* aus Bremen treffen die deutschen Eintonner *Apecist* und *Optimist B* ein. Das sind elf Meter lange Regattayachten, die hier im nächsten Monat am Eintonnerpokal, einer Weltmeisterschaft dieser Klasse, teilnehmen. Automatisch werden wir in Westhaven in das Regattafieber miteinbezogen. Jens Cornelsen, der die beiden Millionärsyachten begleitet und auch mitsegelt, hilft uns, ein wenig mehr von dieser Art des Segelns zu verstehen. Es ist so ganz anders als unser gemächliches Dahinschippern. Da an Bord ist das Wort Romantik unbekannt, da geht es nur um Schnelligkeit und Placierungen.

Einige Crew-Mitglieder der *Riederstein* besuchten uns mit ihrem Beiboot in Westhaven. Sie alle sind tolle Vertreter der Seefahrt und haben in jeder Beziehung etwas für uns, ihre ›kleinen Kollegen‹, übrig. So geht es oft hoch her auf der *Kathena,* und was das von ihnen mitgebrachte deutsche Bier ausrichtet, wer ahnt das nicht?

Auckland, wir kommen zurück, um noch einmal über die ›Ersatz-Kö‹ zu schlendern und beim Eintonnerpokal zuzusehen.

23. Januar bis 27. Januar 1971

Beachland, Rocky Bay, Te Kouma Bay, Port Fitzroy – alles Buchten, die uns von Freunden empfohlen wurden. Der typische Hintergrund dieser Buchten ist eine grüngelbe Hügellandschaft von Schafsweiden mit vielen getrampelten Stufen. Oder die Hänge sind mit Busch und Bäumen bewachsen und daher schwer zu begehen. Strand, um Muscheln oder sonst etwas zu suchen, gibt es kaum. Wir können uns für diese Gegend also nicht sonderlich begeistern.

Moko Hinau, 28. Januar 1971

Drei Leuchtturmwärter tun auf dieser Insel ihren einsamen Dienst. In brütender Hitze erklimmen wir den Steilhang und besichtigen einmal einen Leuchtturm aus unmittelbarer Nähe. Sonst müssen wir ja von diesen Wegweisern des

Meeres im Gegenteil immer Abstand halten. Was mich bei der Besichtigung des Turmes am meisten überrascht, ist die Tatsache, daß die Glühbirne des Feuers nur 500 Watt stark ist. Bei einer Reichweite des Lichtscheins von 24 Seemeilen bleibt mir das unverständlich.

Ich dränge Wilfried, heute noch weiterzusegeln, denn der Ankerplatz ist nicht geschützt. Der Arme! Es bleibt ihm gerade noch Zeit, ein paar Fotos von dem optisch schönen Ankerplatz und von den Tausenden anderen Bewohnern, den Möwen, zu schießen.

Bay of Islands, 29. Januar bis 2. Februar 1971

Die Zeit der Schulferien in Neuseeland ist vorbei. Man merkt es an den leeren Buchten. So hat *Kathena* meistens nur ein paar Motorboote zur Gesellschaft. Sie sind anscheinend alle nach dem gleichen Schema gebaut, und ihre Eigner auch: Sie stehen von morgens bis abends mit der Angelrute in der Hand. Mir scheint, wer sich hier nicht fürs Fischen interessiert, gilt nur als halber Mensch. Sogar in den Radionachrichten wird erwähnt, daß etwa Mrs. Miller einen 50pfündigen mit einer 25-Pfund-Leine an Bord gehievt hat. Wir können es ihnen nicht nachmachen, denn mein lieber Willy tut sich immer schwer, wenn er die Leine raussuchen soll. Außerdem sind unsere Haken stets angerostet. Dafür sammle ich an den Stränden Pippis, eine Art Muscheln. Ich koche sie in Wein und verspeise sie mit größerem Appetit als unsere Miesmuscheln zu Hause.

Calliope Bay, 4. Februar 1971

Wir erreichen die Bucht bei Dunkelheit, doch mit der guten Seekarte liegt der Anker genau an der richtigen Stelle. Anscheinend kann Wilfried diesen Platz nicht leiden. Wenigstens hat er am nächsten Morgen ungemeines Pech, das mir die Tränen in die Augen treibt. Er zerbricht die schöne Porzellanteekanne. Und nicht genug damit: Gleich danach fällt ihm auch die Schüssel mit dem gesamten Abwasch herunter. Dabei müssen nochmals zwei Teller und ein Glas dran glauben. Es ist nicht in erster Linie wegen des Geldes für die Neuanschaffung von Geschirr, daß wir so traurig sind. Nein: Wir haben uns nur so sehr an unsere wenigen Haushaltsgegenstände gewöhnt – den Teller mit der herausgeschlagenen Ecke, die Kanne mit dem klappernden Deckel...

Unglücklich über diesen Tagesbeginn, sammle ich alleine eine ganze Tasche voll Ladypippis am Strand. Da man im Schlamm graben muß, habe ich mir schließlich die Fingernägel scheußlich zerkratzt. Der Tag ist somit völlig hin!

Whangarei, 4. Februar bis 16. Februar 1971

Jetzt ist endlich *Kathena* die Hauptperson. Sie wird an Deck, über Deck, unter Deck vollständig neu angestrichen. Das steht ihr gut!

Wilfried geht mal wieder im Hafen arbeiten: Butter auf die Schiffe verladen. Es ist ein leichter Gelderwerb; wie er sagt, wird alle naselang Teepause gemacht. Daß er nicht früher diesen Job fand, ärgert ihn, denn er hätte im Dezember so schön Zeit dafür gehabt.

Von unseren Freunden in Tahiti sind jetzt auch noch Yves und Babette Jonville mit ihrer *Ophélie* eingetroffen. Beide sind hier vom ersten Augenblick an nicht glücklich. Neuseeland gefällt ihnen gar nicht. Vielleicht weil sie Franzosen sind mit ganz anderer Lebensart. Yves sagt, es gäbe hier nichts Anständiges zu essen. Außerdem seien die Neuseeländer langweilig und hätten keinen Pep. Und im Gespräch sei bestimmt jede zweite Frage: ›How do you like New Zealand?‹

Für mich wäre dies auch kein Land! Ich habe in diesen Tagen viel Heimweh. Ich möchte bald zu Hause sein...

Calliope Bay, 16. Februar bis 24. Februar 1971

Regelrecht eingeweht sind wir in dieser unbewohnten Bucht. Draußen stürmt es, und es wäre leichtsinnig, jetzt auszulaufen. Dabei sind wir doch in Eile, weil wir rechtzeitig zum Eintonnerpokal in Auckland zurück sein wollten. Und jetzt? Eine Woche in der kleinen Kajüte! Wilfried hockt über Plänen, wie sein ideales Boot aussehen müßte. Ich lese viel und schreibe. Einmal unternehmen wir einen Versuch, hier herauszukommen, kehren aber bald um, angesichts der hohen Brecher in der Flußmündung. Es heult selbst an unserem geschützten Ankerplatz kräftig im Rigg. Draußen auf See scheint was los zu sein. Wir hören im Radio, daß am Nordkap der Rahsegler *Endeavour* beim Einlaufen in den Hafen von Parenga-renga auf eine Sandbank geraten ist. Statt den Sturm auf See abzuwettern, wollte er einlaufen. Nach zwölf Stunden werden alle Hoffnungen begraben, diesen 25 Meter langen Segler von der Sandbank zu schleppen. Wir verfolgen dieses traurige Schicksal eines Bootes gespannt per Rundfunk.

Beide werden wir nervös, und Wilfried plant unsere Abfahrt mehrfach, obwohl sich das Wetter kaum bessert. Dann schließlich am 22. Februar setzt er die Abfahrt kategorisch auf die nächste Tide fest, komme, was da wolle. Da bleibt mir nichts anderes übrig, als folgende Drohung auf einem Zettel bei der Schiffsführung einzureichen:

> Meuterei an Bord der *Kathena*
> Kapitän: Wilfried Erdmann
> Crew: Astrid Erdmann
> Wenn der Wind zu der vom Kapitän festgesetzten Abfahrtszeit um drei Uhr morgen früh in gleicher Stärke wie am heutigen Abend um 20 Uhr weht, weigert sich die Crew hartnäckig, auszulaufen, da dieses das Schiff und die Mannschaft unnötig in Gefahr bringen könnte. Die Crew räumt jedoch ein, sofort bei geringster Wet-

terbesserung den Ordern des Kapitäns Folge zu leisten. Alle Versuche des Kapitäns (Küsse etc.), die Crew zur Abfahrt zu bewegen, werden als Erpressung angesehen und nicht akzeptiert.

Gez.: Astrid Erdmann

P. S.: Mir ist es ernst!

Ich bin zwar mal wieder seekrank, doch mit Braßfahrt streben wir schließlich Auckland zu. 70 Seemeilen in elf Stunden. Wilfried hat wieder einen guten Riecher gehabt; erst für Stunden war der Sturm abgeflaut, als wir Calliope verlassen. Wir kommen sogar noch rechtzeitig zum morgigen Regattabeginn.

Auckland, 24. Februar bis 30. März

Westhaven, der Yachthafen von Auckland platzt vor lauter Booten aus allen Nähten. Einen solch großen Yachthafen habe ich noch nie gesehen. Dagegen nimmt sich zum Beispiel Wedel bei Hamburg – der größte deutsche – winzig aus.

Das Ergebnis der Regatta freut mich. Der Bremer Hans Beilken segelt in dieser internationalen Konkurrenz mit seiner *Optimist B* einen zweiten Platz heraus. Die Hamburger dagegen werden mit der *Apecist* nur zwölfte. Weniger beeindruckt bin ich von der Rivalität zwischen den Hamburgern und Bremern. Weder sprechen sie miteinander, noch gratulieren sie sich. Gegenseitig helfen tun sie sich natürlich auch nicht. Sie hinterlassen einen miserablen Eindruck. Da muß ich die Neuseeländer loben. Als Sportsleute gefallen sie mir.

Horst Herbert Alsen, deutscher Zementkönig, der hier die *Apecist* laufen hat, ist einer der prominentesten Zuschauer bei der Regatta. Mit seiner jungen Frau besucht er auch *Kathena*. Wir trinken Tee an Bord und plaudern. Anscheinend sind die beiden von unserer bescheidenen Lebensweise sehr fasziniert. Daß wir unseren Motor mit der Hand anwerfen müssen, verwundert den Herrn über Millionen am meisten, so daß er spontan eine Starterbatterie stiften will. Wilfried lehnt ab.

Am nächsten Tag erlebe ich auf dem Steg, wo die Eintonner nach der Regatta immer anlegen, wie auch solche Finanzgötter wie Alsen von ganz einfachen menschlichen Nöten geplagt werden. Wir warten auf die Ankunft der Boote. Es ist eine drückende Mittagshitze, und so zieht, wie viele andere auch, Horst Herbert sein Hemd aus. Danach fühlt er sich anscheinend wohler. Aber nicht lange. Denn als seine Frau das sieht, ist sie sofort da, und ich höre die vorwurfsvollen Worte: ›Horst Herbert, zieh doch bitte dein Hemd an.‹ Verzweifelt um sich schauend, versucht er, das lästige Kleidungsstück lässig vor dem Bauch zusammenzuknoten. Und ich höre den empörten Ruf: ›Aber Horst Herbert . . .‹

Wilfried vergißt über all dem Trubel seinen Job im Hafen nicht. Drei Wochen schleppt er abermals Butter und gefrorene Lämmer auf die Schiffe. Ich gebe gleich einen Teil seines Einkommens auf einer Rundreise mit Frau Baader aus, ohne daß Wilfried mitkommen kann. Fünf Tage kurven wir mit ihrem Auto durch die Nordinsel. Wir besuchen das Maori-Dorf Roturoa. Leider wird es gerade für die kommende Touristensaison renoviert, und somit ist nur wenig zu besichtigen. Wellington und Mount Egmont sind die nächsten Stationen; auf dieser Fahrt begreife ich langsam, wie schön Neuseelands Landschaft ist.

Zum Abschluß unserer Reise besichtigen wir die Waitomo Caves, Tropfsteinhöhlen im Gebirge. Sie sind ohne Zweifel der interessanteste Teil meines Aufenthaltes. In den drei Höhlen bewundere ich die verschiedensten Gebilde tausend- und mehrjähriger Tropfen. In der Glühwürmchenhöhle fährt man mit dem Boot in der Dunkelheit über einen unterirdischen See ein Stückchen, bis oben an der Dekke wie Sterne unzählige Glühwürmchen sichtbar werden.

Während dieser gespenstischen Fahrt ist Sprechen verboten. Der Führer achtet peinlich genau darauf, weil die sensiblen Leuchtkäfer Lärm und Licht nicht vertragen können. Im Innersten der Höhle verzweifle ich fast und muß vorzeitig zum Eingang zurückkehren. Ich habe schon Platzangst in der Kajüte unserer *Kathena,* wenn ich seekrank auf der Koje liege, aber ich sehe da doch wenigstens die Luke als Ausweg. Hier in der Höhle fühle ich mich beinahe endgültig eingemauert.

Die letzten Meilen, bis ich Wilfried wiedersehe, werden lang. Die Begrüßung ist stürmisch, denn so lange und so weit entfernt voneinander waren wir auf unserer Reise noch nie.

Für die Weiterreise wird der Proviant im Großmarkt beschafft. Danach lassen wir *Kathena* an zwei Pfählen trokkenfallen, um das Unterwasserschiff zu schrubben. Unser geliebtes Boot bekommt zwei makellose Antifoulinganstriche.

Unserem Abschiedstrunk in einem Pub mit Jens, der sich hier verliebt hat, folgt die Flucht von den Ferien zweier Weltumsegler an Land hinaus auf die gehaßte See.«

Hier endet Astrids Tagebuch von Neuseeland. Ich möchte nur ergänzen: »Hinaus auf die geliebte See . . .«

Die Angst schwimmt mit

»Lebe jeden Tag, als ob es dein erster und dein letzter wäre!«

Gerhart Hauptmann

Mit knapp drei Knoten lief die *Kathena* vor einem schwachen Ost auf Nordwestkurs. Wir saßen in der sanften Schaukel einer langen Dünung aus Ost. Waren wir oben auf einem Wellenberg, faßte der Wind unser Tuch fester, gab uns einen leichten Stoß, und wir rollten wieder hinunter ins Tal. Da die Dünung von achtern dwars anlief, kam das Boot zeitweilig arg ins Rollen. Astrid mußte das Essen, Spaghetti à la *Kathena,* in tiefen Schüsseln nach oben reichen. Teller hatten für ein solches Schaukelspiel nicht genügend Freibord; es wären uns sicherlich zu viele kostbare Nudeln über den Rand gerutscht und hätten die Speigatts verstopft.

Bei gutem Wetter aßen wir immer an Deck. Dadurch wurde für uns auch das Abwaschen erleichtert. Wir hielten das Geschirr nur für Sekunden über den Bordrand, und der Zug des Bootes durch das Wasser spülte alles sauber. So manches Mal hatten wir aber auch das Nachsehen, wenn uns ein Stück Geschirr aus den Händen flutschte.

So auch heute. Nicht, daß der Zug des Bootes mir die Schüssel aus den Händen riß. Es war der Schreck. Während ich mit dem einen Auge die faszinierenden Albatrosse in ihrem eleganten Flug beobachtete, sah ich mit dem anderen einen Wal auf uns zukommen.

»Astrid, komm schnell!«

»Was ist? Hast du wieder eine Schüssel verloren?« kam es vorwurfsvoll von drinnen.

»Nun mach, da ist ein Wal!«

Er schien mir sehr groß, als er mit zügiger Geschwindigkeit auf *Kathena* zuhielt. Regelmäßig tauchte er dabei auf.

Doch plötzlich verhielt er und blieb etwa 30 Meter von uns entfernt an der Oberfläche liegen. Die Wellen brachen sich auf seinem Rücken in regelmäßigen Abständen, wie sie auf einer Sandbank brechen.

Ganz langsam kam er näher. Wir behielten ihn im Auge. Dicht unter dem Ruderblatt tauchte er durch. Bei diesem strahlenden Sonnenschein und der ruhigen Wasseroberfläche konnten wir deutlich Hunderte von Narben und Parasiten auf seinem breiten Rücken erkennen. Er schwamm einen Bogen und tauchte wieder an der gleichen Stelle. Über die Reling gebeugt, wartete ich diesmal darauf, daß er uns rammte. Mit angehaltenem Atem verfolgte ich ihn, wie er zwischen Ruderblatt und seinem mächtigen Körper nur eine Handbreit Raum ließ. Nochmals kehrte er zurück, tauchte dann aber erst weiter entfernt auf, blies ein paar Fontänen – und verschwand.

Erst jetzt wurde uns die gefährliche Situation bewußt. Es war der größte Wal, dem ich auf all meinen Reisen begegnet bin. In diesen kurzen Augenblicken der Erregung, vermischt mit ein bißchen Angst, bemühten wir uns um eine nüchterne Schätzung. Wir kamen zu dem Ergebnis, daß dieser Wal mindestens doppelt so lang war wie *Kathena*, also etwa 18 Meter.

Wir schauten uns gegenseitig an, beide ein wenig blaß. »Mensch, das war Millimeterarbeit«, sagte ich zu Astrid, deren Augen erneut den Horizont absuchten.

»Ja . . . und erinnerst du dich, wie uns Segler in Whangarei erzählt haben, daß vor einem Jahr eine Yacht zwischen Neuseeland und den Neuen Hebriden von einem Wal gerammt wurde und innerhalb von Minuten sank . . .«

». . . und wir sind genau auf der gleichen Route. Aber das damals war ein Holzboot. Bei uns ist das anders. *Kathena* ist aus Stahl, da hätte nur das Ruder beschädigt werden können, und davon sinkt man nicht gleich.«

Da der Wal nicht wieder auftauchte, war der Schock

bald überwunden. Aber wir hatten jetzt Gesprächsstoff bis in die tiefe Nacht und vergaßen darüber die ganze Segelei.

Wie es auch hätte ausgehen können, wurde uns einen Monat später bewußt, als wir die Nachrichten des Kurzwellensenders »Deutsche Welle« hörten. Da hieß es: »Die drei Hamburger Segler Neidhardt, Stölting und Schweighöfer trieben über drei Wochen in ihrem winzigen Beiboot im Südpazifik, nachdem ihre Yacht *Beachcomber* bei der Kollision mit einem Wal in Minutenschnelle versunken war. Erst der aufmerksamen Besatzung eines sowjetischen Passagierdampfers gelang es, die drei Segler zu retten.«

Am 7. Tag auf See rechnete ich uns beim näheren Betrachten der Seekarte noch eine Woche Fahrzeit bis Vila auf den Neuen Hebriden aus. Um dies Astrid sogleich mitzuteilen, beugte ich mich durchs Luk nach draußen. Dort sah ich sie ganz gegen ihre Gewohnheit zusammengesunken auf der Cockpitbank sitzen. Ich schaute ihr ins Gesicht, um die Ursache ihrer Betrübnis zu erforschen. Seekrankheit konnte es nicht sein; schließlich war die See ruhig, und es ging ihr bei dieser Wetterlage bestens. Sie hatte ihr Kinn so merkwürdig auf die Hand gestützt. Da kam mir ein böser Verdacht.

»Zahnschmerzen?«

Astrid nickte nur. Ich setzte mich zu ihr, schaute ins Kielwasser und überlegte, was zu machen sei.

»Schmerztabletten haben wir an Bord, und bis es unerträglich wird, sind wir längst in Vila«, versuchte ich sie zu trösten.

Für einen Moment nahm sie ihre Hand vom Kinn und legte sie auf meinen Arm: »Das hilft nicht mehr. Ich habe schon seit Tagen heimlich Tabletten genommen. Jetzt wirken sie kaum noch.«

»Aber ...«

»Ja, ich muß dir leider gestehen, daß mir am letzten Abend in Neuseeland beim Essen eine Plombe aus dem Backenzahn gefallen ist.«

»Und das hast du mir nicht gesagt?«

»Du hättest mich dann sowieso gleich zum Zahnarzt geschickt, und dadurch hätten wir unsere Abfahrt um einige Tage verschieben müssen. Das wollte ich nicht. Außerdem fallen vielen Leuten Plomben raus, und bevor sie Schmerzen kriegen, vergehen oft Jahre. Das hatte ich auch für mich gehofft.«

»Und ich werfe nichtsahnend in Neuseeland die Leinen los«, sagte ich vorwurfsvoll zu ihr.

Am anderen Morgen lag Astrid mit schmerzverzerrtem Gesicht in der Koje. Ich überlegte, ob es nicht sinnvoller wäre, die nächstliegende Insel Aneityum anzulaufen. Im Seehandbuch wurde der Ort mit tausend Bewohnern angegeben. Vielleicht gab es dort Hilfe für sie – aber auch nur vielleicht. Und das war mir zu ungewiß. So hieß es für Astrid, auszuhalten, und für mich, Kurs zu halten. Mir fielen die Zahnschmerzen ein, die ich auf meiner ersten Weltreise hatte. Ich griff damals zu einem altbewährten Seemannsrezept: Gin!

Der Gin, mit dem nun Astrid ihren Zahn mehrmals am Tag betäubte, half nach drei Tagen auch nicht mehr. Es wurde schlimm mit ihr. Noch gut drei Tage! Also mußten wir doch Aneityum anlaufen. Wer schon mal zu Hause am Wochenende Zahnschmerzen bekommen hat und bis zum Montag auf die Behandlung warten mußte, kann sich dieses Elend auf See sicher vorstellen.

Endlich, am 12. Tag, sichtete ich Aneityum. Durch das Riff segelte ich in eine geschützte Bucht und warf Anker. Angesichts der paar am Strand verstreuten Hütten bezweifelte ich, ob hier Hilfe für Astrid zu finden sein würde. Trotzdem gingen wir sofort an Land und fanden auch gleich den kleinen Dorfladen. So etwas ist immer die beste Auskunftsstelle. Doch der junge Besitzer konnte kein Wort Englisch, Französisch, geschweige denn Deutsch, und wir verstanden sein lokales Singsang nicht. Immerhin begriff er, daß wir Hilfe brauchten. So schloß er seinen Laden und brachte uns zu einem Weißen, einem Australier.

Der aber konnte uns auch nicht helfen. Alles, was er hatte, war Aspirin, Jod und Verbandsmaterial. Ärztliche Hilfe? Nein, die gibt es auf dieser Insel nicht. Statt dessen lud uns der Mann zu einem Reisgericht mit Huhn ein. So merkwürdig es klingt: Da waren Astrids Zahnschmerzen wie weggeblasen. Erstaunlich, wie schnell sich meine Astrid durch diesen netten Menschen mit sich selbst versöhnte. Die Aussicht, vielleicht noch einige Tage ohne Schmerzen hier auf der Insel zu verweilen, ließ sie übersprudeln. Doch es war kein Wunder von Dauer. Kaum waren wir wieder an Bord, wurde sie erneut von dem ganzen Jammer ihres Daseins gepackt. Sie saß auf dem Kajütendach, Tränen der Verzweiflung in ihren Augen, und aus ihrem Munde kamen ohne viel Hoffnung auf eine ruhige Nacht die Worte: »Jetzt sitze ich hier, und keiner kann mir helfen.«

Unter diesen Umständen entschied ich mich, gleich am nächsten Tag nach Vila zu segeln. Ich dachte zunächst an die vorgelagerte Insel Tana. Astrid aber lehnte es rundweg ab, abermals einen Ort anzulaufen, in dem es vielleicht auch nicht mehr als nur Aspirin gab.

Unter Vollzeug und bei strahlend herrlichem Passat ließ ich *Kathena* laufen. Es machte Freude, wie sie die Meilen nach Vila, dem größten Ort der Neuen Hebriden, anging. Astrid jedoch konnte an dieser Freude nicht teilnehmen. Ihr Zustand hatte sich so weit verschlechtert, daß sie mich aufforderte, ihr mit einer heißen Stricknadel den Nerv zu töten. Ich bog sogar eine Nadel zurecht, aber ich brachte es nicht fertig. Ich hatte Angst vor weiteren Komplikationen, die dadurch hätten entstehen können.

In Vila waren die Leinen kaum fest, als ich auch schon mit Astrid an der Hand zum britischen Hospital eilte. Eine junge Eingeborene, hier für die Zahnbehandlung zuständig, versprach, sofort zu helfen. Der Besuch von weitgereisten Leuten aus Europa schmeichelte ihr sichtlich. Sie erzählte uns, daß sie Zahntechnikerin sei und auf Suva (Fidschi-Inseln) studiert habe. Der Backenzahn von Astrid schien ihr nicht zu behagen. Schonend versuchte sie uns beizubringen, daß sie noch niemals einen Zahn mit so einem großen Loch behandelt hatte.

Eine Woche lang verbrachte Astrid täglich eine Stunde auf dem in England ausrangierten und dann nach Vila geschickten »Folterstuhl«. Trotz der zarten und langsamen Behandlungsmethode der farbigen Zahntechnikerin gelang es nicht, den Zahn schmerzfrei zu machen. Als sich noch ein Abszeß an dem teuflischen Zahn bildete, fanden wir im Ort glücklicherweise noch einen französischen Dentisten, der ihr den Stumpf der Zahnruine ausgrub. Mehr als ein Stumpf ohne Wände war es wirklich nicht, als ich ihn mir ansah. Die Zahntechnikerin hatte wohl Angst vor dem Ziehen eines solchen »Nerventöters« gehabt.

Vila war ein Hafen so recht nach unserem Sinn: eingerahmt von Palmen und durch zwei vorgelagerte Inselchen gegen jeden Wind geschützt. Das Wasser in der Minibucht, in der wir lagen, war glatt wie ein Brett, Tag um Tag. Wir fühlten uns zu wohl hier, um schnell wieder an Weitersegeln zu denken.

Auf dem gegenüberliegenden Inselchen Iririki tauchte ich nach Korallen, Astrid suchte Muscheln. Das war ihr neues Hobby, seit sie auf Tahiti ihre erste Südseemuschel gefunden hatte. Überall, an jedem Strand konnte sie seitdem stundenlang suchen, nur sehr fündig war sie bislang nicht geworden. Diese Insel Iririki wurde jetzt ihr größter Erfolg. Hier fand sie zum erstenmal Muscheln, auch seltenere, in großer Anzahl. Sie verbuddelte sie einfach in den Sand, wo die Ameisen das Fleisch des Tieres nach etwa einer Woche aufgefressen hatten. Danach wurden die Schalen mit Seewasser ausgespült. Das muß man machen, da die Muscheln sonst ihren Glanz verlieren.

Astrid war Feuer und Flamme und verhielt sich beinahe närrisch. Nach jeder Muschelsuche strebte sie zu einem

Chinesenladen, um dort die Preise der ausgestellten Muscheln mit denen der gefundenen zu vergleichen. Meist kam sie freudestrahlend zurück und rief mir schon von weitem zu: »Ich habe heute Muscheln für 20 Dollar gefunden.«

»Großartig!« Ich freute mich, sie nach der bösen Zahngeschichte wieder in guter Stimmung zu sehen, und so mochte ich ihr auch nicht die Bitte abschlagen, zum Muschelsuchen nach Vila Island hinüberzurudern, das für besondere Prachtexemplare berühmt war – obwohl das für mich bedeutete, mit unserem Schlauchboot gut eine Seemeile zu rudern. Es war der 29. April, und dieser Tag ist in Astrids Tagebuch genau vermerkt. Denn es war für sie ein grauenhafter Tag. Eigentlich nur ein paar Stunden, aber ...

»Vila, 29. April 1971

Während ich auf dem bei Niedrigwasser ausgetrockneten Riffteil nach Muscheln suchte, tauchte Wilfried wie üblich nach Korallen. Ich war so in mein Suchen vertieft (wer jemals diese faszinierenden Dinger in seinen Händen gehalten hat, wird mich verstehen), daß ich nicht einmal zwischendurch nach Wilfried schaute. Ich verlor vollkommen das Zeitgefühl und wußte schließlich nicht, ob eine Stunde oder mehr vergangen war. Jedenfalls sah ich Wilfried nirgends, als ich zum Schlauchboot zurückkehren wollte, um etwas zu essen. Ich blickte mich um und rief auch ein paarmal, aber nichts war zu hören oder zu sehen. Ich wartete noch ein Weilchen, ließ meine Blicke intensiv übers Wasser gleiten. Kein Mensch. Nichts! Angst ergriff mich. Ich dachte an Haie und noch mehr an den Steinfisch, der hier ebenfalls zu Hause ist. Der hat Giftstacheln, die einen Menschen binnen weniger Minuten töten können. Zoologiebücher nennen ihn den giftigsten Fisch der Welt.

Ich schrie immer wieder Wilfrieds Namen. Aber er gab

keine Antwort. Ich lief ein Stück nach rechts, ein Stück nach links. Aber weit und breit sah ich niemanden.

Ich geriet in Panik. Ich warf meine Muscheln weg, ging ins knietiefe Wasser (warum ich das tat, weiß ich nicht) und schrie nach Wilfried, bis sich meine Stimme überschlug. Dann lief ich wie gehetzt barfuß über Korallen und Steine zum 500 Meter entfernten Dorf der Insel. Ich schrie: ›My husband is lost, my husband is lost‹ (mein Mann ist weg).

Die Leute strömten verwundert zusammen. Sie starrten mich an, aber keiner reagierte. Keiner wollte mit suchen kommen. Sie grinsten nur, als ob sie dachten: Was ist das nur für eine hysterische weiße Frau? Es gibt doch genug weiße Männer!

Ich lief zu einem Auslegerkanu, um damit allein auf See nach Wilfried suchen zu können, aber ich kenterte mit dem schmalen Ding sofort. Ratlos und weinend ging ich zu den Eingeborenen zurück, die über mein Mißgeschick herzlich lachten.

Plötzlich sah ich einen Trimaran um die Spitze der Insel kommen. Ich lief wieder zum Strand hinunter und machte mit wilden Gesten auf mich aufmerksam. Das Boot drehte auf den Strand zu, und wild entschlossen schwamm ich ihm entgegen. Ich war völlig erschöpft, als mich die Männer an Bord hievten. Doch mit letztem Atem konnte ich sie dazu überreden, sofort nach Wilfried zu suchen.

Zu diesem Zeitpunkt war ich schon auf das Schlimmste gefaßt. Die Sache mit dem Steinfisch ging mir immer wieder durch den Kopf. Und als die Männer durchs Fernglas ein Stück rotes Tuch im Wasser treiben sahen, wurde ich immer kleiner. Niemand vermochte mich noch zu trösten. Wilfried hatte nämlich eine rotweiße Badehose an. Und es konnte mich auch kaum beruhigen, daß ich durch den Schleier meiner Tränen noch wahrnahm, wie die Eingeborenen am Strand ebenfalls zu suchen begannen.«

Hier muß ich unterbrechen, um mein Verschwinden zu

erklären: Ich hatte zum erstenmal auf dieser Reise Schwimmflossen an den Füßen, als ich hier ins Wasser ging, und war daher im Handumdrehen weit von Astrid weggeschwommen, ohne es selber richtig bemerkt zu haben. Da ich nichts Rechtes an Korallen fand, hielt ich mich hinter einem Felsvorsprung ziemlich lange auf. Die Sicht zu Astrid wurde mir von dort versperrt.

Ich ging schließlich an einer anderen Stelle an Land, und als ich gemächlich, mit den Flippern unterm Arm, dahinschlenderte, sah ich den Strand voller Menschen. »Die suchen sicher Krebse«, dachte ich und trödelte ruhig weiter. Bis einer auf mich zu rannte und mir entgegenrief: »Wife – looking you« (Frau – suchen dich).

Der Gedanke, Astrid in Sorge zu wissen, kam mir erst jetzt voll zu Bewußtsein.

Es dauerte noch eine Zeit, bis die Männer bei ihr an Bord mich durchs Fernglas ausmachten. Astrid wurde ein Stück weiter am Strand abgesetzt. Als wir uns endlich wieder entgegenstrebten, hatte jeder von uns ein Gefolge von gut hundert Dorfbewohnern hinter sich. Die jüngeren unter ihnen kicherten und lachten und machten sich einen Spaß aus der ganzen Aufregung, während die Alten mit Knüppeln für den nötigen Respekt sorgten. Währenddessen fielen wir beide uns gegenseitig in die Arme, und ich küßte Astrid auf ihre verweinten Augen.

Vila entpuppte sich in den drei Wochen unserer Anwesenheit als ein anspruchsloses Städtchen. Es besteht aus einer Straße am Meer und ein paar Seitengassen. Die Sonne schien so heiß, daß der Teer auf den Straßen weich wie Sirup war und meine Latschen mehrmals darin steckenblieben. Nur der Abend brachte Kühlung und lockte die Menschen auf die Plätze am Hafen, füllte die Kneipen.

Vila ist die Residenz dieses verwirrten Landes, das sich »das englisch-französische Kondominium über die Neuen Hebriden« nennt. England und Frankreich haben sich einst nicht einigen können, wer die fruchtbaren Inseln mit dem feuchten Klima haben sollte; so werden sie von beiden verwaltet. Das Kräfteverhältnis zwischen den beiden rivalisierenden Nationen ist heute allerdings sehr ungleich. Es gibt viermal soviel Franzosen wie Briten. In Vila unterhalten beide Staaten getrennte Zollbüros, eigene Polizei, Hospitäler, Schulen und Kirchen.

In den Geschäften gelten australische, englische und französische Münzen und Noten gleichermaßen – und da der Wechselkurs bei den drei Sorten verschieden ist, muß man es in Kauf nehmen, geraume Zeit zu warten, bis die Eingeborenen auf dem Markt herausgefunden haben, wieviel eine Staude Bananen wirklich kostet.

Mit den Papieren der Ausklarierung an Bord, gingen wir ankerauf, um weitere Inseln dieser Gruppe zu besuchen. Wir waren nicht unbekümmert. Der Beinahe-Zusammenstoß mit dem Wal, die Geschichte mit Astrids Zahn, die ganze Aufregung mit der Suche nach mir hatten uns ziemlich geschlaucht. Jetzt waren wir auf dem Weg zu einem der letzten Orte der Welt, wo es noch bis vor kurzem Menschenfresser gegeben hat.

Wir waren sehr gespannt. Astrid klopfte vorsichtshalber den Rost von unserer Machete.

Bei den letzten »Menschenfressern«

»Adam and Eve he stop along garden and mangotree he stop. Jesus Christ he come talk along Adam: ›You no kai-kai apple, suppose you kai-kai apple Him Big Feller wild!‹
Eve he come along up behind, he talk along Adam: ›You come kai-kai apple?‹
Adam he too much him fright, he talk: ›No, no, no!‹
Then Eve he talk more along Adam, and Adam he come kai-kai apple along Eve.
Jesus Christ he come talk, and he sing aut: ›Adam, Adam, you kai-kai apple?‹ and Adam he talk ›Yes‹ and Jesus Christ he too much wild, he talk along Adam: ›You go bloody well hell along bush, you . . .!‹«

1. Kapitel Moses aus der Bibel, in der Beche-la-mar-Sprache (Pidgin-Englisch) gedruckt.

Wir, das heißt James und ich, marschierten auf einem Pfad, den die Eingeborenen benutzten, wenn sie mal an die Küste zum Tauchen kommen. Die Lianen baumelten wie dicke Schlangen über unseren Köpfen. Alles war üppig grün. Wir lösten uns stündlich ab, aber einer war immer der erste, und der mußte den Pfad freihauen von Ästen, Lianen und Riesenspinnweben. Der Boden war feucht und voller Wurzeln, so daß wir mehr rutschten und stolperten, als daß wir gingen.

Unser Ziel waren die »Men belong bush« – wörtlich übersetzt »die Buschmänner«, also schlicht: die Eingebore-

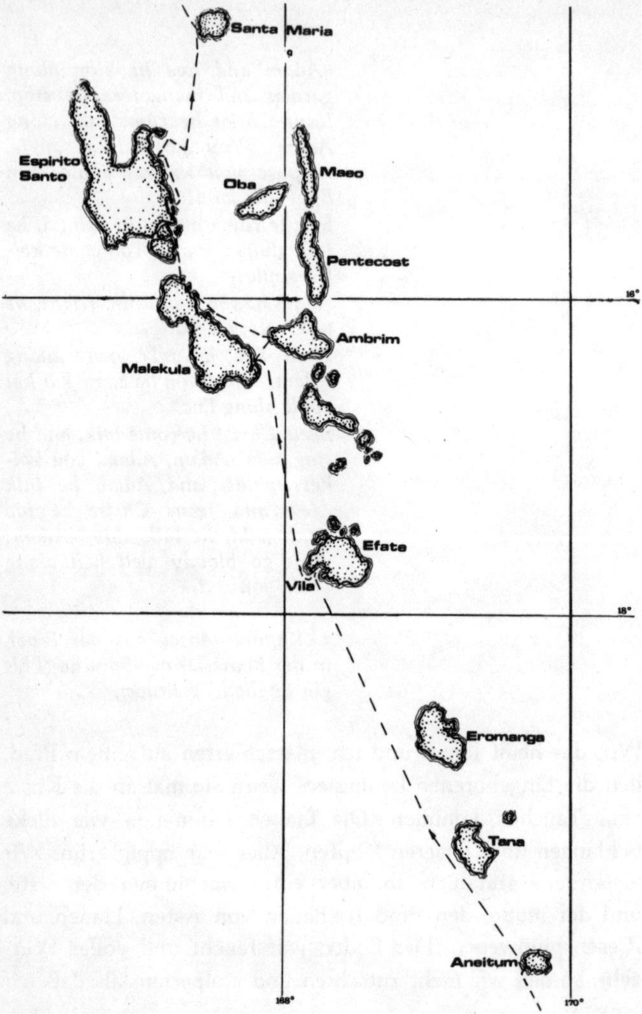
Santa Maria
Espirito
Santo
Oba
Maeo
Pentecost
16°
Ambrim
Malekula
Efate
Vila
18°
Eromanga
Tana
Aneitum
168°
170°

nen der Insel Espirito Santo. Bei mir war James, einer dieser Eingeborenen. In Hog Bay, wo Astrid und ich vor Anker lagen, kam er mit seinem Kanu zur *Kathena*. James brachte uns Süßkartoffeln und Papayas und sprach ein gutes Englisch, das er – wie er uns sagte – vor vielen Jahren als Polizist in Vila gelernt hatte.

Bisher hatten wir auf den Inseln der Neuen Hebriden nicht die paradiesische Lebensweise von sogenannten »naiven« Menschen vorgefunden, wovon wir geträumt hatten. So sprachen zum Beispiel die Bewohner der Inseln Atchin und Vao englisch, waren gut und sauber gekleidet, besaßen Transistorradios und wußten mit Geld gut umzugehen. Ambrin und Malekula waren da noch interessanter, denn die Missionare hatten auf diesen schwer zugänglichen Inseln mit Zivilisationsbestrebungen nicht viel Unheil anrichten können. Aber alle von uns bisher angelaufenen Küstendörfer waren mit Missionsstationen ausgestattet gewesen – auf Grund der Zweiländerregierung sogar zum Teil doppelt mit einer englischen und einer französischen.

Als ich James von unserer Enttäuschung erzählte, bot er sich spontan an, mich zu den sogenannten »Wilden« der Neuen Hebriden zu bringen. Zu richtigen, wie er sagte. Da Astrid sowieso nicht mitkommen konnte, weil sie sich auf einem Riff den großen Zeh angeknackt hatte, sagte ich zu. Zwei bis drei Tage würde der Marsch in den Busch dauern, meinte James, strapaziös würde es werden.

Das merkte ich schon nach einem halben Tag unterwegs. Da war ich schon ziemlich wacklig auf den Beinen. Ganz im Gegenteil zu James, der mit seinen 50 oder 60 Jahren (genau wußte er sein Alter nicht) noch zügig voranging. Allerdings schleppte ich einen Rucksack mit Kameras und Tauschware mit, während James nur einen Knüppel in der einen Hand und eine Machete in der anderen trug.

Nach gut 20 Kilometer Fußmarsch von 6 Stunden trafen wir den ersten »Kannibalen«. Es war ein junger Mann, der einen Baum fällte. Er kehrte unserem Trampelpfad den

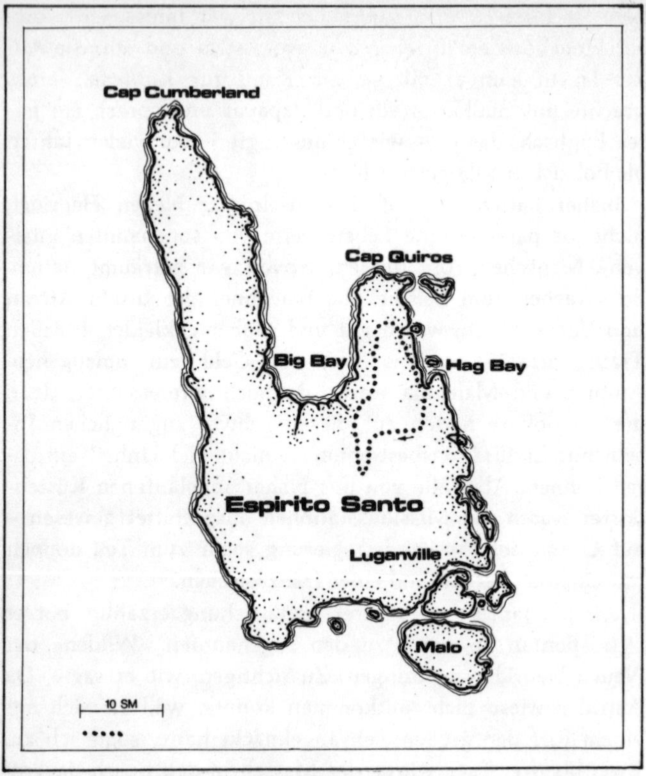

Fußmarsch zu den Buschmännern

Rücken zu. Als er uns endlich kommen hörte, stieß er ein Geheul aus, sprang zwei Meter zur Seite und griff nach einem Gewehr, das an einem Baum lehnte. Der Mann merkte jedoch bald, daß wir ihm nichts anhaben wollten, da wir keine Gewehre zogen. Sein Gesicht verzog sich langsam zu einem freundlichen Grinsen. Die Zähne waren schwarz und blank wie Lack und der Rachen rot vom Betelkauen.

Nach einigem Palaver zwischen James und ihm führte uns unser junger Freund zu seinem Dorf. Eigentlich war es nur ein Dörfchen von sechs Hütten, zwischen denen zwei Männer und zwei Frauen mit ein paar Kindern herumhockten. Sie waren gut gebaut und fast splitternackt – nur mit einem Stück Rinde um den Bauch und einem Büschel Hibiskusblättern vorn und hinten bekleidet. Die Männer besaßen ein gut geputztes Gewehr – das einzige Zeichen zivilisierten Einflusses. Dennoch waren es die am wildesten aussehenden Menschen, die ich je zu Gesicht bekommen hatte.

Langsam näherten wir uns der Gruppe. Ich stieß so etwas wie ein »Hello« hervor und wollte dem Mann, der offensichtlich der Häuptling war, die Hand schütteln. Darauf schnappten die Frauen ihre Kinder und verschwanden sofort in den Hütten. Die beiden sahen ganz hübsch aus – nach den örtlichen Verhältnissen.

Der Häuptling schaute weiter mißtrauisch drein. »Gib ihm ein paar Zigaretten, die verrichten Wunder«, meinte James. Ich warf meinen Rucksack ab und angelte zwei Pakete heraus. Ihr Anblick entlockte dem Alten ein Lächeln – ein ungewöhnliches Lächeln, das bis ins Rückenmark kitzelte.

Der Mann hatte kleine graue Korkenzieherlocken aus wolligem Haar über den ganzen Körper. Seine Haut sah recht schmutzig aus. Also holte ich als praktisches Gastgeschenk auch ein Stück Seife hervor. Die Wirkung war für mich verblüffend: Sie alle lachten schallend. James erklärte: »Diese Leute sind von Natur aus wasserscheu.« Da mußte auch ich mitlachen. Somit erwies sich meine mitgeschleppte Seife als schlechte Handelsware. Keiner wollte sie haben. Aber für ein Hemd und Handtuch tauschte ich ein paar kleine Schnitzereien ein.

Allmählich kamen selbst die Frauen näher, denn der Anblick von Tabak wirkte auch auf sie Wunder. Wir kamen, dank James' Dolmetscherhilfe, miteinander ins Gespräch, wir tranken Nüsse und lachten einander an. Wir wurden »Freunde«. Nur die Kinder starrten mich weiterhin neugierig an; die kleinen weinten sogar.

In einer Hütte, deren spitzes Dach bis zum Boden reichte, sollten wir die Nacht verbringen. Drinnen war es sehr dunkel, ein schmaler Spalt diente als Tür und als einzige Ventilation für die Hütte. Die Liege bestand aus zusammengebundenen Bambusstangen, als Kopfkissen dienten ein paar Bananenblätter. Ich war von dem langen Fußmarsch und der feuchten Hitze ziemlich ermüdet. Deshalb störten mich das unbequeme Lager und die vielen umherlaufenden Ratten kaum. Übrigens schliefen alle Frauen und Männer getrennt in eigenen Hütten, die genau wie unsere eingerichtet waren.

Ich war richtig wehmütig, als wir am nächsten Tag von dieser primitiven Idylle scheiden mußten. Ich ließ dem Häuptling noch meine Machete zurück, denn immer wieder hatte ich bemerkt, wie er mit dem guten Stück liebäugelte. Auf Waffen jeglicher Art sind diese wohl nicht immer harmlosen Wilden scharf.

Zum Abschied tranken wir noch eine Kokosnuß miteinander. Dann zogen James und ich über einen beschwerlichen Bergrücken weiter. Auch im nächsten Dorf, das wir nach mehrstündigem Marsch erreichten, zählte ich nur zwanzig bis dreißig Köpfe. Alles ähnelte sich; allerdings schlugen einige Frauen bei unserer Ankunft verschämt Tücher um ihre Hüften.

In dieser Siedlung sah ich eine alte, mehr als einen Meter lange Teufelstrommel, die bei finsteren rituellen Tänzen geschlagen wird. Sie war sorgfältig geschnitzt und hatte einen guten Klang. Für mein letztes Hemd tauschte ich sie ein. Und mit nacktem Oberkörper, nur bekleidet mit einer Hose, machten wir uns auf den Rückweg.

Müde, schmutzig und ziemlich abgerissen kam ich am Strand an und sah aufatmend in der Ferne die *Kathena* vor Anker schaukeln. Niemand an Bord zu sehen. »Astrid! Astrid!« rief ich in einem Anflug von Besorgnis hinüber. Ganz langsam ging die Luke auf; Astrid hatte gerade ihren Mittagsschlaf absolviert. Jetzt winkte sie fröhlich und schickte sich an, mich mit dem Schlauchboot an Bord zu holen.

»Ich dachte, die Kannibalen hätten dich schon dabehalten«, rief sie mir freudestrahlend von weitem zu.

»Allein wollen sie mich nicht. Ich soll dich mitbringen«, antwortete ich gutgelaunt, mit der Aussicht auf ein Bad und gutes Essen.

Jetzt stand Astrid am Strand und musterte mich kritisch. »Wie siehst du denn aus?«

»Ja, Hose und Schuhe, das ist alles, was ich noch an Kleidung habe. Aber für dich gibt es etwas besonders Feines.« Ich holte die Schweinezähne hervor, die ich vom Häuptling im ersten Dorf hatte.

»Was ist denn das?« Skeptisch betrachtete sie die drei mitgebrachten Zähne.

»Das sind richtige Hauer von einem heiligen Schwein.«

»Wie ist denn das möglich, wo sie doch kreisrund sind«, hakte sie nach und schien sich gar nicht über mein Mitbringsel zu freuen.

»Also, James hat mir erklärt, daß Schweine mit krummen Vorderzähnen bei den Eingeborenen als heilige Schweine gelten. Je krummer der Zahn, desto größer sein Wert. Man hilft der Natur nach, indem man dem jungen Ferkel die beiden oberen Eckzähne auszieht. Dann können die beiden unteren Hauer frei hinauf- und herumwachsen. So nutzen sie sich nicht ab, und man findet oft Zähne, die einen geschlossenen Kreis bilden.«

»Und wozu sind die Dinger gut?«

»Das ist die Währung für den Brautkauf. Ein Mann, der eine Frau haben will, muß an den künftigen Schwiegervater zwei bis zwanzig dieser Zähne bezahlen – je nach Dicke und Arbeitsfähigkeit der Frau.«

»Dann hättest du für mich bestimmt nur einen Zahn zahlen müssen.«

»Na, ein Dutzend bist du mir schon wert. Da hätte ich allerdings mit deinem Vater ein Abzahlungsgeschäft vereinbaren müssen. Das kennen die primitiven Wilden hier auch, weil die Schweinezähne nicht so schnell und üppig wachsen. Die Buchführung erfolgt mit Hilfe von Knoten und Schnüren, die in den Hütten angebracht sind. Ein Knoten für jedes bezahlte Schwein.«

»Schau, die Zähne kann ich als Armband tragen«, sagte Astrid stolz, lächelte und gab mir einen Kuß.

Während ich Astrid zu neuer Gemeinsamkeit auf unsere schwimmende Heimat zuruderte, erzählte sie mir, daß sie sich inzwischen im Dorf zur Expertin in der Beche-la-mar-Sprache entwickelt habe, die eine Art von sogenanntem Pidgin-Englisch ist.

»Weißt du, wie eine Säge benannt wird?«

»Nein.«

»Push him he go, pull him he come.* Und Hubschrauber nennt man mixmaster belong Jesus Christ.** Ist das nicht zum Lachen?«

Unter dem starken Eindruck unserer Erfahrungen hievten wir den Anker und steuerten auf Vanikoro zu, eine Insel der Salomonengruppe. Sie wird im Seehandbuch mit 5000 melanesischen Eingeborenen und einigen Australiern angegeben.

»Hm, da gibt es sicher Brot und frisches Fleisch«, meinte Astrid, als ich ihr das vorlas.

Doch Astrid wurde arg enttäuscht, als wir am 3. Juni vor der Insel am Kopf eines zerfallenen Landungssteges ankerten. Hier sollte der Hauptort sein. Aber da war weder ein Mensch noch ein Kanu zu sehen. Erst als wir unser Schlauchboot hoch auf den Strand zogen, sahen wir hinter Büschen und Bäumen einige verfallene Holzhäuser. Dazwischen Hibiskus, Jasmin, Orchideen und Frangipani. Die Blumensträucher ließen darauf schließen, daß vor nicht allzu langer Zeit hier noch Menschen gehaust hatten.

* Etwa: »Stoß ihn, dann geht er; zieh ihn, dann kommt er.«

** Etwa: »Der Quirl gehört Jesus Christus.«

Unter der Veranda eines dieser unbewohnten Häuser ohne Fenster und Türen fanden wir einen großen gußeisernen Topf. Er sah genauso aus wie ein Kannibalenkessel auf Witzzeichnungen. Ich wußte, wozu er den Eingeborenen einst gedient haben mußte: Sie kochten darin Öl aus Walspeck. Wir aber vollzogen jetzt den alten Menschenfresserwitz, zwängten uns beide zusammen hinein und schossen per Selbstauslöser ein Jux-Foto für unser Hochzeitsalbum.

»Machen wir noch eins in Farbe«, sagte Astrid und war bereit, sich noch mal mit mir hineinzuquetschen. Ich winkte ab. Die Szene wirkte mir zu makaber. Ich entsann mich der Geschichte des Entdeckers dieser Insel, die auf der Weltkarte nicht mehr als ein Pünktchen Fliegendreck herzeigt.

In einem Buch über die Entdeckungsgeschichte der Welt war ich einmal auf Vanikoro gestoßen. Hier war der französische Entdeckungsreisende La Perouse im Februar 1789 mit seinen beiden Schiffen in der engen Riffeinfahrt gescheitert. Der Engländer Dillon suchte 25 Jahre später mit dem Schiff *Research* nach den Schiffbrüchigen. Er stellte fest, daß das eine Schiff auf der Außenseite des Riffs aufgelaufen war und die ganze Mannschaft bei dem Versuch, das Land zu erreichen, von den Haien gefressen worden sein mußte. Das andere Schiff war durch die Passage gelangt, dann aber an der Stelle, wo wir jetzt ankerten, auf Grund festgekommen. Jene Besatzungsmitglieder, die sich an Land retten konnten, wurden von den ansässigen Kannibalen gejagt und nach und nach von ihnen verspeist.

Diese Geschichte war für mich der Reiz, Vanikoro anzulaufen. Wir ankerten vor dem einzigen Stück Sandstrand der Küste. Es sah alles trostlos aus, dichter Dschungel bis fast an den Strand. Wir konnten uns deshalb kaum die Beine vertreten und waren bald an Bord zurück.

Der Ankerplatz war auch nicht schön. Das Boot rollte so stark, daß Astrid auf Abfahrt drängte. Und als sogar die frisch gepflückten Blumen mitsamt der Teekanne, in der sie mangels Vasen steckten, bei der elenden Rollerei umfielen, stimmte ich einer Abfahrt für den nächsten Morgen zu.

Es kam mal wieder anders. Plötzlich bewegte sich ein Auslegerkanu mit zwei Männern auf die *Kathena* zu, und seine Insassen gaben uns durch Zeichen zu verstehen, daß ein paar Meilen weiter westwärts ein Dorf sei.

Die beiden waren nackt bis auf die Hüfte, wo sie einen Fetzen Stoff trugen, klein, stämmig, braunhäutig und hatten grobgeschnittene Gesichter. Sie machten eine wilde Miene. An Bord der *Kathena* gab es erst mal eine halbstündige Diskussion, bis ich Astrid davon überzeugt hatte, daß wir nicht um die Welt segelten, um Menschen kennenzulernen, bei denen man eisgekühltes Bier in Räumen mit Klimaanlagen trinkt.

Ich hatte gehofft, die beiden Kanuten würden uns zu einem passablen Ankerplatz lotsen. Aber da hatten wir uns getäuscht. Unser Boot rollte an dem angegebenen Platz genauso. Astrid wurde nervös und war ganz und gar nicht bereit, mit den »Wilden« zum Dorf überzusetzen, zumal sicher auf der Insel kein Weißer sein würde.

Es dauerte, aber schließlich bekam ich sie doch mit. Wir landeten. Im Dorf betrachteten uns die Bewohner scheu; gesprochen wurde wenig. Wir konnten nicht viel von dem Kauderwelsch verstehen. Der einzige, der ein bißchen Pidgin oder Beche-la-mar sprach, war der Chef des Dorfes.

Unter den Kokospalmen waren ein paar Frauen mit Mattenweben beschäftigt. Mit den Männern hockten wir uns hin und aßen Bananen und Tarowurzeln. Mit unserem Appetit war es nicht weit her; daran waren sicherlich die finsteren Gestalten schuld, die uns so seltsam musterten. Der Trost war für uns die Schönheit dieses Fleckens – Blumen, Farben, Sonne und wunderschöne, ganz aus Palmenblättern geflochtene Hütten.

Früher lebten hier 5000 Menschen. Heute gibt es auf der ganzen Insel nur noch dies hinsiechende Dorf mit 56 Eingeborenen. Alle haben sie in kurzen Abständen Malaria, diese fürchterliche, von den Weißen eingeschleppte Tropenkrankheit.

Als uns der »Chief« – ein Mann mit ausgeweiteten Ohrläppchen, die dazu noch mit Hundezähnen geschmückt waren – eindringlich versicherte: »No kai-kai white man belong this time«*, da entschieden wir uns spontan zur Abfahrt. Wir konnten die Vorstellung nicht loswerden, daß es vor nicht allzu langer Zeit der Besatzung einer Yacht hätte schlecht ergehen können.

Drei Stunden nach der Riffpassage war Vanikoro nur noch ein verschwommener Fleck am Horizont.

* Heute werden keine Weißen mehr verspeist.

Ein Weg voller Inseln

> *»Glaube und Vertrauen besiegen nicht alleine Ozeane, sondern auch Krankheiten und – Menschen.«*
>
> *Hannes Lindemann, der deutsche Arzt und Bezwinger des Atlantiks im Faltboot.*

Kathena schlingerte so heftig, daß ich mich selbst hundeelend fühlte. Astrid hatte von mir auf ihr lakonisches »Die See gefällt mir nicht« keine tröstenden Worte zu erwarten. Wir befanden uns im Golf von Papua, einem scheußlichen Seegebiet, in dem die See immer hochgeht. Es war der 13. Juli (ein Dienstag) und unsere zweite Nacht auf See, seit wir den ereignislosen Hafen von Port Moresby auf Neuguinea verlassen hatten. In dieser Nacht erwarteten wir das Leuchtfeuer von Bramble Cay. Das ist der Ansteuerungspunkt für die Torres-Strait, ein besonders schwieriges Gewässer. Harte Tidenströme laufen in dieser Meeresenge, die in ihrer ganzen Ausdehnung von 130 Seemeilen Länge ein Labyrinth von Korallenriffen und kleinen Inseln darstellt.

Um durch die vielen Riffe unseren sicheren Weg zu finden, durften wir Bramble Cay nicht verfehlen.

Wir gingen beide verschärft Wache. Der Himmel war regenverhangen. Stunde um Stunde ging dahin, ohne daß sich ein Lichtschein am Horizont bemerkbar machte. Es wurde 22 Uhr, und das Feuer hätte längst in Sicht sein müssen. Waren wir noch nicht weit genug nach Westen gekommen? Hatte uns ein unberechenbarer Strom versetzt?

Die mit Salzwasser überschwemmten Augen schmerzten, so angestrengt stierten wir in die Finsternis. Die Angst vor unsichtbaren Riffen bedrückte uns. Dabei schwirrten mir Zahlen durch den Kopf, meine Kursberechnungen, die unmöglich falsch sein konnten.

Aber das Licht, zum Teufel! So ein Licht ist doch zu sehen, wenn es existiert. Und es existiert wirklich; der rote Punkt auf der Seekarte konnte kein Druckfehler sein. Wenn die *Kathena* auf einem der umliegenden Riffe zerbersten würde – würden wir uns retten können?

Immer wieder dachte ich an *Renegaat, Lagune* und *Finnisland,* drei uns bekannte Yachten, die auf den Riffen blieben, wenn auch ihre Mannschaften ihr Leben retten konnten. Oder an die Radiomeldung einen Tag vor unserer Abfahrt in Port Moresby: »Ein Küstenboot schleppte die amerikanische Yacht *Seawitch* etwas nördlich von Bramble Cay von einem Riff herunter.« Das machte uns nervös.

Plötzlich behauptete Astrid, ein Licht gesehen zu haben. Aber es war nicht das erstemal, daß wir Lichter sahen, wo keine waren. Ein gründlicher Blick nach vorn überzeugte mich, daß sie sich getäuscht haben mußte. Es geht vielen Seeleuten so, daß sie die Leuchtfeuer, die sie gern gehabt hätten, dann wirklich zu sehen glaubten.

Natürlich, wenn so ein Feuer auftaucht, steht es nicht gleich da, wie wenn man zu Hause das Licht anknipst. Es irrlichtert fast unsichtbar eine ganze Weile über die Wellen, kommt, geht, kommt wieder, kein Mensch kann darauf schwören. Und doch ist es dann plötzlich wirklich und wahrhaftig da.

Der Himmel war schwarz, und die Regenschauer fielen dichter. Es galt, einen klaren Kopf zu behalten. In einer trockenen Sekunde zog ich das Luk auf, ging hinunter in die Kajüte und nahm Seekarte, Kursdreieck und Bleistift abermals zur Hand. Gewissenhaft errechnete ich meinen Kurs mit Abdrift, Mißweisung und Strom. Das Rechnen wirkte beruhigend auf mich. Wenn der Strom nicht zu stark nach West setzte, würden wir das verdammte Feuer schon noch kriegen.

Schleierhaft blieb mir allerdings nach wie vor, warum das Leuchtfeuer, für das immerhin eine Sichtweite von 15

Seemeilen angegeben ist, nicht in Sicht kam. Entweder war diese Funzel viel schwächer, oder es lag viel Regen davor.

Meine Rechenarbeit übte auch auf Astrid eine beruhigende Wirkung aus. Ich gab mir eine Frist: würde das Feuer innerhalb der nächsten halben Stunde nicht erscheinen, müßten wir bis Tagesanbruch warten, das hieße beizudrehen in dieser schweren See. Das wäre in diesem Falle eine Lage breitseits zu den Wellen, um nicht zu viel Abdrift zu haben. Das wäre mehr als furchtbar ungemütlich für Astrid; das hieße auch, daß einer von uns beiden Ausguck nach gefährlich weißen Brechern halten müßte.

Fünf Minuten vor Ablauf meiner Frist sah ich endlich im Norden schemenhaft ein Pünktchen über die Wellen hüpfen. Die Erscheinung blieb mir treu. Schon bald war das Leuchtzeichen deutlich, keine fünf Seemeilen entfernt, zwei kurze Blitze, fünfzehn Sekunden Pause. Das war Bramble Cay, sicher nicht mehr als 3000 Kerzen stark.

Ich holte die Schoten dichter und setzte gleichzeitig einen neuen Kurs ab. Südwest steuerten wir jetzt, und die Bewegungen des Bootes waren gleich angenehmer. Kurze Zeit später stand das Feuer achteraus. Herrlich und groß. Es wärmte uns von innen und außen. Wir fühlten uns plötzlich geborgen wie ein Bauer in seinem Bett.

Nur ins Bett kam ich in dieser Nacht nicht. Die Logbuchaufzeichnung von meiner »Hundewache«: »Um nicht vor dem Hellwerden auf die nächste Insel zu stoßen, vermindere ich die Fahrt, indem ich nur noch einen kleinen Fetzen Großsegel stehenlasse. Und richtig, mit dem ersten Tagesschimmer erblickte ich Stephen Island etwa 6 Seemeilen voraus. Halb aufgeweicht von den heftigen Regenschauern und müde von der Nacht, suchen wir einen geschützten Ankerplatz bei der Insel. Doch der Wind hat zuviel Ostkomponente, und so verholen wir zur nächstliegenden Insel Dalrymple (›Dat Jerümpel‹, wie Astrid sie nennt). Aber auch dort gibt es zuviel Seegang und Wind auf dem Ankerplatz, auch dort keine Ruhe. Bei der Rennel-

Insel ergeht es uns nicht besser. Und Hunger haben wir! Gestern gab's nur Kartoffelsalat aus der Dose, vorgestern Bohnensuppe aus der Dose – und heute noch gar nichts. Astrid hat uns für einen ruhigen Ankerplatz Gulasch und Reis versprochen. Unter diesen Umständen nehme ich Kurs auf Coconut Island, das ich schon von meiner ersten Reise her kenne, und von dem ich weiß, daß der Ankerplatz geschützt ist.«

Um drei Uhr nachmittags ankerten wir endlich in Lee, der schönen Insel. Die Insel ist von 50 bis 60 Torres-Strait-Insulanern bewohnt. Sie sehen ähnlich wie die Papuas aus. »Komm, Astrid, schauen wir nach, ob Jacob, mein Freund vom letzten Besuch, noch zu finden ist.«

Aber wie wir auf der Insel erfuhren, lebte Jacob nicht mehr ... armer Alter. Gott habe ihn selig. Hatte er mich doch letztens noch mit Nüssen und Früchten für meinen langen Weg nach Kapstadt versorgt.

Wir spazierten den Strand entlang, fanden auf Anhieb schöne Muscheln für Astrids Sammlung und waren bald in einer ziemlich ausgelassenen Stimmung. Lag es daran, daß wir den größten Ozean der Erde, den Pazifik, geschafft hatten? Oder daran, daß wir das Nadelöhr zum Indischen Ozean, die Torresstraße, gefunden hatten? Das lag erst eine Nacht zurück, aber schon jetzt drängte es mich, die neuen Pläne, die mir schon länger durch den Kopf schwirrten, bei Astrid loszuwerden.

Ich kannte Astrid allmählich ganz gut und wußte, daß ich bei allem Schwierigen sehr feinfühlig vorgehen mußte. Aber dieser Tag schien mir günstig, und während wir uns im weißen Sand aalten, meinte ich wie nebenbei: »Astrid ... eh, wir werden jetzt überall im Indischen Ozean länger bleiben können ... eh, ist das nicht schön? Dafür werden wir hinterher einen langen Törn machen ... einen ganz langen. Was meinst du ... eh, so von Südafrika nach Hause, von Durban aus vielleicht.«

Hellwach und mit großen Augen schaute sie mich an: »In einem Stück?«

»Ja, meinst du nicht? Ich möchte doch so gern, daß wir auch mal einen so langen Trip machen, wie ich ihn mehrmals alleine unternommen habe.« Da ich Astrids Art kannte, unangenehme Themen auf später zu verschieben, hakte ich sofort nach: »Dann brauchten wir hier unten nicht zu hetzen. Wir hätten Zeit für Inseln wie Timor, Indonesien, Chagos oder Madagaskar, die wir sonst nicht ansteuern könnten. Gerade diese Inseln werden selten besucht und stecken deshalb voller Reize und Erlebnisse. Wir könnten dann zum Beispiel . . .«

»Wilfried, ist das alles dein Ernst?«

»Natürlich.«

»Und *Kathena* ist nicht zu klein, um all die notwendige Ausrüstung mitzunehmen? Warte mal . . . das, das werden ja über hundert Tage sein! Nein, das geht doch nicht!« kam es ziemlich erschüttert über ihre Lippen.

»Gehen tut das sicher, nur darf man keinen Unsinn mitschleppen, damit die *Kathena* das schafft. Selbstverständlich müssen wir alles gründlich überlegen und genaueste Listen für Material und Proviant aufstellen. Aber gerade diese Vorbereitungszeit wird reizvoll sein. Ich weiß, wie das ist und überhaupt nachher auf See nach einigen Monaten . . . wie verhält man sich da bei der eintönigen Kost? Führt sie zu Reibereien? Und wie sieht es bei Flaute oder gar bei Sturm aus? Das alles zu beobachten, müßte auch für dich interessant sein.«

»Ach, Wilfried, warum muß ich alles das erleben, was du bereits hinter dir hast? Warum eigentlich? Und hundert Tage . . . nein, das halte ich sicher nicht aus. Kein Wasser, um meine Haare zu waschen, keine anderen Menschen und fast immer seekrank – wie soll ich danach aussehen? Immer liegen, liegen, weil ich mich so elend fühle, das reicht mir jetzt schon bei den Wochentörns.«

Das klang nicht sehr ermutigend für mich, aber eine andere Reaktion hatte ich kaum erwartet. Ich wußte: Astrid brauchte längere Zeit, um mit unangenehmen Erwartungen fertig zu werden. Deshalb versuchte ich jetzt schon, sie mit meinem letzten großen Plan vertraut zu machen. Doch für heute beendete ich die Diskussion. Mochte die Idee still in ihr weiterwirken ...

Mit frischem Südost und prall stehenden Segeln machten wir uns einige Tage später an den Indischen Ozean. Vorbei an Bet, Sue und Poll, alles Koralleninseln wie aus dem Bilderbuch mit schimmernden Sandstränden und sich neigenden Palmen. Die See zeigte eine makellose Färbung in Türkis, so wie eine Lagune mit flachem stillem Wasser. *Kathena* warf mit ihrem schnittigen Rumpf Wände von Gischt in ihre Segel.

Die nächsten Inseln waren Twin, Tuesday und Wednesday. Gegen Abend des 19. Juli gingen wir an der halbverfallenen Landungsbrücke von Thursday Island vor Anker. Für die 68 Seemeilen hatten wir nur elf Stunden gebraucht. Astrid allerdings notierte in ihrem Tagebuch nach der für mich so herrlichen Bilderbuchsegelei: »Das ist mal wieder so eine Fahrt, wie ich sie hasse. Ich war seekrank, sehr schlimm sogar, und dann dort, wo man erwartet, wegen der vorgelagerten Riffe wenig Seegang vorzufinden.«

Stürmisch begrüßt werden wir von »alten Bekannten«: Julio, Graham sowie Yves und Babette. Julio Vilar ist ein spanischer Einhandsegler, der mit seiner kleinen *Mistral* bereits vier Jahre unterwegs ist. Graham, ein Australier, ist ebenfalls allein mit seiner *Malola* auf großer Fahrt. Na, und Yves und Babette mit ihrer *Ophélie* kennen wir bestens. Wir hatten uns alle schon mehrmals im letzten Jahr im Pazifik getroffen. Dies jedoch konnte für uns das letzte Zusammentreffen sein, denn ich plante eine andere Route durch den Indischen Ozean als sie.

So feierten wir gemeinsam unseren Abschied auf Thursday Island in einer üblen Kneipe namens »The Stranger«.

Wirklich eine Kneipe im übelsten Sinne! Sie war brechend voll mit Männern aller Hautfarben, die auf wackligen Stühlen an rohen Holztischen saßen und in den verschiedensten Sprachen durcheinanderredeten. Schwitzend tranken sie das dünne Bier und sangen zu den Klängen, die pausenlos aus der Musikbox kamen. Chinesen, Malaien, die schwarzen Torres-Strait-Insulaner und die weißen Abenteurer aus allen Winkeln der Welt hockten durcheinander. Ihr Geld verdienten die meisten von ihnen hauptsächlich in der Krabbenfischerei, die hier in großem Ausmaß betrieben wird. In der Saison bekommt so eine »Deckhand« (Arbeiter auf einem Krabbenkutter) im Durchschnitt fast 2000 Australische Dollar im Monat (etwa 8000 Mark). Auf die Frage, was er mit so einem enormen Verdienst anstelle, antwortete mir ein Österreicher, der schon mehrere Jahre hier lebte: »Was meinst, warum es hier so viele Kneipen und Mädchen gibt?« Prompt schnappte er sich ein farbiges Mädchen und verschwand mit ihr auf der engen Tanzfläche.

Auch wir, das heißt eigentlich nur Astrid und Yves, nutzten die Chance. Die beiden rockten so viel und so wild, daß sie die Hitze nur mit einigen Runden Bier für sich allein bekämpfen konnten. Diesen »tollen Abend« schloß ein Mädchen am Nebentisch ab, indem es eine Bierflasche auf dem Kopf ihres Freundes zertrümmerte.

Thursday Island blieb in unserer Erinnerung das schmutzigste und verkommenste Nest, das wir auf der ganzen Reise um die Welt angesteuert haben. Wir glaubten uns in eine Stadt des wilden Westens versetzt – nur daß statt Cowboys auf der Hauptstraße angetrunkene Kanaken herumpromenierten. Die Sonne brannte heiß auf diese staubige, windige Straße ohne Bäume. Viele verfallene Hütten links und rechts. Dazu lagen an jeder Ecke haufenweise leere Bierflaschen. Sogar der Strand war knüppeldicke voll davon.

In Thursday Island konnten wir die *Kathena* nicht aufslippen, um ihr Unterwasserschiff neu anzustreichen. Das war unbedingt nötig. Deshalb entschieden wir uns, nach Weipa im Golf von Carpenteria zu fahren. Dort sollte es eine entsprechende Anlage geben.

Über diesen Golf sagte der holländische Seefahrer Jan Carstensz 1623: »Dies ist die trockenste und ödeste Gegend, die auf der ganzen Erde nicht ihresgleichen hat. Die Eingeborenen sind genauso – die häßlichsten und ärmsten Kreaturen, die ich je gesehen habe.« Wenn Carstensz noch leben würde, dann könnte er sich heute wundern, wie attraktiv die »öde Gegend« geworden ist. Denn in diesem Golf gibt es inzwischen den größten Bauxitabbau der Geschichte. Für die Anlage Weipa, wo die Aluminiumfirma COMALCO seit acht Jahren abbaut, waren wir die erste ausländische Yacht.

Für die 1200 Bewohner von Weipa, die alle bei COMALCO beschäftigt sind, gab es an diesem trostlosen Ort nur Arbeit, Bier und den roten Bauxitstaub. Für uns gab es darüber hinaus den Slipwagen, um *Kathena* endlich wieder mal an Land zu ziehen. Aber wegen unseres großen Tiefganges ging das nur bei extremem Hochwasser. Und das war erst in einer Woche.

Um die Zeit in diesem ebenso trostlosen wie faszinierenden Hafen nicht zu verbummeln, holte ich Säge und Hammer aus der Backskiste und meldete mich bei der COMALCO als Zimmermann zur Arbeit. Es war für mich ebenso lukrativ wie bedrückend. Einer der harmlosesten Kernsätze meiner Kollegen lautete: »Jeden Tag besoffen ist auch regelmäßig gelebt.«

Nach 14 Tagen konnten wir wieder Segel setzen. Ich hatte Geld verdient, wir beide zusammen hatten unsere *Kathena* schmuck neu gestrichen. Als der Anker hochging, tat Astrid wie die glücklichste Frau der Welt. In der Tat: Weipa ist nichts für den Besuch einer Yacht, schon gar nicht mit weiblicher Besatzung. Da es dort fast ausschließlich Männer gab, blieb Astrid fast immer an Bord, und das war recht langweilig für sie. Vorsichtshalber ging sie nicht einmal einkaufen. Allein Alois Jansen verschönte ihr das Leben. Alois war hier zuständig für die Montage der größten Schiffsbeladungsanlage der Welt. Wenn das Monstrum fertig ist, soll ein 60 000-Tonnen-Schiff in zehn Stunden beladen werden können. Da Alois mehr Freizeit hatte als ich, brachte er Astrid des öfteren fertiges Essen aus der Kantine – wo sie als Frau keinen Zutritt hatte. Und er schleppte an Bord, was sie nur wünschte.

»Feines Wetter, um in See zu gehen. Blauer Himmel – leichte achterliche Brise –, kein Seegang. Einfach ideales Segeln!« So beginnt mein Logbuch für den Törn von Weipa zur Insel Timor. Es blieb auch so während der gesamten 1022 Seemeilen, für die wir neun Tage brauchten.

Am 18. August mittags um eins ankerten wir dicht vor der Stadt Dili, dem Hauptort des portugiesischen Teils von Timor. Im Hafen lag nur ein Küstenschiff am Kai. Wir nahmen also an, der Zoll würde uns gleich »rannehmen«. Aber trotz der gelben Flagge, die wir gesetzt hatten – sie bedeutet, daß man um Landeerlaubnis bittet –, kam niemand zur *Kathena* heraus.

Zwei Stunden nach unserer Ankunft sah ich zufällig, wie vom Zollgebäude gewunken wurde. Wir paddelten mit unserem Schlauchboot hinüber.

An Land bedeutete man uns, daß wir noch an Bord warten sollten. Bald kam auch ein Zollgehilfe zur *Kathena* gerudert und wollte uns dazu bewegen, am Kai längsseits zu gehen. Mühsam versuchten wir ihm in Englisch und Französisch zu erklären – denn Portugiesisch konnte keiner von uns –, daß wir bei dem hohen Seegang nicht dort anlegen konnten, ohne unser Boot zu gefährden. Er trollte sich wieder, und wir warteten weiter.

Endlich, mehr als vier Stunden nach unserem Ankerfall, kam die Hafenbarkasse zur *Kathena*, um uns einzuklarieren. Die »Offiziellen« kassierten erst einmal 200 Escudos (etwa 24 Mark) für unsere Visa und 50 Escudos extra für

Überstunden – es war ja schon nach 17 Uhr. Ein schöner Batzen Geld. Außerdem sollten wir *Kathena* sofort verlegen. Wir waren so müde und abgespannt, daß wir jetzt zornig wurden. Ich weigerte mich energisch, die 30 Meter lange Kette mit Anker einzuholen, nur um ihn gut hundert Meter weiter im Quarantänesektor des Hafens wieder fallen zu lassen. Entschieden sagte ich: »Motor kaputt, Motor kaputt, es geht heute nicht.« Das konnte ich flunkern, da wir mittags bis zu unserem Ankerplatz gesegelt waren.

Doch alles Weigern half nichts. Die Beamten blieben stur: entweder verholen oder den Hafen verlassen (nachdem wir bereits die Visa bezahlt hatten). Schließlich schleppte uns die Barkasse zu dem angewiesenen Ort. Der Hafenmeister betonte mehrfach, es sei eine außerordentliche Freundlichkeit, daß er uns kostenlos schleppte. »O Gott, reise niemals in einen diktatorischen Staat«, bemerkte Astrid, als wir endlich unsere ersten Schritte an Land taten.

Auf einem meiner Streifzüge durchs Hafenviertel, die ich in jedem mir neuen Hafen gewöhnlich allein unternahm, stieß ich auf das »Beachhouse«. Das ist eine Art Asyl oder Herberge, die der Staat zur besseren Kontrolle für die minderbemittelte Pilger der Landstraße eingerichtet hat. Das Haus besteht nur aus einem einzigen Raum, und seine Insassen müssen sich das Nachtlager schon auf dem Zementboden herrichten, denn irgendein Inventar gibt es nicht. Dafür kostet der Aufenthalt für eine beliebig lange Zeit auch nur 25 Escudos.

Die Bewohner waren deutlich zu unterscheiden: Die Neulinge aus dem nahen Australien waren alle noch gut gekleidet und hatten Gepäck, die weitgereisten Europäer dagegen besaßen meist nicht mehr als das, was sie am Leibe trugen – weite indische Hosen und indonesische Blusen.

Mit so einem Typ kam ich vor dem »Beachhouse« ins Gespräch, ein Schweizer, der per Anhalter die gleiche Tour gemacht hatte, wie ich sie 1958 als Achtzehnjähriger allein mit dem Fahrrad abstrampelte: von Mitteleuropa über

Nordafrika und den Orient nach Indien und Indonesien. Nur einmal benutzte ich die Eisenbahn, zwischen dem Iran und Pakistan, da es auf diesem Stück weder Weg noch Steg gab.

»Fährt die Bahn eigentlich immer noch nur einmal die Woche?« fragte ich meinen neuen Bekannten. »Und kann man immer noch kostenlos in den indischen Sikhtempeln übernachten?«

So tauschten wir in Erinnerung an meine einjährige Tour Erfahrungen aus. Und dann beklagte ich mich bei ihm, daß es hier auf Timor nichts Besonderes zu sehen gäbe. »Deshalb stechen wir auch gleich in den nächsten Tagen wieder in See.«

»Mensch, das kannst du doch nicht machen, ohne das große Fischerfestival von Be-malai erlebt zu haben! Was meinst du, warum ich hier schon so lange rumgammle? Nur deswegen!«

»Fischerfestival? Be-malai?« Mir war das alles unbekannt.

»Na, das ist doch diese seltene Superschau! Be-malai liegt ein paar -zig Kilometer von hier entfernt. Das ist nichts weiter als eine unbewohnte Bucht, ein ausgetrocknetes Flußbett. Nur alle drei Jahre in einer bestimmten Mondphase strömt das Wasser von See her über die vorgelagerte Barriere und reißt die Meeresfische mit sich. Dann kommen dort die Eingeborenen von weither zusammen, um die Fische in der Bucht zu greifen wie in einer großen Badewanne. Das müßt ihr einfach sehen!«

»Ihr« war gut gemeint. Der Abstecher nach Be-malai bedeutete mehrere Tage Abwesenheit von der *Kathena*, unserem einzigen Schatz. Doch wir konnten das Boot nicht länger als einige Stunden allein lassen. So entspann sich an Bord eine Diskussion zwischen Astrid und mir, wer von uns beiden mit der Küstenfähre zum Fischerfestival fahren würde, während der andere auf die *Kathena* aufpaßte.

Ich gebe zu, daß mich das bevorstehende Schauspiel reizte. Und so ließ ich mich von Astrid leicht überreden, daß sie als Bordwache zurückblieb und ich mich aufmachte.

Zwei Tage später stand ich an der Bucht von Be-malai. Unter einem Baum richteten der Schweizer und ich unser Lager für zwei Tage ein, so gut wir konnten.

Es begann ein großes Volksfest, ähnlich wie bei uns auf dem Lande das Erntedankfest. Aus den fernsten Dörfern zogen die Bewohner zu Hunderten und mit Kind und Kegel an die Ufer dieser wilden Bucht. Sie bauten sich Hütten aus Palmenblättern, legten Feuerstellen an und umgaben ihr Areal mit einem geflochtenen Zaun aus Pandanusblättern. Alle kauten immer Betelnüsse; wenn sie lachten – und das taten sie sehr oft – erschienen ihre Münder als blutrote Löcher.

Wild ging es beim Fischfang zu. Die Menschen standen bis zur Brust im Wasser und wühlten den morastigen Grund mit Stöcken auf. Die Fische, hauptsächlich eine Art Bonitos, flohen davor an die Oberfläche, und das Fangen machte dann keine Schwierigkeiten mehr. Mit einem zielsicheren Stockhieb wurden sie betäubt, um eingesammelt zu werden. An Land wurden sie ausgenommen, entgrätet, auf eine Bastschnur gezogen und zum Trocknen in die Sonne gehängt. Bei einigen Familien schätzte ich bis zu 1500 Stück, die da als Trockenvorrat in der Sonne »brutzelten«.

Der Schweizer, ein Australier und ich waren die einzigen Weißen bei diesem Schauspiel, und ich von uns dreien der einzige, der fotografierte. Da die Eingeborenen richtig wild darauf waren, vor der Kamera zu posieren, bekam ich von vielen einen getrockneten Fisch als Geschenk fürs Knipsen angeboten. Als ich aber ablehnte und ihnen mit Händen und Füßen zu verstehen gab, daß ich keinen Fisch esse, verstanden sie die Welt nicht mehr. Ein Mensch, der keinen Fisch ißt – gibt es so etwas überhaupt?

Über die letzten Tage in Dili schrieb Astrid in ihr Tagebuch: »Wilfried bleibt für gut drei Tage in Be-malai, während ich wegen der Schaukelei an Bord leider oft in der

Stadt umherirren und mir die plumpen Späße der portugiesischen Soldaten gefallen lassen muß. Ich bin glücklich, als Wilfried zurückkommt und statt der eingepackten Hemden und Stoffe jetzt Trommeln mit umspannten Ziegenfellen und schöne geflochtene Taschen mitbringt. Das hat er natürlich wieder alles eingetauscht, so wie er das immer macht. Toll!

Während der letzten Tage habe ich Ferien vom Kochtopf. Jeden Abend gehen wir in einer gemütlichen Schenke essen und trinken eine Pulle Rotwein dazu. Danach streben wir mehrere Male recht selig an Bord. Das sind unsere schönsten Abende. Angenehm dazu, daß alles wahnsinnig billig ist. Für ein Steak mit Pommes frites, Gemüse und einem vorzüglichen mit Olivenöl angerichteten Tomatensalat bezahlen wir nie mehr als 50 Escudos (etwa 6 Mark), den Wein eingerechnet.

Am letzten Sonntagnachmittag auf Timor gehen wir in die Arena zum Hahnenkampf. Schaurig! Die Messer an den Füßen der extra für diese Art Volksbelustigung gezüchteten Tiere lassen das Blut in Strömen fließen. Dabei wird um große Summen gewettet. Nach dem Schauspiel mit den mordlustigen Hähnen legen wir endlich am 30. August ab, um die berühmten Drachen Südostasiens in freier Wildbahn zu sehen.«

Eigentlich wollte Astrid gar nicht zur Komodo-Insel in der kleinen Sunda-Gruppe von Indonesien, wo es dieses urtümliche Getier gibt. Aber ich blieb stur. Zu reizvoll war für mich die Schilderung des Seehandbuchs: »In den Bergen von Komodo findet man auch ein eigenartiges Tier, das in Erinnerung an die Ungeheuer der Sage manchmal Komodo-Drachen genannt wird ... Die Tiere sind enorm stark und greifen die zahlreichen Ziegen auf der Insel und zuweilen sogar Menschen an.«

Aber auch eine andere Gefahr konnte mich nicht erschrecken: Wir hatten keine Visa für Indonesien. Der indonesische Konsul in Dili wollte uns keine geben, da wir für die *Kathena* keine Einfuhrbewilligung hatten. Und die bekommt man nur, wenn das Land, in dem die Yacht registriert ist, in der indonesischen Hauptstadt Djakarta darum nachsucht. Eine komplizierte, für uns unmögliche Angelegenheit. So verzichteten wir auf alle amtlichen Papiere und Stempel und segelten illegal in ein mißtrauisches und politisch unruhiges Land.

Die Fahrt nach Komodo ging nur langsam voran. Die See war spiegelglatt. Die Tage brütend heiß. Die Nächte feucht und kalt. Die Sicht diesig. Tag um Tag. Laut Segelanweisung gab es hier nur Flauten und leichte umlaufende Winde. Wie recht sie damit hatten!

In diesen geruhsamen Tagen unterhielten wir uns oft und ausgiebig über den »langen Trip« – so nannten wir den von mir beabsichtigten langen Törn am Schluß der Reise inzwischen. »Ich bekomme bei dem Gedanken daran immer einen Kloß im Hals«, vertraute Astrid mir eines Abends an. Inzwischen hatte ich sie überzeugt, daß wir den »langen Trip« nicht von Durban aus machen würden sondern von Diego Suarez aus, das an der Nordwestküste Madagaskars liegt. Den Vorzug schilderte ich ihr in den rosigsten Farben: »Dann haben wir die Tropen immer in guter Erinnerung, wenn das unser letzter Abfahrtshafen ist.«

Ich konnte ihr nicht verheimlichen, daß es von Diego Suarez 10 500 Seemeilen nach Helgoland sind. Aber ich redete nicht davon, daß dazwischen der Mocambique-Kanal mit seinen Zyklonen lag, das Kap der Guten Hoffnung mit seinen Stürmen und die kalte europäische Küste. Ich versuchte, jeden Gedanken an Astrids Seekrankheit zu vermeiden. Und ich verschwieg ihr zunächst, daß ich noch vor Weihnachten starten wollte.

Manchmal hatte ich das Gefühl, Astrid stimmte meinem Plan nur zu, damit ich sie mit meinen Träumereien über Vorbereitung und Abwicklung in Ruhe ließ.

»Wir nehmen für jede 1000 Seemeilen eine Flasche Wein

mit«, versuchte ich sie von der heiteren Seite des Unternehmens zu überzeugen. Aber auch mit der Zusicherung, für Geburtstag und Hochzeitstag – diese Tage bedeuten ihr viel – je eine Flasche extra mitzunehmen, entlockte ich bei ihr keine Stimmung.

Plötzlich saß ich dicht neben ihr und streichelte ihr langes, vom Salz und von der Sonne ausgeblichenes Haar.

»Ob wir uns danach noch so liebevoll benehmen?« fragte sie verträumt.

»Bestimmt Astrid. Du kommst doch mit?«

»Ich bin doch bis hier mitgekommen, und ich bleibe weiter bei dir.«

»Also einverstanden mit dem langen Trip!«

Astrid schwieg, lehnte sich an mich und blickte wie suchend in die Ferne.

Die Einfahrt in die Bucht von Komodo wird von vielen schroffen, felsigen Berggipfeln gesäumt. Wir ankerten vor dem Dorf, und noch ehe wir an Bord aufgeklart hatten, kam ein Sampan mit sechs Leutchen längsseits. Sie stürmten *Kathenas* Cockpit und ließen sich bequem nieder. Allen voran der Chef des Dorfes, der hier Kepala genannt wurde. Er hatte einen Zwanzig-Liter-Kanister mitgebracht. Die nächste Stunde verging damit, daß er uns mit Fragen überschüttet wie: »Do you have gasoline?« – »Do you have medicine?« – »Do you have, do you have ...?« Nur mit einer Frage behelligte er uns nicht: »Do you have a Visa?« Unglaublich – unsere Angst wegen des fehlenden Visums war tausendmal unbegründet!

Gierig rissen uns die ungebetenen Gäste die herumgereichten Kekse und Limonadenflaschen aus den Händen. Dann kamen die Herrschaften zum eigentlichen Anlaß ihres Besuchs: Sie wollten uns eine Ziege als Köder für die Drachen verkaufen. Nun, wegen dieses seltenen Tieres waren wir eigentlich nur gekommen – wir ließen es uns aber nicht anmerken. Jedenfalls taten wir so, als ob wir nie von dem Tier gehört hätten. Fast überall auf der Welt fährt man mit dieser Taktik gut: Sie drückt den Preis, in diesem Fall den Preis der Ziege.

Die Verhandlungen gestalteten sich doppelt schwierig, da wir keine indonesischen Rupien besaßen. Am Ende bezahlte ich für eine Ziege fünf US-Dollar (damals etwa 15 Mark) und ein weißes Hemd. Wie viele Fremde mochten auf Komodo wohl schon ihr Hemd gelassen haben? Wenigstens trugen alle unsere Besucher Hemden modernsten Schnitts.

Mit der Ziege, dem Kepala und einem weiteren Begleiter verholten wir zu einer rauhen Küste, wo die Drachen sich oft aufhalten sollten. Es war neun Uhr morgens, als der Bock ohne Seele im Baum hing und wir alle im gelben Gras lagen, auf das Untier wartend. Es war 16 Uhr, als wir die Warterei ergebnislos aufgaben und uns entschlossen, es am nächsten Morgen noch einmal zu versuchen. Für die Nacht zogen wir den Bock in den Baum hoch. Der Kepala meinte: »Der Wind treibt den Blutgeruch in die Berge. Dann kommen die Drachen mit Sicherheit herunter.«

Tatsächlich. Am anderen Morgen, als wir zum Köderplatz schlichen, waren schon drei große Echsen da, die sich ganze Stücke Fleisch abrissen. Der größte Drache war etwa drei Meter lang. Von Angriffslust war nichts zu spüren. Die Tiere waren eher scheu. Dichter als zehn Meter kam ich an sie nicht heran. Dann wendeten sie zur Flucht ...

Astrid machte auf Komodo eine Entdeckung ganz anderer Art. In ihrem Tagebuch steht darüber: »Durch Zufall entdeckte ich die Möglichkeit, die Plicht mit den Bodengrätings des Schlauchboots nach oben zu schließen. Sofort hole ich unsere zwei Matratzen raus, Bettücher, Kopfkissen und Decken. Schnell ist das phantastische Doppelbett gebaut. Nach zwei Jahren Bordleben in getrennten, gegenüberliegenden Kojen entdecke ich an Bord die tolle Spielwiese unter freiem Himmel. Dazu ist noch Vollmond. Eine unvergeßliche Nacht, auch wenn ich Wilfrieds Schubsen und Herumwälzen in unmittelbarer Nähe nicht mehr gewöhnt bin.«

Drei überaus anstrengende Tage – doch sehr erlebnisreiche, und das alleine zählt – hatten wir hinter uns, als wir Komodo verließen. Unser nächster Landfall sollte auf dem 3000 Seemeilen entfernten Atoll Diego Garcia sein.

Die sterbenden Palmen

»Ähnlich wie jene, die in vergangenen Jahrhunderten ein Stück Land so lange bebauten, bis es nichts mehr hergab und sich dann ein neues suchten, haben wir in unserem Jahrhundert zu unbedenklich und zu lange unsere natürliche Umwelt mißbraucht. Jetzt dürfen wir nicht länger zögern, den bereits angerichteten Schaden wiedergutzumachen und neue Kriterien zu schaffen, an die wir uns in Zukunft halten.«

Botschaft des US-Präsidenten Nixon zur Umwelthygiene vom 10. Februar 1970.

Bis zur Lagune von Diego Garcia, einer Insel der Chagos-Gruppe mitten im Indischen Ozean, benötigten wir von Komodo 34 Tage – harte Tage, denn der Passat wehte oft stürmisch. Dafür machten wir auf diesem Törn auch unser bestes Etmal während der gesamten Weltumseglung: 159 Seemeilen (295 Kilometer in 24 Stunden). Als wir in der Lagune von Diego Garcia vor dem Dorf East Point unseren Anker warfen, waren wir froh, endlich wieder ein paar geruhsame Tage verbringen zu können.

Ein schwerer, prachtvoller Duft von Kopra, die in der Sonne trocknete, lag in der Luft. Über uns fingerten leise die Palmenblätter im Wind. Diese verträumte Insel sollte für uns ein sanfter Abschied von den Tropen werden ...

Die große Enttäuschung kam in Person des britischen Hafenverwalters an Bord. Ebenso nüchtern wie bestimmt teilte er uns mit: »Hier dürfen Sie aber nur einen Tag bleiben!«

Als er unsere fassungslosen Gesichter sah, wurde er etwas verbindlicher und erklärte: »Wissen Sie, die USA haben diese Insel kürzlich von England auf fünfzig Jahre gepachtet, um daraus einen Militärstützpunkt zu machen. Sie verstehen, daß kein Staat der Welt bei so etwas gerne Zuschauer hat ...«

So nahm uns dann auch gleich darauf der amerikanische Chef des Flottenstützpunktes, Commander Urish, höchstpersönlich unter die Lupe und sprach ebenfalls von der 24-Stunden-Frist. »Wenn wir hier fertig sind, wird das bald ganz aufhören mit den Yachten«, sagte er. »Dann darf überhaupt kein privates Schiff hier mehr einlaufen. Höchstens im Notfall und unter militärischer Aufsicht, ohne Erlaubnis zum Landgang.«

Wir waren also praktisch die letzten zivilen Besucher von Diego Garcia.

Nach der dritten Tasse Tee bei uns an Bord taute Commander Urish jedoch auf. War es, daß ihn die Gegenwart einer Frau auf dieser reinen Männerinsel so bestach? War es Astrids spezieller Charme, ihr langes blondes Haar, ihr helles Lachen? Oder war es einfach nur, weil er durch eigenen Augenschein überzeugt wurde, daß wir wirklich ganz harmlose Segler waren? Wenigstens erlaubte er uns, länger als einen Tag zu bleiben, als ich ihm zeigte, was für dringende Überholungsarbeiten ich für eine sichere Weiterfahrt am Boot ausführen mußte, und als ich klagte, daß ich das unmöglich an einem Tag schaffen könne: An der Selbststeueranlage und am Ruderbeschlag war etwas zu schweißen, am Auspuffrohr unseres Hilfsmotors ein Loch zu flikken, und wie immer waren die Rostflecken an Deck zu beseitigen.

»Ich muß Ihnen jedoch einen bestimmten Platz zuweisen«, bedauerte der Commander, »ankern Sie morgen früh direkt vor meiner Base in der Eclipse Bay. Und da gibt es noch eine Schwierigkeit ...«

Er blickte von Astrid zu mir: »Das ist Ihre Frau. Wissen Sie, wo nur Männer auf der Insel sind, neunhundert richtige Männer, die seit Wochen keine europäische Frau gesehen haben, da kann ich für nichts garantieren. Es wäre wohl das beste, wenn Ihre Frau möglichst an Bord bleibt, sofern ich beim Landgang nicht dabeisein kann. Oder Sie müssen sehen, wie Sie das Problem irgendwie lösen ...«

Es war das merkwürdigste Problem auf unserer ganzen Weltumseglung, und für Astrid ein besonders lästiges. Denn der uns zugewiesene Ankerplatz war bei den vorherrschenden Südost-Winden recht ungeschützt. Unsere *Kathena* arbeitete schwer vor Anker. An einigen Tagen waren die Wellen in der Lagune so hoch, daß sie sogar über den Bug an Deck kamen. Also gingen bei den hinderlichen Bewegungen des Bootes nicht nur meine Überholungsarbeiten an Bord sehr langsam voran, sondern Astrid lag auch tagelang seekrank in der Kajüte – das feste Land fast greifbar und doch beinahe unerreichbar vor Augen.

Bis uns der Trick einfiel, der simple Verkleidungstrick. Astrid steckte sich die langen Haare hoch, verbarg sie unter einer Schiffermütze, zog sich lange Hosen und derbe Schuhe an, dazu eine weite Jacke.

In diesem Mummenschanz von Männerkleidung pullte ich sie eines Abends an Land und führte sie ins Freilichtkino. Kino: Das war in der ersten Zeit unseres Kennenlernens der Ort für Händchenhalten, Schmusen, Küssen. Aber das war hier angesichts der besonderen Situation natürlich nicht drin.

Bei aller Heimlichkeit hatte es sich doch unter den Offizieren auf der Insel herumgesprochen, daß eine Frau in der Gegend war. Und so kam schon an unserem ersten Sonntag von Diego Garcia der Arzt der Garnison, Garry, mit zwei Freunden an Bord. Sie brachten einen Kasten Bier mit, Cola und Rum und – für Amerikaner selbstverständlich – auch Eiscreme. Astrid schwelgte, obwohl sie immer noch recht blaß aussah.

Damit unsere Besucher bei dem heftigen Schwojen des Bootes vor Anker nicht auch noch seekrank wurden, unternahm ich mit ihnen eine mehrstündige Segeltour durch die Lagune. Die Herren waren begeistert. Um sich für den schönen Ausflug zu revanchieren, luden sie uns für den Abend zum Steakessen in den Offiziersclub ein.

Astrid vermerkte darüber in ihrem Tagebuch: »Ein wahrhaft unvergeßlicher Sonntag, die Sterne müssen glücklich gestanden haben! Nach dem deftigen Steak (seit Timor gab es das für uns nicht mehr) folgt eine festliche Unterhaltung im Kreise unserer drei Freunde. Commander Urish gesellt sich zu uns. Wir haben ihn seit unserer Ankunft nicht wieder gesehen. Er macht eigentlich nicht den Eindruck, als wären wir ihm als potentielle Spione lästig und er wüßte uns lieber wieder auf See.

Die Bridgespieler vom Nebentisch drängen sich in unsere Runde, und so sind wir alle am lauten Gesang beteiligt. In einer ›Stimmbänderpause‹ trauen wir beinahe unseren Augen nicht. Der Commander überreicht Wilfried ein Feuerzeug mit dem Bataillonsemblem ›Seabee‹ darauf. Und ich bestaune wenige Minuten später eine goldene ›Seebiene‹, 24karätig, als Anhänger für mein Armband. Das hätte ich nach dem mißlichen Empfang nicht erwartet. Die Stimmung erreicht damit einen Höhepunkt, denn so charmant hatten auch die Offiziere ihren Commander noch nicht gesehen.

Aber eine Steigerung ist noch möglich. Überglückliche Gesichter gibt es, als ein Piano hereingetragen wird. Commander Urish ließ es extra aus der Kirche herbeischaffen, und Garry entpuppt sich als phantastischer Könner auf den Tasten. Er spielt auf, im Nu sind alle Tische beiseite geschoben, und es wird getanzt, obwohl es nur eine einzige europäische Frau auf der Insel gibt – mich! Abwechselnd befinde ich mich in den Armen der Offiziere und des Commanders. Die tolle Musik klingt weithin, und plötzlich ist der Raum überfüllt. Klatschend und singend stehen die Männer im Kreis. Der Zufall will es, daß Garry plötzlich einen Charleston spielt, einen meiner Lieblingstänze. Da sticht mich der Hafer (oder das Bier), und ich werfe die Beine in erschreckender Ausgelassenheit. Danach kann ich keinen Tanz mehr auslassen. Rock und Shake, je wilder, desto besser. Wilfried, mein Schatz, wirft ein wachsames Auge auf mich. Er rüstet sich innerlich zum Kampf gegen 900 Soldaten.

›Wau, that 's a party‹, höre ich immer wieder. Außer Atem paddeln wir weit nach Mitternacht an Bord.

Am nächsten Morgen erlebe ich in Gedanken jede Sekunde noch einmal. Dabei stört der schwere Kopf nicht. Ich bin glücklich. Waren wir doch der Anlaß für eine Party, wie sie die Amerikaner bisher in ihren sechs Monaten auf der Insel noch nicht erlebten. Wie weggeblasen sind die tiefen Stirnfalten der Unzufriedenheit, die unsere fünf Tage Aufenthalt seit unserer Ankunft in der Lagune kennzeichneten.«

An dem feuchtfröhlichen Abend hatte der Commander uns zu einer kleinen Inselrundfahrt für den nächsten Morgen in seinem Jeep eingeladen. »Aber bitte ohne Kamera«, bat er nachdrücklich, um seinen Vorschriften wenigstens formell zu genügen. So haben wir also keine Bilder machen können von dem, was auf der Insel wirklich vorging und uns im Innersten erschütterte.

Commander Urish zeigte uns alles – beinahe alles. Und wir hatten sehr schnell den Eindruck, daß die Strategen in den USA ein paradiesisches Fleckchen für ihre zweckentfremdeten Absichten ausgesucht hatten. Vor allem stach uns der Strand ins Auge, der weißeste seit Barbados (hier ist der Werbeslogan wirklich angebracht: »Weißer geht es nicht mehr«). Aber wie lange würde es noch so bleiben? Die Landungsboote der US-Marine hinterließen die ersten Ölspuren auf dem Wasser und die Soldaten die ersten Bierdosen am Strand.

900 Soldaten gehörten zu dem »Construction Bataillon 40«, das hier seit sechs Monaten Kasernen, Asphaltstraßen

und natürlich einen Flugplatz baute, groß genug auch für Düsenmaschinen der amerikanischen Atombomberflotte.

Auch diese beiden Landebahnen durften wir besichtigen. Es waren zwei breite Schneisen, hineingefräst in die dichten Wälder von Kokospalmen, die links und rechts der Pisten zu riesigen Stapeln gelagert waren.

»Junge, Junge«, staunte Astrid angesichts dieser Berge von Holz, und ich als gelernter Tischlergeselle teilte ihr Erstaunen mit der nüchternen Frage: »Wie viele Palmen sind das eigentlich, die da fallen mußten?«

»Bestimmt mehr als eine Million«, betonte Commander Urish mit verstecktem Stolz auf die Fähigkeiten seiner Nation, aus einer »unkultivierten Landschaft« binnen kürzester Zeit eine »zivilisierte Gegend« machen zu können. Aber dann äußerte er auch Kummer. Zu gerne wäre er diese Holzberge losgeworden. Aber wie? fragte er uns, denn brennen wollten die saftigen Stämme nicht. Und die Aussicht, daß sie bald verrotten würden, war gering. So würden die mit riesigen Raupenschleppern zusammengekehrten Bäume wohl noch lange dort liegen. Bäume, die noch vor einigen Monaten den Lebensunterhalt der Eingeborenen ausmachten.

Von diesen Eingeborenen war in den Schilderungen des Commanders kaum die Rede. Über ihr trauriges Schicksal erfuhren wir erst einen Tag später etwas, als wir die sechs zivilen Beobachter der britischen Wetterstation besuchten, die ihren Dienst nur noch für ein weiteres Jahr versehen sollten. Sie erzählten uns von den einfachen, harmlosen, fröhlichen, farbigen Menschen, die seit eh und je hier gelebt hatten und laut Vertrag zwischen zwei fremden Staaten ihre Heimat verlassen mußten. 300 Eingeborene waren bereits kürzlich evakuiert worden.

Am nächsten Morgen konnten wir selbst mit ansehen – freilich wieder ohne Kamera –, wie die letzten 70 Eingeborenen deportiert wurden. Langsam, schleppend, mit unbeschreiblich traurigen Gesichtern verstauten sie ihr Hab und

Gut auf dem letzten Schoner. Seit Menschengedenken waren sie hier ansässig gewesen und hatten ihren Lebensunterhalt von Kopra bestritten. Was würden sie nun nach dem Verlassen ihrer Insel bekommen? Einige von ihnen sollten auf anderen Inseln der Chagos-Gruppe angesiedelt werden, wo man ihnen ein Stück Land versprach – weiter nichts. Andere wollten auf die Insel Mauritius auswandern, wo es bereits genügend Arbeitslose gab. Sie wurden mit ein paar hundert Dollar abgefunden für den Verlust ihrer Heimat.

Einen Tag später zeigte sich das Wetter von der schlechtesten Seite. Der Anker hielt nicht mehr, und beim Hochhieven sah ich, daß ein Flügel verbogen war. Kurzerhand entschlossen wir uns, zu einem vielleicht geschützteren Ankerplatz nach East-Point zu segeln. Dort fanden wir Schutz zwischen den Riffen. Dafür bot uns das Dorf, verlassen von seinen Einwohnern, einen trostlosen Anblick. Nur noch Hunde und Katzen streunten zwischen den menschenleeren Hütten. Sie lebten von Fischen, die bei Ebbe in den Pfützen zurückblieben.

In den zwei Tagen bei East-Point war ich mit allen Überholungsarbeiten fertig geworden und hatte sogar noch Zeit gefunden, nach schönen Muscheln und Korallen zu tauchen. Dann verholten wir wieder zur Eclipse Bay und ankerten vor den Kommandobaracken des Flottenstützpunktes.

Sie waren zu Anfang alle sehr nett zu uns gewesen, der Kommandant und die Offiziere. Der Arzt Garry hatte sofort seine Hilfe angeboten, der Zahnarzt ebenfalls, und der Versorgungsoffizier war gleich mit einer Liste gekommen und hatte unsere Proviantwünsche notiert. Viele gute Sachen kamen danach an Bord, Reis, Erdnußbutter, langersehntes Eipulver und fast sogar Steakpulver, aber davon hatten sie nicht genug in Reserve. Ich hätte dieses künstliche Fleisch zu gerne mal probiert. Alles zusammen war ein günstiger Einkauf. Die Ware war billig und gut. Die tollste

Anschaffung: fünf Kästen Bier. Ein einziger Kasten kostete nämlich nur einen einzigen US-Dollar.

Auch jetzt, als wir ein zweites Mal auftauchten, gaben sich die US-Krieger wieder freundlich, aber immer wieder hörten wir die erstaunte Feststellung: »I thought you left by now!« (Ich dachte, Sie wären schon weg!) Und es schwang dabei ein Unterton mit, der uns das Gefühl gab, nicht die gerngesehensten Gäste zu sein. Als wir diese Worte auch vom Commander hörten, mit Nachdruck geäußert, da holten wir trotz der Nordwetterlage, die nicht viel Wind versprach, den Anker ein und verließen diese ebenso interessante wie scheußliche Insel mit Westkurs auf Madagaskar.

Ich hatte recht mit der Vermutung, daß bei dieser Wetterlage wenig Wind zu erwarten sei. In der ersten Woche machten wir ganze 203 Seemeilen. Wirklich bescheiden. So einen geringen Wochendurchschnitt hatte ich bisher noch nie in meinem Logbuch verzeichnen müssen.

Jetzt, wo es an Deck nichts zu tun gab, war die richtige Zeit, unsere Briefpflichten zu erledigen, denn bei den abwechslungsreichen Aufenthalten an Land kamen wir meistens nicht dazu. Aber viele Verwandte und Freunde in der fernen Heimat und rund um den Erdball erwarteten ausführliche Lebenszeichen von uns. Die konnten wir jetzt zu Papier bringen und in unserem nächsten Hafen schnell zur Post geben.

Ich saß an meinem schmalen Kartentisch und schrieb mir beinahe die Finger wund, zum Beispiel auch an folgendem Brief an einen lieben Freund in Hamburg:

»An Bord der *Kathena* – 31. Oktober 1971

08'48 Süd

69'46' Ost

Ich weiß nicht, ob Du mit der obengenannten Positionsangabe viel anfangen kannst, jedenfalls liegt sie zwischen dem Chagos-Archipel und der Nordspitze Madagaskars. Bei uns an Bord ist alles wohlauf. Heute hat sich wieder ein kleines Windchen eingestellt, nachdem es tagelang still war. Astrid aalt sich an Deck, und das will auf See bei ihr schon was heißen. Während der windstillen Tage war es nicht so schön. Die Dünung setzte weiter, deshalb schlugen die Segel erbärmlich, und eine Naht nach der anderen ging auf. Ja, unsere Segel sind auch nicht mehr die besten.

Das Schlimmste aber ist, daß wir schon so spät dran sind im Jahr. Es ist morgen November, und da beginnt die Zyklon-Saison um Madagaskar.

Für Deinen netten Brief nach Timor möchte ich mich noch bedanken. Es hat mich sehr überrascht, daß Du Deine jetzige Tätigkeit eventuell aufgeben willst ... Ich könnte Dir ja Arbeit als Sandkörnerzähler auf einer einsamen Insel bieten, aber davon gibt es auch nicht mehr so viele. Und wenn Du dann eine findest, kann es vorkommen, daß die Amerikaner sie für militärische Zwecke benutzen, wie das auf unserer letzten der Fall war. Ich erzähle Dir davon, wenn wir uns hoffentlich im Frühjahr wiedersehen.

Ja, im Frühjahr. Setz Dich hin und nimm einen Whisky zur Hand, denn jetzt habe ich Dir etwas Überraschendes mitzuteilen. Bei uns laufen alle Pläne darauf hinaus, daß wir von Diego Suarez (Madagaskar) in einem Törn nach Hause segeln. Astrid war anfangs gar nicht davon begeistert. Jetzt ist sie voll dabei. Täglich schmieden wir neue Pläne für diesen 10 500 Seemeilen langen Törn. Die Vorbereitungen für diesen langen Trip werden sicherlich unsere gesamte Zeit in Suarez beanspruchen, so daß mit viel Post von dort aus nicht mehr zu rechnen ist.

Das wäre es. Herzliche Grüße Wilfried.«

Unsere Vorfahren haben, wenn sie sich ihren Mittagsbraten selber erjagten oder sich den Buckel in der Sonne wärmten, weit mehr vom Leben gehabt als wir heute in unserer ganz vom Gehirn gesteuerten Welt. Ich habe das Leben eines Geistesarbeiters geführt, aber auch das eines reinen Muskelmenschen, und beides hatte etwas Unbefriedigendes für mich. Der einzige Weg, die Fülle des Lebens zu erfahren, ist, etwas zu tun, was das Gehirn wie auch Sinne und Muskeln voll beansprucht. Genau das tue ich, wenn ich auf große Fahrt gehe, und wenn ich Glück habe, kann ich mir am Ende die Sonne auf den Pelz scheinen lassen – und das ist immer noch das Allerschönste.

Sir Francis Chichester, britischer Weltumsegler, 1969.

Wie immer vor dem Einlaufen in einen Hafen, entwickelten wir auch vor Madagaskar beispielhaften Arbeitseifer, von dem ausschließlich *Kathena* profitierte. Es blieb viel Zeit, alles hafenklar zu machen, denn die Bucht von Diego Suarez ist riesengroß.

Als ferner Ansteuerungspunkt diente uns ein vor Anker liegendes Frachtschiff.

»Oh, guck mal, Wilfried!« rief Astrid. »Es hat am Heck eine schwarzrotgoldene Flagge. Ein deutsches Schiff!«

Ich mußte tatsächlich mal wieder Astrids gute Augen bewundern, denn ich erkannte es erst genau durchs Fernglas. Und da bemerkte ich auch, daß die Aufbauten am Heck ziemlich seltsam wirkten. Es sah nach Feuerspuren aus –

kein sehr erfreulicher Anblick. Doch vor näherer Betrachtung mußten wir uns erst mal um unseren Ankerplatz kümmern.

Der Hafenmeister kam uns entgegengefahren. Von seinem Boot stieg er zur *Kathena* über und dirigierte uns an einen sicheren Platz – das einzige Mal auf all meinen Fahrten, daß der Hafenmeister persönlich diese Aufgabe übernahm. Das verdeutlicht, wo wir uns befanden, nämlich in einem abgelegenen und von Yachten selten besuchten Hafen. Und das war uns recht.

Der Hafenmeister war überhaupt ein reizender Herr, ein Franzose, der sich mit Astrid charmant unterhielt und sich auch nicht an ihrem holprigen Französisch zu stören schien. Seit den polynesischen Inseln hatte Astrid kaum noch Gelegenheit gehabt, diese Sprache zu sprechen. Die Freundlichkeit des Hafenmeisters gipfelte darin, daß er kurz nach Verlassen der *Kathena* mit hundert Liter besten Frischwassers zurückkam. Bei so viel Zuvorkommenheit erschien uns alles auf Anhieb sympathisch, und wir waren sicher, daß wir uns in diesem letzten Tropenhafen wohl fühlen würden.

Das deutsche Schiff entpuppte sich als die *Neidenfels* aus Bremen. Wir trafen einen Teil der Mannschaft gleich am ersten Abend im Hotel de la Poste und erfuhren von den Matrosen das traurige Schicksal dieses Schiffes. Die *Neidenfels* hatte im Hafen von Majunga (Westküste Madagaskar) einen Feuerausbruch in der Maschine gehabt, der wegen mangelhafter Löschgeräte erst nach drei Tagen unter Kontrolle zu bekommen war. Die Mannschaft löschte Tag und Nacht per Eimerkette, und ein Lotsenboot half gelegentlich mit nicht mehr als einem Gartenschlauch. So brannte das gesamte Achterschiff aus, und unter der ungeheuren Hitze wölbten sich die acht Millimeter dicken Stahlaufbauten. Eine Reparatur lohnt sich wohl nicht, meinte Kapitän Rolf Meier im Gespräch mit uns.

Bei dem Feuerausbruch hatten drei Männer aus der Maschine ihr Leben lassen müssen. Man fand sie alle drei erstickt in den Gängen, die zum Ausgang führten. Der größte Teil der Mannschaft hatte alle persönliche Habe verloren und wohnte hier im Hotel, bis das Los der *Neidenfels* von der Bremer Versicherung entschieden war. Und die Seezeichen standen für das schöne 6000-Tonnen-Schiff in Richtung Abwrackwerft.

Die Besatzungen von der *Neidenfels* und von der *Kathena* verstanden sich von Anfang an großartig. Regelmäßig trafen sie sich allabendlich im Hotel oder auf der *Kathena* zum Bier, das aus den glücklicherweise unversehrten Proviantträumen der *Neidenfels* stammte. Es waren wirklich nette See- und Landsleute; ihre Angebote: »Wenn ihr etwas benötigt, so sagt das ruhig, denn bei uns an Bord gibt es noch genügend Ausrüstung, die wahrscheinlich doch nicht mehr gebraucht wird«, waren gewiß ehrlich gemeint. Als wir zunächst nicht darauf reagierten, denn gerade von netten Leuten mag ich nichts annehmen, stellten sie uns direkt die Frage: »Was braucht ihr nun wirklich?«

Bei so viel Solidarität unter Seeleuten verirrte sich dann auch bald als willkommenste Gabe ein Zehnlitereimer bester Wiederhold-Farbe an Bord der *Kathena*. Zum Abschied, als die *Neidenfels* ins Ungewisse abgeschleppt wurde, machte Kapitän Meier Astrid sogar ein Geschenk: ein Päckchen, das sie erst Heiligabend öffnen sollte. Ich war sprachlos.

Wir sahen uns im Norden Madagaskars gründlich um, dieser riesigen Insel im Südosten von Afrika, die im 16. Jahrhundert von den Portugiesen entdeckt und von ihnen auf ihrem langen Weg nach Indien und den Molukken als Stützpunkt benutzt wurde. Heute erinnert an die Portugiesenzeit Madagaskars nur noch der ausgezeichnete Hafen Diego Suarez an der Nordwestspitze der Insel in einer so schönen Bucht, daß niemand mehr daran denkt, wer eigentlich der Namenspatron Diego Suarez war: einer der schlimmsten Plünderer und Sklavenjäger, der aus den Wäldern und Hochflächen der Insel die Menschen zusammentrieb, um sie als Sklaven nach Indien zu verkaufen.

Nach den Portugiesen kamen die Holländer, dann die Briten und schließlich die Franzosen, die der Insel ihre Schutzherrschaft aufzwangen und sie 1896 zur französischen Kolonie erklärten. Heute ist Madagaskar eine eigene Republik im Verband der Communauté Française und von Frankreich nur noch wirtschaftlich abhängig.

Dies alles stand in unserem Seehandbuch über die Geschichte Madagaskars, und so wunderte es uns nicht, daß in der Küstenstadt Diego der französische Lebensstil überwog. Aber daß es hier Fremdenlegionäre gab, überraschte uns doch.

Als ich in den Straßen überall Legionäre sah, dachte ich unvermittelt an meinen Freund Mechtel, den ich bei meiner ersten Weltumseglung in Tahiti kennen- und schätzengelernt hatte. Ob er noch dabeisein würde? Aber wenn, dann sicherlich nicht ausgerechnet hier. Dennoch drängte ich: »Komm Astrid, ruf doch bitte mal bei der Legion an und frage nach Wolfgang Mechtel.«

Astrid hielt mich für verrückt, und so mußte ich mit meinen paar französischen Brocken selber telefonieren. Irgendwie hatte ich es im Gefühl, als ob . . .

Und tatsächlich! Zögernd meldete er sich am anderen Ende der Leitung. »He, Wolfgang, rate mal, wer dich besuchen will.« Als ich ihm sagte, wer ich sei, bekam er vor Aufregung zunächst kein Wort heraus. Dann sprudelte er über von Fragen und Begeisterungsrufen »Was? – Wie – mit dem Segelboot? Prima! – Verheiratet? – Ist ja toll! – Ist sie hübsch? Dumme Frage: natürlich! – Blond? – Phantastisch! – Wir müssen uns sehen. – Heute noch. Werde versuchen, frei zu bekommen. – Freue mich riesig!«

Sein Vorgesetzter ließ sich nicht lumpen. Die drei Worte »Besuch per Segelboot« in diesem entlegenen Kaff müssen ihn beeindruckt haben, denn Wolfgang bekam sofort Sonderurlaub. So trafen wir uns im Hotel de la Poste zur Wiedersehensfeier.

Astrid darüber in ihrem Tagebuch: »Viel lerne ich bei diesem Treffen über die Fremdenlegion, in der es etliche Deutsche gibt. Fast alle sind sie ramatusiert (Ramatu heißt in der Eingeborenensprache ›Frau‹). Die weißen Söldner leben mit einer Malgasch, einer dunkelhäutigen Eingeborenen, zusammen, natürlich nicht standesamtlich, und sie nennen diese bessere Haushälterin oft einfach ›meinen Kohlensack‹. Der Status dieser Nebenfrau ist wie in der ganzen Welt bei Söldnern der gleiche. Sie kriegt ihr Geld, und nicht zuwenig, sonst geht sie einfach zum nächsten. Sie bewirtschaftet die Einzimmerhütte, in der die beiden zivil leben. Viel Wert wird bei den Legionären auf Sauberkeit gelegt. Hübsche junge Mädchen aus dem Landesinneren, die Ramatu bei einem Legionär werden wollen, gibt es genug. Sie machen das ein paar Jahre und kehren dann meistens in ihr Dorf zurück, wo sie sich dann gut verheiraten.«

An einem Wochenende machten wir zu Ehren von Wolfgang einen kurzen Törn zur Orangea-Bucht. Kaum hatte der Anker dort Grund gefaßt, war auch schon Murielle an Bord, eine Französin, bei der Astrid immer ihre Wäsche wusch, und sie lud uns alle zum Mittagessen ein. Ihr Mann, Arzt bei der Legion, bewohnte hier wie fast alle Offiziere der Legion ein Wochenendhaus. Ein exklusiver Strand nur fürs Militär, deshalb war dort wenig Betrieb. Essen in dieser herrlichen freien Atmosphäre mit der netten Gesellschaft bedeutete natürlich für uns ein Erlebnis. Nur Wolfgang, der einfache Corporal, schien reichlich verschlossen. Den Grund dafür erfuhren wir später: Das Gefühl, beobachtet zu werden, hatte ihn bedrückt, denn in der Hütte nebenan wohnte der oberste Chef der Legion in Diego, schräg nach hinten sein persönlicher Boß, und mit am Tisch saßen ein Commandant und ein Capitaine. Das war einfach zuviel für ihn.

Nach einer Woche »high life« begannen wir endlich unsere Weiterreise vorzubereiten, den »ganz großen Törn« direkt in die Heimat. Zuerst nahmen wir uns den dreckigsten Teil der Arbeiten vor: Abschleifen und Lackieren der Naturhölzer in der Kajüte. Binnen einer Stunde war unser kleiner Wohnraum ein einziges Chaos. Dicker Schleifstaub überall. »Mistarbeit«, schimpfte Astrid. Aber in diesem Raum wollten wir die nächsten 120 Tage und Nächte leben, deshalb wollten wir es uns besonders schön und gemütlich machen.

Das nächste große Problem war für uns, außen das Unterwasserschiff trockenzulegen, damit wir den Bewuchs vom Indischen Ozean entfernen konnten. Denn je wärmer das Wasser, um so schneller setzen sich Muscheln und Algen am Rumpf fest und bremsen die Fahrt.

Wir erwogen sorgfältig alle drei Möglichkeiten. Die erste: Slippen – das heißt, das Boot auf einen Unterwasserwagen praktizieren, der per Schienenführung und Seilwinde auf einer schrägen Bahn nach oben gezogen wird. Die zweite Möglichkeit: Trockenfallen, also das Boot bei Hochwasser so dicht an Land ziehen, daß es während der Ebbe wenigstens für kurze Stunden trocken auf Grund liegt. Die dritte Möglichkeit: Eindocken, das bedeutet, in einen U-förmigen versenkten Ponton fahren, dessen Kammern dann leergepumpt und mit Luft gefüllt werden, wobei sie das Schiff aus dem Wasser heben.

»Slippen?« fragte Astrid gleich entsetzt, denn sie verwaltete unsere Bordkasse. »Kommt nicht in Frage! Was meinst du, was uns die Werft dafür abknöpft. Die ist zwar klein und schäbig, aber die einzige hier am Ort und nimmt sicher Monopolpreise.«

»Und was findest du besser?« fragte ich unsicher.

»Trockenfallenlassen. Kostet doch nichts.«

Ich schaue hinüber zum flachen Strand neben der kleinen Werft. Es herrschte gerade tiefste Ebbe. »Sieh dir das an: Viel zuwenig Tidenhub bei unserem Tiefgang. Da sind wir gerade frei und streichen, dann kommt schon wieder die Flut. Außerdem ist dort viel zuviel Schlamm. Möchtest du bei der Arbeit vielleicht bis zur Hüfte im Dreck stehen?« Dieses eher weibliche Argument überzeugte Astrid, von diesem Plan Abstand zu nehmen.

»Und was ist mit dem Dock?« fragte sie zweifelnd. Sie wußte genau, daß das ein viel zu großes und teures Instrument für unsere winzige Schaluppe war, und außerdem gehörte das einzige Dock am Ort der französischen Kriegsmarine, war also privat gar nicht verfügbar. Aber sie erinnerte sich aus den Erzählungen aus meiner ersten Weltumseglung, daß mich dieselbe Marine in Tahiti netterweise so nebenbei mit ins große Dock genommen hatte, als es gerade paßte.

»Eindocken ist nichts!« entschied ich bestimmt, denn gerade einen Tag nach unserer Ankunft war dort eine kleine Korvette an die Luft gehoben worden; die Pflege ihres Unterwasserschiffes nahm bestimmt drei bis sechs Wochen in Anspruch, und für uns bescheidene Weltenbummler aus Deutschland würden sich die Franzosen trotz aller Nettigkeit nicht den Umstand machen, das für unseren Floh verhältnismäßig riesige Ding wieder herunterzulassen.

Aber nach so vielen charmanten Begegnungen mit Franzosen rund um die Welt war Astrid nicht ganz davon überzeugt. »Ich will mal morgen sehen, ob sich da nicht doch noch etwas machen läßt ...«

Abermals erwies sich unsere neugewonnene Freundin Murielle mit ihren Beziehungen und Ortskenntnissen als eine große Hilfe. Die beiden entdeckten eine vierte Möglichkeit, ein Schiff wie unseres an Land zu schaffen. Freudestrahlend kam Astrid an Bord zurück: »Du, der Kran von der Marine am Kai kann mehr als 30 Tonnen heben, und unsere *Kathena* wiegt doch kaum mehr als fünf! Der Kranführer hat schon zugesagt. Kostet uns nur ein gutes Trinkgeld. Wie findest du das?«

Am nächsten Morgen wurde unsere *Kathena* im Marinehafen an Land gehievt. Und damit fing unsere Arbeit erst richtig an. Unterwasserschiff reinigen. Lose Farbe abkratzen. Spülen mit Frischwasser. Schleifen mit Sandpapier. Spachteln, und den Spachtel wieder glattschleifen. Dann mehrmals mit Rostschutzfarbe die Flecken streichen. Unterwasserfarbe auftragen und, und ...

Während das Unterwasserschiff trocknete, wurden die Decksaufbauten und die Außenhaut, die ihren Glanz mittlerweile verloren hatten, angeschliffen und zweimal lakkiert. Bei den Schleifarbeiten griff Astrid kräftig zu, denn sie wußte: Schleifen mit der Hand war nicht gerade meine Lieblingsbeschäftigung.

Der Schweiß rann in Strömen. Es herrschten am Tag gut 30 Grad Hitze. Weit und breit kein Schatten. In der Kajüte stieg das Thermometer schnell über 35 Grad. Also konnten wir uns da in der Mittagspause nicht einmal erholen. Es war abermals gut, daß es Murielle gab, die uns fast täglich während der 14 Tage Werftzeit über Mittag nach Hause holte. Murielle war unser guter Engel von Madagaskar. Ohne sie wäre der Werftaufenthalt katastrophal geworden. Keine Dusche, keine kalten Getränke ...

Mitten in diese Zeit kamen auch schon Tag für Tag unsere Proviantlieferungen an Bord. Da es keinen Supermarkt und keinen zentralen Schiffshändler gab, mußten wir bei den kleinen chinesischen Krämern alles zusammenstöbern, was wir so brauchten. Die Auswahl der Konserven war gering und sehr, sehr teuer.

Nachdem selbst die Bilge gestrichen war, die Achterpiek, das Werkzeug – die Farbe von der *Neidenfels* mußte doch alle werden, und sie wurde –, strahlte *Kathena* in neuem Glanz. Alle Schäden waren behoben. Die Selbststeuerung neu gebaut. Die Maschine überholt und mit frischem Motoröl versehen. Wir waren also mit allem klar.

Mit fast allem, denn bei unserer Wühlerei am Boot hatten wir kein Radio und keine Nachrichten aus der großen weiten Welt gehört. So waren wir beide völlig ratlos, als

Astrid eines Tages mit der Nachricht ankam: »Die Banken tauschen keine US-Dollar mehr um. Keinen einzigen.«

Das war in der Dollarkrise, Dezember 1971. Da wir unser gesamtes Geld in Dollar bei uns hatten, sah es mit einer Abfahrt vorerst ziemlich hoffnungslos aus.

Astrid hatte eine Idee: »Weißt du was? Du hast doch noch einen kompletten Anzug an Bord, und die Einheimischen hier sind ziemlich scharf auf europäische Kleidung. Den verkaufe ich also ...«

Mir blieb keine Möglichkeit zum Protest. Zwar war es mein letzter richtiger Anzug. Aber ich hatte ja auch Astrids umfangreiche Garderobe von vornherein von Bord verbannt und ihre verbliebenen kleidsamen Fetzen gegen Schweinezähne, Muscheln oder Speere und Eingeborenentrommeln umgetauscht. Jetzt trug sie längst nur noch ein billiges Hemdchen mit Jeans wie ich.

So ruderte sie also mit meinem Anzug im Schlauchboot davon, und ich hatte bei dem schlechten Wechselkurs sowie meiner kleinen Konfektionsgröße erhebliche Zweifel, ob sie für das abgetragene Stück überhaupt etwas bekommen würde.

Um so überraschter war ich, als meine Frau einige Zeit später mit einem großen Sack im Schlauchboot zur *Kathena* zurückgerudert kam.

»Puh«, seufzte sie. »Ist das heiß in der Stadt!«

Gespannt, was sie nun wirklich aus meinem einzigen Anzug gemacht hatte, ging ich gar nicht auf ihre Feststellung ein, sondern fragte skeptisch: »Was hast 'n da mitgebracht?«

»Rate mal«, sagte sie strahlend. Ich wußte, wie gut sie mich inzwischen kannte samt meiner Leidenschaft für Zwiebeln, und deshalb tippte ich aufs Geratewohl: »Ne Handvoll Zwiebeln, was?«

»Handvoll?« gab sie entrüstet zurück. »Einen ganzen Zentner! Und außerdem bilde dir ja nichts ein: Dein Anzug wäre ohnehin aus der Mode, wenn wir zu Hause sind ...«

Von dieser Art nützlichen Noteinkaufs war ich bald überzeugt, und so wanderte in den nächsten Tagen ein Gegenstand nach dem anderen von Bord; die Schleifmaschine, ein Anker, etliches Werkzeug, die meisten Handtücher. Mühsam und sehr zeitraubend bekamen wir durch diese Tauschmethode so ziemlich alles zusammen, was wir dringend brauchten. Und auch was wir nicht dringend brauchten – oder vielleicht doch: Heimlich schlich jeder von uns allein in die Stadt und erstand ein kleines Weihnachtsgeschenk. Denn Weihnachten stand vor der Tür und damit ein anderes großes Problem: Ich selber ziehe es vor, ein solches Fest in der Abgeschiedenheit der weiten See zu verbringen; Astrid dagegen als geselliger Typ hat gerade dann gerne Menschen und Trubel um sich. Wir waren hin- und hergerissen. Je später es wurde, um so mehr gerieten wir in die Zeit der Zyklone, aber das lustige Leben an Land mit unseren vielen alten und neuen Freunden verführte uns dazu, immer noch einen weiteren Tag zu bleiben.

So setzte ich unsere Abreise endgültig auf den 17. Dezember fest – aber wie endgültig ist »endgültig«? Leicht ließen wir uns von den Freunden dazu überreden, wenigstens noch den Ball im Surcouf mitzumachen. Und das war die Kleinigkeit, die unsere Pläne durchkreuzte, denn am Tag danach segelten wir auch nicht ab. Der Abschied von unseren Freunden war zu feucht ausgefallen, unsere Köpfe waren am nächsten Morgen nicht ganz klar. Mir reichte das allmählich, zumal uns diese ständigen Abreiseverschiebungen in Mißkredit brachten. Längst fragten unsere Bekannten nur noch pro forma, wann wir abfahren würden. Jedem war die stereotype Antwort »morgen oder übermorgen« bekannt. Wie wir aus verschiedenen Bemerkungen entnehmen konnten, rechneten alle fest damit, daß wir zu Weihnachten und den folgenden Festivitäten noch da sein würden.

Für die Abfahrt am 19. Dezember hatte ich alles bestellt, was man im letzten Augenblick frisch an Bord nimmt:

Brot, Obst, Gemüse. Wir verabschiedeten uns zum x-tenmal von unseren Freunden, aber keiner nahm das so richtig ernst. »Die sollen sich wundern«, dachte ich, »und wenn es Abend wird, aber heute wird gestartet.«

Wir waren gerade dabei, die Anker einzuholen, als eine Barkasse längsseits kam und uns eine Mitteilung vom Hafenmeister überbrachte, in der stand: »Zyklonenwarnung im Nordgebiet von Madagaskar!«

Ich will mich hier nicht über unsere verlegenen Kommentare und Erklärungen in den folgenden drei Tagen auslassen. Mag die Feststellung genügen, daß wir am 21. Dezember 1971 Diego gegen Mittag tatsächlich verließen – wenn auch nur zum fünf Seemeilen entfernten Orangea.

Astrid erläuterte die Situation in ihrem Tagebuch: »Nach all den Verwirrungen in der letzten Woche schippern wir am Dienstag (21. Dezember) endlich nach Orangea, von wo wir am nächsten Tag endgültig in See gehen wollen. Hier wird mir plötzlich angst und bange und stark bewußt, was morgen kommen soll. Es blieb nicht viel Gelegenheit in den letzten Wochen, an Abreise zu denken, und auf die Fragen der Freunde nach der Dauer unseres Törns kam auch leicht ›etwa 120 Tage – 4 Monate – so bis nach Ostern auf See‹ über meine Lippen. Geglaubt habe ich das wohl selbst nicht. Wilfried ist täglich hilfsbereiter und erträgt geduldig meine Nervosität und Launenhaftigkeit. Er schenkt mir diesen Tag in Orangea. Doch was nützt dieser Tag vor Anker? Soll ich kneifen und ihn bitten, wenigstens noch über die Festtage unter Land zu bleiben? Aber ich weiß auch, daß die Hochsaison der Zyklone immer näher rückt. Der Vorgeschmack in Diego reichte mir schon, als unsere Ankerleine brach und wir unser Boot erst kurz vor einem Wrack stoppen konnten. Und was würde ich damit auch ändern? Heute, morgen oder nächste Woche – fahren muß ich wohl. Es gibt kein Zurück; doch diese beklemmende Wahrscheinlichkeit, erst in Helgoland wieder festen Boden unter den Füßen zu haben, wie werde ich sie nur los?

Na, vielleicht bleiben wir doch in Durban oder Kapstadt, auf St. Helena oder auf den Azoren ein paar Tage. Es gibt so viele Häfen auf dem Wege. Diese Aussicht hilft. Wenn es wirklich nicht mehr ginge, würde Wilfried sicherlich nicht gegen eine Unterbrechung der Reise sein. Und Zweifel an meiner Überredungskunst habe ich nicht!«

Nichts als Wasser von Weihnachten bis Ostern

»Der Mensch kommt nicht so weit er will, sondern so weit er kann.«
Vasco de Balboa, spanischer Seefahrer, um 1510.

22. Dezember 1971 – 5.55 Uhr. Die letzten Sachen wurden in aller Morgenfrühe verstaut. Zwischendurch hastig ein paar Schlucke Tee getrunken. Wir waren bereit. Astrid nahm ihren Platz an der Pinne ein. Ich holte Hand über Hand die Ankerkette ein. Zum letzten Mal? Wenn ja, so in einer erinnerungswürdigen Bucht. In einer Bucht, die eigentlich noch zum Bleiben verleitet. Schön und einsam.

»Anker ist frei.«

»Ich gehe auf Backbord-Bug.«

»Gut.«

Mit ein paar kräftigen Zügen war die Fock geheißt, und unmittelbar nach dem Durchsetzen nahm *Kathena* Fahrt auf.

»Abfallen, Astrid, a b f a l l e n .«

»Großschot auffieren.«

»Mehr?«

»Noch mehr.«

Nur die notwendigen Worte fielen, aber gerade sie weckten in ihrer Kürze ein starkes Gefühl für die Bedeutung der beginnenden Fahrt. Astrid konzentrierte sich aufs Steuern. Ich überbrückte diese andächtigen Minuten mit dem Aufklaren an Deck.

Still glitt unsere *Kathena* durch das spiegelglatte Wasser, der Ausfahrt entgegen. Vorbei an den beiden Leuchttürmen vor der Bucht von Diego Suarez auf Madagaskar in die offene See. Eine seltsame Ergriffenheit bemächtigte sich unser, als wir an diesen letzten Landmarken vorbeizogen. Astrid wischte in ihrem Gesicht, und ich hatte einen Kloß im Hals. Auf ihr »du auch« brachte ich keinen Ton hervor.

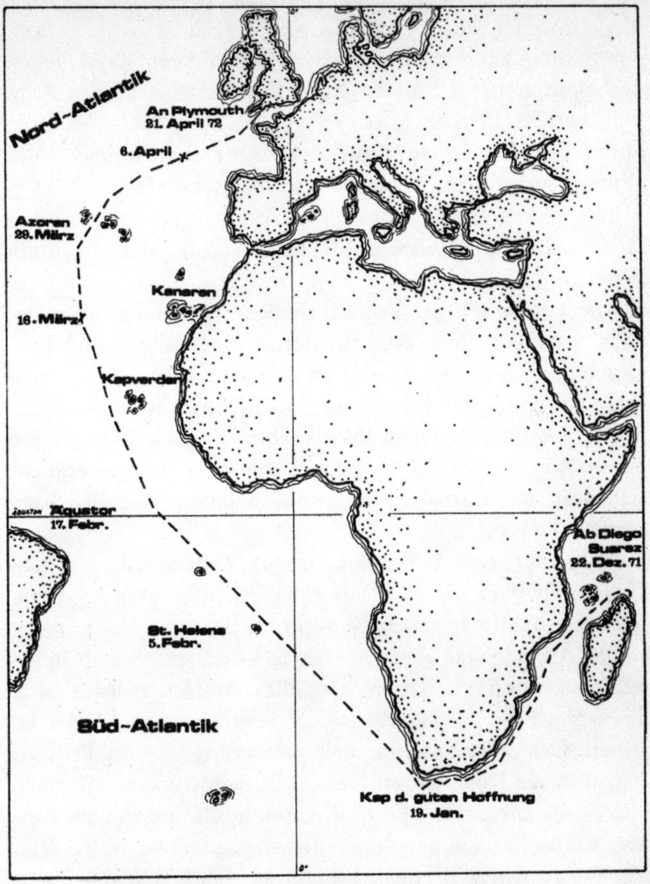

Unser 121-Tage-Törn

Uns beiden war bewußt, daß uns ein einzigartiges Abenteuer bevorstand. Unser Kurs führte durch fast alle Windregionen. Im Moçambique-Kanal war mit Gegenwind und Zyklonen zu rechnen. Um die Spitze Südafrikas mit Stürmen und hohem Seegang. Danach würde es ein erholsames Segeln im Passat des Südatlantiks geben. Aber vom Äquator an weiter nach Norden würde es hart werden. Erst durch die Doldrums, jene windstillen Zonen, dann gegen den Nordpassat, darauf wechselnde Winde bis zu den Azoren, heftige Wirbelstürme in der Biskaya und am Ende durch den Englischen Kanal und über die Nordsee alles Widrige zusammen: Nebel, Kälte, Schiffsverkehr.

Es war ungefähr auszurechnen: Wir würden im April zu Hause sein, dann, wenn die meisten Yachtbesitzer noch am Pönen sind.

Allein hatte ich gar keine Bedenken vor diesem Törn gehabt, aber mit einer Frau an Bord, die physisch und psychisch doch ganz anders reagiert und empfindet ...

Gewiß würde ihr Humor ihr dabei helfen, auch den »langen Trip« zu überstehen. Noch einen Tag vor der Abreise bewies sie ihr heiteres Gemüt, indem sie aus einer Frauenzeitschrift ein Horoskop ausschnitt und mir über den Kartentisch klebte:

»Wer mit einem Widder Schritt halten will, braucht Energie. Er wird nie auch nur ein bißchen langsamer gehen. Sie müssen mitmachen, sonst verlieren Sie ihn.«

Der Anfang war gemacht. Sogar Wind und Strom liefen mit – na bitte! Wir hätten vor Glück strahlen müssen, aber das tat nur die Sonne. Wir selber verkrochen uns, jeder an seinen Ort, nachdem die Selbststeuerung eingestellt war. Astrid in die Koje, ich an Deck. Mit dem Rücken am Mast, blickte ich auf das weiße Kielwasser in die unzähligen kleinen Kräuselwellen. Ich hing meinen Gedanken nach: Vier Monate zu zweit in einem Raum, der nur knapp das Volumen eines Volkswagenbusses erreicht ... Mehr als zehntausend Seemeilen in einem Boot von fünf Tonnen ... Wenn wir bloß nicht in einen der zu dieser Zeit häufigen Zyklone kommen! Mit 800 Kilo Proviant und Treibstoff ist *Kathena* nämlich weit überladen. Das ist für jedes Schiff gefährlich.

Zwei Tage nach dem Auslaufen von Madagaskar war Heiligabend. Ein steifer Wind wehte an diesem Tag, und

Kathena stampfte heftig gegenan. Es kam keine richtige Stille-Nacht-heilige-Nacht-Stimmung auf. Astrid lag seekrank in der Koje. »Mir ist ja so schlecht«, hörte ich wiederholt. So kochte ich selber das Weihnachtsessen: Spargel und Salzkartoffeln. Das schmeckte uns zwar auch, aber unsere Gaumen waren durch die vielen vorhergegangenen Einladungen viel zu verwöhnt.

Für 18.00 Uhr am Heiligabend hatten wir die Bescherung festgesetzt. Der Kartentisch wurde mit einem Palmwedel als Tannenbaumersatz und einer dicken roten Kerze geschmückt. Dann holten wir aus vielen versteckten Winkeln, die es erstaunlicherweise auch auf so einem kleinen Schiffchen gibt, unsere Geschenke hervor. Mit geradezu kindlichem Eifer öffneten wir die Päckchen, zunächst die unserer Freunde.

»Guck mal, von Wolfgang Kauri-Muscheln und viele Kekse«, jubelte Astrid. »Sicher von seiner Ramatu gebakken«, meinte ich, denn ich hatte den selbstgebackenen Kuchen der dunkelhäutigen Schönen noch gut in Erinnerung.

»Und ein Halbedelsteinei von Murielle.«

»Von Kym eine Flasche Wein.«

»Oh, là, là, von Kapitän Meier Kölnisch Wasser.«

»Weißt du, was uns Hartwig angetan hat? Ein Modell des Passagierschiffs *Lindblad Explorer* in Blei hat er uns eingepackt.«

»Dieser Spaßvogel, wo er doch wußte, wie wir um jedes Pfund Zuladung feilschten.«

Astrid und ich hatten füreinander, ohne es zu wissen, das gleiche ausgesucht: Einen Aschenbecher aus einem versteinerten Baum, wie er für Madagaskar typisch ist. Wir lachten herzhaft.

Um die Mittagszeit des zehnten Tages auf See riß uns ein Geräusch wie ein Donnerschlag aus den sanften Träumen des heißen Flautentages. Mein erster Gedanke war: Wir sind aufgelaufen.

Mit einem Satz war ich an Deck und spähte über Bord.

Da sah ich backbords einen Hai an der *Kathena* entlangschleichen, ein Biest von gut vier Meter Länge, das immer wieder mit dem Rücken gegen den Bootsrumpf stieß.

Selbst Astrid wurde von diesem Ruhestörer aus der Kajüte gescheucht, langte zum Bootshaken und piekste den unerwünschten Begleiter. Aber das schien ihn gar nicht zu stören. Jetzt versuchte er sogar, seinen massigen Rücken an der kleinen zerbrechlichen Selbststeuerungsanlage zu scheuern. Hatte das Vieh Parasiten?

Aber selbst wenn – ich konnte kein Mitleid mit ihm haben. Schließlich begann er sogar noch, mit seiner reibeisenrauhen Haut meine gute Unterwasserfarbe abzuraspeln. Ich sah es auf seiner Haut: Die großen roten Flecken waren wirklich kein Blut, sondern unser Anstrich. Als ich das erkannte, packte mich die Wut. Ich griff zum Haken und gab dem Hai mit allen Kräften einen heftigen Hieb auf die Nase.

Weg war er! Mit ihm allerdings auch unsere Pilotfische, die uns von Beginn des Törns an begleitet hatten und fast menschliche Eigenschaften haben: Sie schließen sich dem an, von dem sie am meisten zu erwarten haben. Von uns erhielten sie täglich die Essensabfälle und im Schatten des Bootsrumpfes stets Deckung gegen Sonnenhitze und Raubfische. Jetzt folgten sie plötzlich dem Hai, der nach unseren Abwehrmanövern in die Tiefe verschwand. Ob sie ihm jetzt statt der Schmarotzer die Farbflecken abfressen wollten?

Wir erwogen diesen Zwischenfall mit allen seinen möglichen Aspekten noch einige Zeit, bis ein neues Ereignis auf uns zukam, allerdings nicht so überraschend, sondern schon im Kalender angekündigt: Silvester 1971. Während andere Leute zu Hause an einem solchen Tag in einen Frack steigen und durch den Schnee vor der Haustür stapfen, mußte ich mich darum kümmern, zur Feier des Tages bei tropischen Temperaturen ohne Eisschrank eine Flasche Wein zu kühlen.

Dabei gibt es einen einfachen physikalischen Trick, der auch nordischen Skippern im Hochsommer empfohlen sei: Ich nahm die Flasche, umwickelte sie mit einem nassen Tuch und hängte sie im Rigg in den Wind. Nach einer guten Stunde war die Flasche durch die Verdunstung so ausgekühlt, als käme sie aus einem Keller.

Mit dieser Flasche Kapwein feierten wir für unsere Verhältnisse »kräftig« das Jahresende. Astrid machte vital mit, denn es ging ihr bei diesen flauen Winden ohne große Schaukelei außergewöhnlich gut.

Astrids erste Tagebucheintragung im neuen Jahr: »Um diese Silvesternacht können mich alle Erdenbürger getrost beneiden. Der Himmel ist wolkenlos, und das Bemerkenswerte ist: Bei Sonnenuntergang geht zur gleichen Zeit in entgegengesetzter Richtung der Mond auf. Eine Silvester-Vollmondnacht für uns beide ganz allein. Wir sitzen im Cockpit und palavern, küssen ... Zum Lob gibt es keine Problemchen, die mir eventuell auf die Tränendrüsen drükken könnten. Innerlich fühle ich mich wohlig warm und hege nunmehr keine Zweifel, daß Wilfried mich vorsichtig und gut nach Hause segelt. Prosit Neujahr!«

Eine Woche später kam das Unheil auf uns zu. Am Morgen wehte noch ein linder Wind, aber im Laufe des Nachmittags breitete sich von Norden her ein riesiger Fächer von Zirruswolken und Zirrokumuluswolken aus, und aus derselben Richtung kam eine hohe Dünung auf. Die Sonne schien, von einem blauen Dunst umgeben, ziemlich fahl, und als sie am Abend unterging, sah sie aus wie ein reifer Karbunkel. In der Nacht nahm die Dünung ständig zu. Am nächsten Tag blies es ohne Unterlaß in voller Sturmstärke und konstant aus Nord. All dies waren sichere Anzeichen für einen Zyklon, und da sich die Windrichtung nicht änderte, mußten wir annehmen, daß dieser Tropensturm auf unserem Wege lag.

Ein Zyklon – oder wie man bei uns sagt: Wirbelsturm – ist ein riesiger Luftwirbel, bei dem die Windstärke zur Mitte zunimmt, aber im Zentrum selber Windstille herrscht, dafür aber ein furchtbarer Seegang, da die vom Wind aus allen Richtungen aufgewühlten Wogen hier mit ungeheurer Gewalt gegeneinanderprallen. Im Segelhandbuch steht über diese Stürme: »... die hohen Kreuzseen in der Nähe des Auges können auch auf großen, starken Schiffen erheblichen Schaden anrichten. Kleinere Fahrzeuge, zum Beispiel Küstenschiffe, sind dadurch schon zum Sinken gebracht worden.« Noch kleinere wie die *Kathena* erwähnt das Buch überhaupt nicht.

Da der Weg des Zyklons einigermaßen abzuschätzen war, dachte ich zunächst daran, nach Westen auszuweichen, statt auf Südkurs weiterzusegeln. Aber waren wir schnell genug, um eine Begegnung mit dem Sturm zu vermeiden? Ein Dampfer hätte das sicherlich geschafft – aber wir? Ich brachte nicht den Mut auf für den Entschluß, den Kurs zu ändern; außerdem wußte ich, daß Zyklone auf 28 Grad südlicher Breite nicht mehr so ungeheuer sind wie in der Nähe des Äquators. Trotz Astrids Bedenken behielt ich also den Kurs bei und ließ auch die Sturmfock stehen. Das gab die erste Spannung zwischen uns, ohne daß viele böse Worte fielen. Astrid war natürlich todunglücklich über unsere Situation, und nachdem ich sie vergebens zu trösten versucht hatte, wurde ich ziemlich grob. Ich gebe zu: Selbst ich als »alter Weltumsegler« war angesichts des Barometers nervös geworden.

Als es am zweiten Tag anfing zu dunkeln, wehte es so stark, daß ich sogar die Sturmfock bergen mußte. Unsere *Kathena* lag nun vor Topp und Takel beigedreht mit dem Heck zur See. Das Unangenehmste dabei waren die gelegentlich überkommenden Brecher.

Gegen Mitternacht regnete es heftig, und das Heulen des Windes hörte ganz plötzlich auf. Innerhalb von Minuten herrschte Windstille. Der Himmel klärte sich sogar etwas auf. Wir lagen im »Auge« des Zyklons. Eine Stunde später stürmten die Seen gegeneinander an, stülpten sich zu hohen

Dreiecken empor und fielen kreuzweise in sich zusammen. Wegen des unregelmäßigen Hin- und Herstoßens konnten wir uns in den Kojen selbst festgezurrt kaum halten. Ohne Wind konnte ich da nichts machen; auch ein Stützsegel half nicht.

Anderntags um die Mittagszeit, also nach genau 14 Stunden elender Schaukelei, gerieten wir in die andere Seite des Sturms und trieben ab nach Nord. »Der ganze Schiet kommt wieder zurück«, bemerkte ich nur.

Im Laufe des dritten Tages schwächte der Sturm ab. Es gab nur noch leichten Wind, der ganz langsam über West nach Nordost drehte. So gingen wir wieder auf direkten Kurs, Westsüdwest. Wir kamen damit der südafrikanischen Küste näher. In der Höhe von Durban sichteten wir das Festland. Jetzt hielten wir einen Abstand von ungefähr 20 Seemeilen von der Küste, um den stark mitlaufenden Strom auszunutzen. Backbords verschwanden die Städte Durban, East London und Port Elizabeth rasch am Horizont. Es wurde schlagartig kühl, je weiter wir nach Süden kamen, und bald fiel mir Astrid mit ihrem »zieh einen dicken Pullover an« auf die Nerven. Aber ich wollte Streit vermeiden und zog ihn an, obwohl es mir darin oft zu warm war.

Mit Astrids Befinden ging es wieder bergauf. Das merkte ich, als ich eines Morgens einen Horoskopausschnitt auf meinem Kartentisch vorfand: »Es lohnt sich auch für Widder, freundlicher zu werden.« War ich unfreundlich? Oder machte sie nur einen Jux, um mir ihre bessere Stimmung zu zeigen? Ich revanchierte mich jedenfalls mit einem lekkeren Essen und einer Nachtwache, die ich ihr abnahm.

Wir glaubten schon, es würde mit den günstigen Winden so weitergehen, aber da hatten wir uns arg getäuscht. Das Barometer fiel, der Wind drehte widrig auf West und frischte auf. Ein Kurs mit Kreuzschlägen begann. Sechs Stunden Steuerbordbug. Sechs Stunden Backbordbug. Sieben Tage brauchten wir mit diesen mühsamen Manövern in

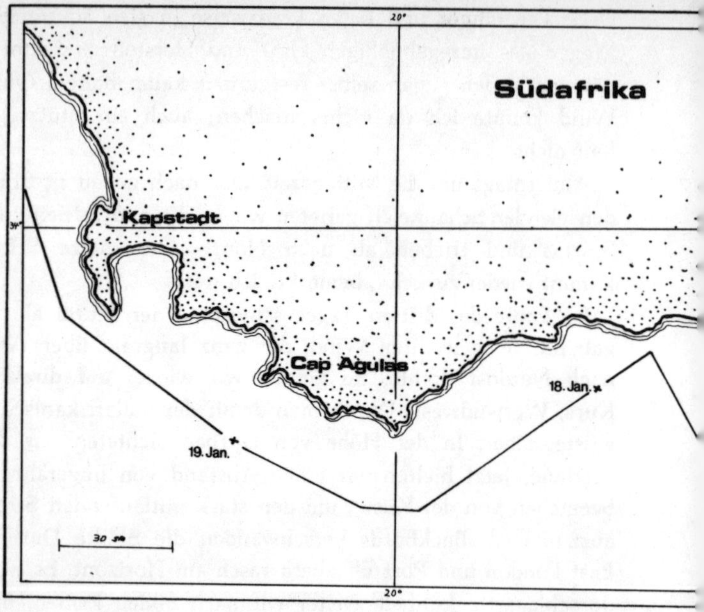

Die afrikanische Südspitze

dreifacher Zeit und bei vielfachem Ärger, um die Südspitze Afrikas zu umschiffen. Das stellte hohe Anforderungen an unser Durchhaltevermögen in den langen Nachtwachen. Wir segelten mitten auf dem Schiffahrtsweg. Täglich sichteten wir 30, 40 und auch mehr als 50 Schiffe. Da hieß es aufpassen, besonders nachts, wenn dazu noch ein paar Küstenfischer unseren Kurs kreuzten. Gelegentlich kamen solche Schiffe bis auf eine Kabellänge heran. Und jedesmal zeigte sich die Besatzung überrascht an der Reling, wenn sie uns kleine »Kollegen« gegen Wind und See mit ein paar Fetzen Tuch anbolzen sah. Dabei stampften ihre Schiffe ebenfalls ganz gehörig, verschwanden immer wieder zwischen den Wellen, tauchten mit dem Vordersteven so tief ein, daß die Brecher über Deck fegten.

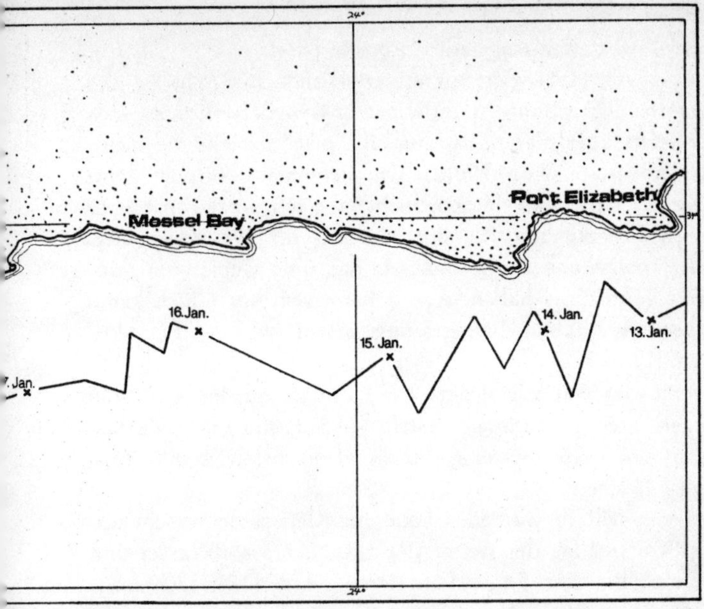

Als der Wind wieder einigermaßen normal wurde, befanden wir uns zehn Meilen östlich des Nadelkaps, der südlichsten Spitze Afrikas. An dieser Grenze zwischen Indischem und Atlantischem Ozean schien das Wasser zu sieden. Überall zeigten sich merkwürdige Wirbel, und die Farbe des Meeres wechselte von Grün – schmutzig – zu richtigem Blau.

Bei Anbruch des 30. Tages auf See hatten wir Kapstadt querab. Im Schein der aufgehenden Sonne bei klarem schönem Wetter zeichnete sich der Tafelberg deutlich am Horizont ab – wahrhaftig ein imposanter Anblick. Auch für mich, der ihn vor Jahren schon einmal bestiegen hatte. Dennoch bedrückte mich seit Tagen die Frage: Wird Astrid nicht meutern, wenn sie die Silhouette des Tafelberges sieht und wir nicht landen? Deshalb wäre es mir lieber gewesen, wir hätten Kapstadt bei Nacht passiert.

Aber Astrid reagierte unerwartet anders: »Ach, ist das herrlich. Der schöne Atlantik hat uns wieder«, ließ sie sich begeistert über diesen Tag aus. Sie machte nicht die kleinste Andeutung wie: »Wollen wir nicht mal ...« oder »Nur für ein paar Tage.« Im Logbuch habe ich verzeichnet über diesen bedeutenden Wendepunkt unserer Weltumseglung: »Wir freuen uns riesig, daß wir das üble Gebiet um Südafrika hinter uns haben. Astrid kann sich vor Glück kaum fassen. Aus lauter Begeisterung macht sie uns Pfannkuchen. Klasse!«

Jetzt erst war ich sicher: Ich hatte sie zu der Idee vom langen Törn mitgerissen. Astrid – so dachte ich –, da bist du an einen Abenteurer geraten und machst alles mit. Tapferes Mädchen!

Gegen Mittag war alles Land im Kielwasser verschwunden. Vor uns lag der weite Atlantik. Nichts als Wasser und Himmel. Bis zum Englischen Kanal würden wir nichts anderes sehen. Vielleicht ein paar Seevögel, aber auch nicht jeden Tag. Im Augenblick zogen die großen weißen Albatrosse mit uns, nach altem Seemannsglauben Verkörperung der guten Seelen ertrunkener Matrosen. Hoffentlich brachten sie uns Glück.

Der Süd blieb stehen und drehte in den nächsten Tagen sogar langsam auf die günstige Richtung Südost. Das war auch schon der Passat des Südatlantik. Tag um Tag rollten jetzt die Wellen im gleichförmigen Rhythmus unter dem Boot dahin. Mit ungerefften, fast schlaffen Segeln schlingerte unsere *Kathena* haltlos von einem Bug auf den anderen. Was für eine ermüdende Segelei!

Eine nette Abwechslung gab es nur für mich: Ich verglich unsere Etmale mit denen der alten *Kathena,* mit der ich vor drei Jahren auf gleichem Kurs gesegelt war. Bei dem guten Schnitt der *Kathena II* waren wir jetzt fast immer schneller; das tat unserem Stimmungsbarometer gut.

Astrid dagegen notierte in ihrem Tagebuch: »Diese Zehn-Punkte-Liste umfaßt alles, um was sich mein Leben im Passat dreht.
1. Lieben. 2. Essen. 3. Trinken. 4. Segelmanöver. 5. Lesen. 6. Schreiben. 7. Reden. 8. Putzen (*Kathena* und mich). 9. Kartenspielen. 10. Träumen.«

Die *Kathena* schaffte weiter Meilen: 112, 103, 120 täglich. Am 39. Tag auf See hatten wir das erste Drittel nach Helgoland geschafft. 3500 Seemeilen. Das ergab einen Tagesdurchschnitt von 90,5 Meilen. »Kein Schlag ins Wasser würde ich sagen. Komm, Astrid, häng mal gleich eine Dose Bier zum Kühlen ins Rigg.«

»Da können wir es ja fast schaffen, an meinem Geburtstag in Helgoland zu sein.« Ihr Geburtstag, der 3. Mai, war für sie ein wichtiges Ereignis.

»Aber natürlich, mit etwas Glück schon viel früher.«

»Na, na, vorsichtig, Wilfried. Der Norden ...«

»Ach was. Ich wette mit dir um eine Kiste Wein, besten Rheinwein, daß wir spätestens an deinem Geburtstag in Helgoland festmachen.«

»Abgemacht?«

»Abgemacht.«

»Also ran an die Schoten.«

Wenn alles so lief wie bisher, mußten wir schon vierzehn Tage früher dort sein. Ich verließ mich auf den Passat. Aber schau an: wo war er am Tag darauf? Eingeschlafen! Und am nächsten Tag? Leichte Brise.

»Ha, Ha, Ha. Da hast du's mit deinem überheblichen Optimismus«, sagte Astrid voll Schadenfreude.

»Nicht doch, das geht vorüber«, versuchte ich mich zu verteidigen. Ziemlich kleinlaut zog ich mich in meine Koje zurück und schmökerte still vor mich hin.

In diesen Tagen waren bereits alle deutschsprachigen Bücher und Magazine, die wir in Diego irgendwie aufgetrieben hatten, durchgelesen, und so griff ich zu den Standardwerken unserer Bordbibliothek, die ich schon viele Male gelesen hatte. Zum Beispiel zu dem Buch des deutschen Arztes Lindemann *Allein über den Atlantik,* in dem wie in kaum einer anderen Publikation über Segelei der Mensch, das Boot und die Natur faszinierend beschrieben werden. Oder Bölls *Irisches Tagebuch,* in dem der Schriftsteller die Menschen in Irland kennenlernt, erlebt und ihre verzwickte Geschichte liebenswert beschreibt. Und wenn ich viel Muße hatte, schlug ich Saint-Exupérys *Die Stadt in der Wüste auf.* Der Schauplatz dieses Buches ist die grandiose Monotonie der arabischen Wüste – und die Schilderung wirkte doppelt stark auf mich, einen Menschen, der sich in der unendlichen Weite des Meeres klein vorkommt.

Alle diese und noch einige andere Bücher, die mich schon lange begleiteten, waren vom Salz der Weltumseglung gezeichnet. Zerfleddert und mit zerdrückten Kakerlaken zwischen den Blättern, machten sie zwar nicht den Eindruck von ein paar Metern Buchrücken wie in einem bürgerlichen Renommierschrank, aber sie wurden wenigstens gelesen.

Für die Zeit im Passat hatte ich mir eigentlich nicht eine Liste von Büchern vorgenommen, sondern eine ganze Latte von Überholungsarbeiten. Denn die *Kathena* war aus Stahl, und da gab es immer Rost und Schäden zu beseitigen. Mit viel Energie und Sorgfalt wollte ich dies von früh bis spät erledigen. Jetzt, nach drei Wochen im Passat, hätte ich das gewaltige Pensum geschafft haben müssen. Aber nichts war getan. Ich hatte mich dem Nichtstun hingegeben. Tagtäglich hatte ich der ungläubig dreinschauenden Mannschaft meinen bis ins kleinste ausgetüftelten Arbeitsplan erläutert. Aber Astrid glaubte mir längst kein Wort mehr und machte sich über mich lustig.

Eines Morgens fand ich folgenden Ausschnitt eines Horoskops aus einer alten Illustrierten auf meinem Kartentisch: »Widder. Alles, was auch nur entfernt nach Eintönigkeit riecht, langweilt sie. All die kleinen Pflichten, die nun einmal zu jedem Alltag gehören, schieben sie auf die lange Bank.«

Sofort beschloß ich, es Astrid zu zeigen, und sie, die auch im Passat durch ihre Seekrankheit an die Koje gefesselt war, durch Aktivität zu beschämen. Doch auch an diesem Tag machte ich nur Ordnung in meinem Werkzeugkasten, trocknete das Werkzeug und puderte es mit Talkum.

Was lähmte mich? Von anderen Yachtseglern wußte ich, daß auch sie den Bordarbeiten auf See äußerst lustlos gegenüberstanden. Kommt es von den ermüdenden Bewegungen des Bootes, vom ständigen Abstützen und Gleichgewichthalten? Noch nie hat ein Psychologe diese Situation untersucht.

Schließlich hatte ich den Stier doch bei den Hörnern gepackt. In den letzten Tagen vor dem Äquator wurden die Selbststeueranlage überprüft und geschmiert, Naturhölzer lackiert und geschliffen und Rostflecken ausgebessert. Und für den steifen Wind im Norden nähte ich -zig Meter Segelnähte nach.

Am 17. Februar 1972 passierten wir den Äquator auf 20 Grad westlicher Länge. Die Hälfte des Mammuttörns war abgerissen. Hurra! Ein Grund zum Feiern, doch zu trinken gab es nichts. Unser Wasser war längst rationiert. Es gab also keinen Kaffee, keinen Tee, keinen Pudding, und vor Sonnenuntergang wurde auch kein Schluck »pur« getrunken. Weil es bisher so gut wie gar nicht geregnet hatte, waren zu diesem Zeitpunkt nur noch 40 Liter Frischwasser an Bord. Der Verbrauch bisher war peinlich genau notiert worden: 90 Liter in 58 Tagen. Das waren etwa eineinhalb Liter pro Tag fürs Kochen und Trinken. Für die Körperpflege gab's keinen Tropfen, sehr zum Ärger Astrids, die vor allem ihre langen, von der salzigen Seeluft verklebten Haare liebend gern mit Frischwasser gewaschen hätte.

Mit dem Erreichen des Äquators kamen wir in das Gebiet der Doldrums, wo die Winde nur schwach wehen und oft genug ganz ausbleiben. *Kathena* dümpelte mit schlaffen Segeln in einer hohen Dünung. Für mich war das eine Gelegenheit, einmal nach dem Bewuchs des Unterwasserschiffes zu sehen. Ich setzte meine Tauchermaske auf und jumpte über die Seite. Astrid hielt derweil intensiv nach Haien Ausschau. Ich fand eine ganze Menge Entenmuscheln am Schiffsboden vor. Da die *Kathena* so unruhig lag, hatte ich eine gute Stunde zu kratzen; laut prustend tauchte ich zwischendurch immer wieder auf. Ich hatte Angst, bei diesem Auf und Ab des Schiffes das Gestänge der Selbststeuerung ins Kreuz zu bekommen. Pilotenfische, Makrelen und Hornfische umkreisten mich, und mit Genuß fraßen sie die abgestoßenen Entenmuscheln. Ich war gerade für einige Minuten wieder an Deck, als Astrid einen Hammerhai sichtete. In kaum zehn Meter Entfernung begleitete er uns eine ganze Weile. Uhhh!

Trotz der tiefhängenden Wolken regnete es an diesem Tag nicht. Wir waren ziemlich unglücklich darüber, aber in diesen Tagen beschlich uns eine noch viel größere Sorge: Das regelmäßige weibliche Malheur war bei Astrid längst überfällig. Kündigte sich etwa Nachwuchs an? Dieser Gedanke bedrückte uns, denn wir waren Hunderte von Meilen vom nächsten Hafen entfernt. Über diese Tage steht in Astrids Tagebuch:

»18. Februar

Der Tag, als der Regen kam, lang ersehnt, heiß erfleht.

Mit ungeahnter Aktivität werden Wäsche, das Deck und mein Körper gewaschen. Zwischendurch fange ich auch noch Regenwasser auf und trinke mich richtig satt. Oh, wie ist es schön, das kalte Regenwasser, wie es so herrlich am Kinn runterläuft! Erfreuliches Tagesresultat: 20 Liter für den Vorratstank, frisch gewaschene Haare und Bettwäsche und Kleidung. – Ich habe mich heute bewußt überanstrengt; vielleicht hilft das, bei mir Klarheit zu schaffen.

19. Februar

Leider kann ich heute nicht mit einem fröhlichen Zitat wie gestern beginnen, denn an meinem Zustand hat sich nichts geändert. Ich schiebe den Verdacht weit von mir, oder versuche es wenigstens. Ich hoffe inbrünstig auf morgen! – Unglaublich, aber wahr: Mit einem Zweizack holte Wilfried vom Deck aus eine 1,20 Meter lange Goldmakrele an Bord, nachdem wir lange vergeblich mit dem Spinner geangelt hatten. Wilfried weidet den Fisch aus und schneidet ein paar schöne Filets für mich ab. Der Weg in die Pfanne ist nicht mehr weit. Wilfried kann sich nicht überwinden, auch ein Stück davon zu essen. Aber wenigstens ich habe für zwei Tage zusätzliches Eiweiß und kostbare Vitamine. Leider esse ich zuviel, das zwickt den Magen, aber was soll's, wenn es so gut schmeckt.

20. Februar

Ach, es ist beinahe sicher, daß wir ein Baby bekommen. Kein Land weit und breit, mitten in den Doldrums und viel Wind vor uns im Passat. Wir überlegen, Barbados anzusteuern, aber dann kommen wir in diesem Jahr nicht mehr nach Hause. Dakar scheidet ebenfalls aus; Wind und Strom sind in dieser Richtung gegen uns, und außerdem haben wir keine Karten von der afrikanischen Küste an Bord. – Ich nehme wieder den Kalender zur Hand und rechne. Bei günstigem Vorankommen wäre ich bei den Azoren schon im dritten Monat. Solange ohne Arzt zu sein, bedrückt mich besonders, wo ich mich auch wegen meiner Seekrankheit nicht richtig bewegen kann. Eine schlimme Situation. Ich habe große Angst. Die Freude über ein Baby, die ich an Land empfunden hätte, kommt hier nicht durch. Oh, wie würde ich voll Stolz meinen dicken Bauch über die Kö schieben! Wie oft habe ich mir das in den letzten Jahren voll Sehnsucht vorgestellt. Und jetzt? Keine Hilfe, wenn etwas passiert. Mein Herz ist unsagbar schwer, und auch Wilfried schafft es nicht, meinen Tränenstrom zu stoppen. Mag Gott seine schützende Hand über uns halten . . .«

An Astrids Zustand änderte sich auch in den nächsten Tagen nichts. Ich legte alle Energie daran, erstmal aus den Kalmen zu kommen, dann wollte ich weitersehen. Wir machten eine scheußliche Zeit durch. Eine Regenbö jagte die andere, und dazu immer aus verschiedenen Richtungen. Zwar fing ich dabei kräftig Regenwasser auf; der Tank war voll, als wir die Kalmen endlich nach acht Tagen verlassen konnten. Aber bis dahin gab es noch viele Segelmanöver. Alle naselang mußte der Kurs geändert werden. Oftmals fielen die Böen in Sturmstärke ein, so daß die Segel in Sekundenschnelle runter mußten. Mit der alten *Kathena* hatte ich es in dieser Gegend nicht so schwer gehabt.

Müde von den vielen Segelmanövern, von den rollenden Bewegungen in dieser erbarmungslosen Dünung und nervös von den schlagenden Segeln, lag ich verkrampft in der Koje und döste bei leiser Radiomusik, als Astrid mich laut rufend erschreckte: »Wilfried! Wilfried! Hör! Mach das Radio lauter!«

Mit einem Satz war ich am Apparat und drehte voll auf. Über die »Deutsche Welle« lief gerade die Sendung »Grüße aus dem Heimathafen«. Gespannt hörten wir, wie uns unser Freund Ortwin und seine Familie Grüße aus Hamburg schickten, und ich notierte sofort mit: ». . . spätestens dann, wenn das Barometer fällt, sind wir in Gedanken immer bei Euch . . . und wir drücken Astrid die Daumen, daß sie sich endlich auf See mal wohl fühlt . . . Vielleicht hält Euch in den nächsten Wochen die Phantasie aufrecht, was Ihr Euch als Willkommensessen wünschen wollt . . . Bis dahin kratzen wir alle im Geiste am Mast für Eure gesunde Wiederkehr.«

Der Gute ahnte sicher nicht, wie sein fröhlicher Gruß die deprimierende Stimmung auf der *Kathena* besserte. In Gedanken umarmten wir ihn und dankten ihm herzlich. Auch

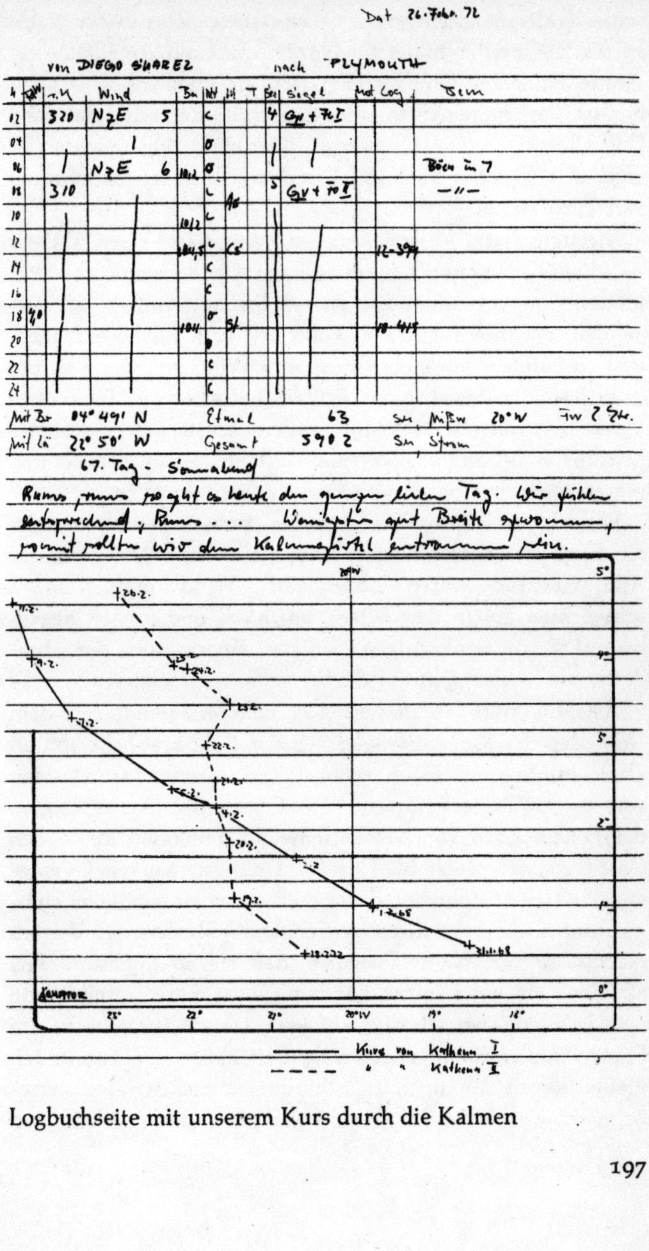

Logbuchseite mit unserem Kurs durch die Kalmen

sein »Kratzen« schien geholfen zu haben, denn in der Nacht kam endlich ein beständiger Nordnordost auf. Der lange ersehnte Passat! Doch er stellte sich als ungewöhnlich stark heraus. Fast immer blies er zwischen Stärke sechs und acht. Das Wasser kam in Unmengen über. Der Bug tauchte tief weg. Wir segelten hoch am Wind und konnten dabei nicht viel Tuch setzen.

Meistens hatte ich sogar viel zuwenig Segel oben. Da wir so scheußlich stampften, mußte ich sie meistens vorzeitig kürzen, um vor allem für Astrid Erschütterungen zu vermeiden. Bei ihrem Zustand wollte ich kein Risiko eingehen, und so befolgte ich stets sofort ihre Wünsche, wenn es um Streichen der Segel ging. Früher hatte Astrid in diesem Punkt hart mit mir zu kämpfen, denn ich ließ die Segel stehen, bis es oft zu spät war und sie beinahe aus den Nähten platzten.

Endlich, nach zehn Tagen »rums, rums« – immer rein in die Seen und nasses Deck – zeigte sich eine Besserung an. Alle Gestirne waren ohne Hof, Wind und Seegang schwächten ab. In den Fallen, am Mast und in den Segeln bemerkte ich feinkörnigen Sand – Saharastaub, der Hunderte von Meilen weit auf die See hinausgetragen wird.

Astrid konnte an diesem Tag zum erstenmal seit dem Verlassen der Kalmen wieder aus der Koje krabbeln und an Deck rumhopsen. Doch nicht lange. Nach fünf Minuten war sie völlig erschossen. Die Beine und Arme zeigten deutliche Spuren von Muskelschwund und taten ihr in den Gelenken weh. Jetzt hieß es für sie, systematisch Gymnastik zu treiben, obwohl das gewiß ihren unbändigen Hunger und noch mehr ihren großen Durst fördern würde. Ich machte Astrid schon Vorwürfe, daß sie so ungesund viel aß, doch sie holte unser Taschenlexikon hervor und zeigte mir die Stelle, wo schwarz auf weiß stand, daß schwangere Frauen immer einen enormen Appetit haben. Da konnte ich meine Sorgen nur noch still hinunterschlucken, aber insgeheim ging mir immer wieder die Rechnung durch den

Kopf, ob unser auf zwei normale Personen und auf eine begrenzte Zeit berechneter Proviant jetzt auch noch ausreichte.

Trotz unserer reichlich bedrückten Situation vergaßen wir nicht, Spaß am Leben zu haben. Dazu gehörte auch unser tägliches Canasta-Spiel. Es lenkte uns beide von allen Problemen ein wenig ab. Und da wir in allem, was wir anstellten, mit vollster Konzentration dabeiwaren, gab es verbissene Kämpfe. Es war für Astrid ein seelischer Auftrieb, daß sie nach 80 Tagen auf diesem Törn mit 32 zu 26 führte.

Am 12. März 1972 hatte Astrid ihren größten Tag. Im Tagebuch, das sie trotz aller Widrigkeiten weiterführte, steht: »Heute kreuzen wir unseren Ausgangskurs. Damit bin ich Weltumseglerin! Eine der ganz wenigen Frauen, die das geschafft haben. Ich habe ehrlich nicht daran geglaubt, irgendwo werden wir aufhören, wenn es mit meiner Gesundheit auf See nicht besser wird, waren damals meine Gedanken. Jetzt wünsche ich mir, daß wir alle drei bei guter Gesundheit an Land kommen, wenn möglich in Helgoland. Hochfliegende Wünsche, nicht wahr? Zur Feier des Tages gibt es ein Omelette aus Eipulver, viel Zwiebeln und Knoblauch und als Nachtisch Ananas aus der Dose.«

Am 30. Breitengrad verließen wir die Zone des beständigen Passats. Jetzt kamen die Breiten der wechselnden Winde und Flauten. Uns war es recht; so konnte ich mal wieder am Boot aktiv werden. Tauchen und die erneuten Entenmuscheln abschrubben. Nähen und Flicken aufsetzen an der Fock und dem Großsegel. Dabei stellte ich besorgt fest: Es wurde Zeit, daß wir die Reise beendeten. Denn die Segel waren arg brüchig.

Astrid entwickelte an diesem ruhigen 90. Tag auf See ebenfalls Aktivität. Sie putzte die Kochecke gründlich und wusch einen Teil der Wäsche im Salzwasser. Und sie suchte Pullover und dicke Socken für die bevorstehenden kalten Tage in nördlichen Breitengraden aus den entlegensten

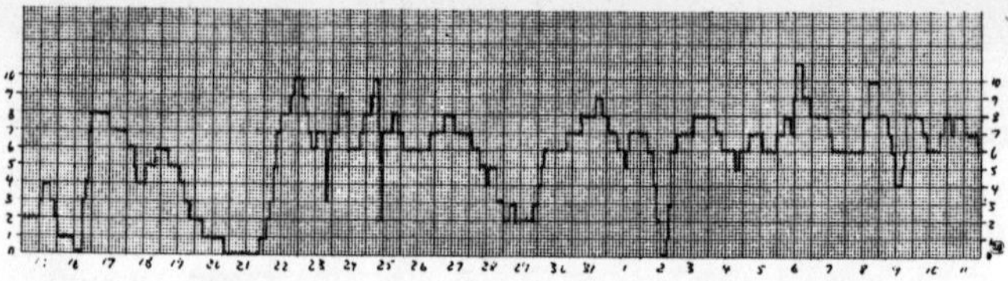

Aus meinem Logbuch. Die Windkurve zeigt an: An 18 von den aufgezeichneten 28 Tagen war Sturm

Winkeln des Bootes hervor. Für »unser Klima«, wie sie so schön sagte. Eigentlich nicht mein Klima – denn in den zehn Jahren zuvor hatte ich nur einen einzigen Winter im Norden Europas verbracht.

Zu dieser Zeit wurde das Essen langsam problematisch. Was soll man noch kochen nach drei Monaten auf See? Kartoffeln waren seit längerem keine mehr an Bord. Reis und Nudeln mit Fleisch aus Dosen schmeckten fade, zumal wir wegen des Wassermangels mit Gewürzen sehr sparsam umgehen mußten. Das Einerlei aus Dosen wurde stets mit leicht angedünsteten Zwiebeln bereichert. Wir aßen jetzt nur noch zweimal täglich, morgens Porridge und selbstgebackene Brotfladen aus der Pfanne, am späten Nachmittag ein warmes Gericht, und abends gab es zwei, drei Kekse – solange der Vorrat reichte. Dazu kochten wir Tee, solange wir Wasser hatten. Aber damit war es bald schlecht bestellt. Ich hatte gehofft, bis zu den Azoren noch ein paar Eimer voll auffangen zu können, aber das klappte nicht. Wir gerieten nämlich in ein ausgedehntes Tiefdruckgebiet, das zwar auch Regen brachte, aber meine Methode, einen Eimer unters Segel zu hängen, erwies sich als unbrauchbar. Der Wind fetzte das Salzwasser hoch in die Luft und machte den Niederschlag damit ungenießbar brackig.

Am 99. Tag dieses Törns passierten wir die Azoren zwischen den Inseln Flores und Fayal, ohne Land in Sicht zu bekommen. Wir waren für diese Jahreszeit zu früh nach

Norden geraten; das Wetter wurde schlecht mit sehr böigem Wind, der fast täglich in Sturmstärke blies.

Und dann kam das unerwartete dicke Ende, der schwerste Sturm auf dieser ganzen Weltumseglung. Um jetzt hinterher nicht aufzuschneiden, zitiere ich am besten mein authentisches Logbuch:

»6. April 1972

12.30 Uhr. *Kathena* treffen schwere brechende Seen von achtern, die zeitweise das ganze Cockpit füllen. Wind und Seen steigern sich so schnell, daß ich es für besser halte, die kleine Sturmfock (2 qm) zu bergen. Dabei fegt mich der Wind fast von Deck.

14.00 Uhr. Es scheint mir zu riskant, die *Kathena* weiter sich selbst vor Topp und Takel zu überlassen. Ich stecke als Treibanker eine 60 m lange, schwere Trosse aus, als Bucht geschoren, und setze mich an die Pinne. Dick in Ölzeug eingepackt, halte ich jetzt das Heck unseres Bootes in die anrollenden Seen. Der Sturm nimmt stetig zu. Das Barometer fällt zwei Millibar die Stunde. Totale Unsichtigkeit wechselt mit heller aufgerissener Bewölkung. Erstaunlich, wie schnell die See hoch und steil geworden ist. Sie bricht jetzt häufiger übers Heck ein.

18.30 Uhr. Der Wind erreicht jetzt in den Böen volle Orkanstärke. Ich bekomme Bedenken wegen unserer ziemlich großen Fenster. Hoffentlich werden sie nicht eingeschlagen! Da die Seen von achtern leicht backbords einfallen, zurre ich das zusammengepackte Schlauchboot als Schutz von außen vor die Backbordfenster. Zum Glück wird es bald dunkel, so daß ich die hohen Wellenriesen nicht mehr richtig sehen kann.

Ich fühle mich nicht unwohl und auch ganz sicher, obwohl ich selbst bei diesem Wetter nicht angelascht bin. Aber eine Sicherheitsleine habe ich nie angelegt. Ich bin der Meinung, daß man sich angelascht zu sicher fühlt und die Achtsamkeit nachläßt.

Der Orkan hält an. Das Deck wird in immer kürzeren Abständen überflutet. Die Dunkelheit drückt die Wellen etwas, jedenfalls fürs Auge. Astrid liegt in der Kajüte. Sicher ist sie sehr nervös, aber ich kann die Pinne nicht mehr verlassen, um sie zu trösten.

22.00 Uhr. Ich höre eine mächtige Welle herankommen. Da ist sie schon! Ich werde regelrecht vom Sitz an der Pinne hochkatapultiert. Mit der Brust lande ich auf dem Großbaum und halte mich dort krampfhaft fest. Das Heck scheint in den Himmel zu zeigen, und der Mast ist nicht zu sehen, er liegt im Wasser. Die *Kathena* ist voll auf die Seite geschlagen. Nur langsam, für mich viel zu langsam, richtet sie sich wieder auf.

Ich warte, ich sehe, daß der Mast noch am Boot ist. Die See rundum gischtet weiß.«

Um Astrid anzuzeigen, daß mit mir alles in Ordnung ist, klopfte ich heftig gegen das Schott. Da höre ich auch schon ihre Schreie.

Hier Astrids Tagebuch über diese Minuten zwischen Leben und Tod: »Da geschah es. Plötzlich stand ich im Liegen auf der Bordwand. Ich sah, ich spürte, hörte nichts in diesem Augenblick. Als das Boot sich wieder aufrichtete, rauschte Wasser in der Kajüte, automatisch kletterte ich rasch vom Vorschiff in die Kajüte. Blankes Entsetzen packte mich. Die kleine Petroleumfunzel war erloschen. Ich fühlte, daß ich bis übers Knie im Wasser stand. Alles schwamm. Die beiden Steuerbordfenster fehlten. Ich wußte mit den zwei finsteren leeren Löchern in der Dunkelheit nichts anzufangen. Das erste, was ich tat: Ich schrie.

›Ich ertrinke! Wilfried! Ich ertrinke!‹

Oben an Deck hörte ich das übliche Klopfzeichen von Wilfried. Aber das beruhigte mich nicht. Ich schrie erneut. Warum kommt er denn nicht, dachte ich.

Die Luke ging auf. Gischt sprühte herein. Wilfried kam

runter und tastete sich durchs Dunkel, um eine Taschenlampe anzuknipsen. Das Chaos, das ich beim Lichtschein sah, ließ mich verzweifeln. Hemmungslos begann ich zu weinen.

Ich klammerte mich an Wilfried. Behutsam schob er mich beiseite. Er packte einen Eimer und fing an zu schöpfen. Dabei redete er beschwichtigend auf mich ein. Aber es half nicht. Von Panik ergriffen, von Angst gelähmt, ließ ich mich auf die klitschnasse Koje fallen. Erst als Wilfried die Geduld verlor und mich anherrschte: ›Denk doch an unser Baby!‹ – erst da fing ich an, die Situation zu begreifen, und fischte aus dem knietiefen Wasser, was ich nur immer zu fassen bekam: Bücher, Kleidung, Decken, Seekarten, beide Kameras und alle Schwarzweiß-Negative, Lebensmittel und, und ... Nur mit Socken an den Füßen, trat ich im Wasser auf zerbrochenes Geschirr und Lampenglas. Das Chaos war perfekt, als sich das Kochöl aus einem 5-Liter-Behälter in die Kajüte ergoß.

Ich war völlig durcheinander, erlebte alles nur wie in Trance, während Wilfried Eimer um Eimer durchs Luk aus der Kajüte kippte. Drei Stunden lang. – Im Schein der Taschenlampe zersägte er anschließend den Holzboden unseres Schlauchbootes, um die offenen Fensterhöhlen mit den Brettern zuzuschrauben. Das mußte wohl sein. Aber damit war unser einziges Rettungsmittel vernichtet. Ich weinte. Ich betete. Ich hatte keine Hoffnung mehr. Ich spürte Angst, doppelte Angst ...«

Mein Logbuch vom 7. April:

»04.00 Uhr. Das Gröbste ist erledigt. Beim Verschalen der Fenster verspüre ich heftige Schmerzen in der rechten Hand. Jede Drehung mit dem Schraubenzieher wird zur Qual. Ich taste die Hand ab und stelle fest, daß mein Mittelhandknochen gebrochen oder zumindest angebrochen sein muß. Inzwischen sind die Pausen zwischen den Böen etwas länger geworden, ein Zeichen dafür, daß es abflaut. Ich lege mich zu Astrid in die Vorschiffkoje. Eng zusammengekauert unter einer nasse Decke, frierend, überdenken wir unsere Situation. Alle ernsten Situationen bisher erscheinen uns dagegen lächerlich. Wie oft schimpfte Astrid wegen ein paar Tropfen, die durch die undichte Luke ihren Weg in die Kajüte fanden. Jetzt ist die Kajüte verwüstet, und wir haben nur noch zwei Liter Trinkwasser. Viele Lebensmittel sind verdorben, und trockene Kleidung gibt es nicht mehr. Innen – wie außen – Temperatur: ganze neun Grad Celsius. Brrrr...

Mir fällt ein, daß ich einige Tage vor unserem Wassereinbruch unsere Kajüte schon im Traum habe schwimmen gesehen. Da waren wir mit der *Kathena* an einem alten Kai trockengefallen, um den Boden zu säubern. Eine Flutwelle setzte unsere Kajüte plötzlich unter Wasser, da alle Luken geöffnet waren. So schnell, wie die Welle gekommen war, so schnell war sie auch wieder weg, und *Kathena* stand danach unversehrt am Kai.

06.00 Uhr. – Die zwei Stunden Ruhe taten mir gut. Konnte jedoch nicht richtig schlafen, da immer noch eine gewaltige See läuft. Ich ziehe mein Ölzeug an und gehe Ruderwache.

18.00 Uhr – Zu essen gibt es heute nichts, und getrunken wird zu zweit eine Dose Kondensmilch. Das Barometer steht fest. Der Wind hat auf Windstärke sechs abgeschwächt. Ich setze die Fock. Alles deutet darauf hin, daß es morgen einen schönen Tag geben wird. Wir freuen uns darauf. Vor allem auf Sonne, um die Polster, Decken und die warme Kleidung trocknen zu lassen.«

8. April

»12.00 Uhr – Seit einer Stunde stehen wir überraschend wieder im schwersten Wetter. Die Böen sind noch wütender als vorgestern. Das Barometer fällt ständig. Astrid ist total mit den Nerven fertig. Ich habe Sorge um uns und das Boot, sollte der Sturm noch einen Tag wüten.

23.30 Uhr – Ich habe zwölf Stunden an der Pinne hinter mir. Eine solche See wie heute nachmittag habe ich mit einem Segelboot noch nie abgeritten. Da waren Wellenriesen von vernichtender Wirkung dabei. Eine davon fiel über unsere Windfahne, also vier Meter hoch, steil ins Cockpit. Ich habe mich furchtbar erschreckt, als ich den Kaventsmann ankommen sah und ich plötzlich steil in den Himmel blickte. Wie klein ist der Mensch in solchen Augenblicken. Die Welle deckte das ganze Boot ein, und ich dachte zum erstenmal: Jetzt ist Schluß.

Das mag pathetisch klingen, aber diese Logbucheintragung ist nur Stunden danach geschrieben. In diesem Augenblick könnte ich eine Übertreibung nicht mit mir selbst vereinbaren.

Das Wetter heute nachmittag war wieder voller Orkan. Naß und kalt wie ich war, mußte ich die *Kathena* konzentriert vor den Wellen steuern. Und das wurde mir beinahe zu schwer. Jetzt wünsch' ich mir bis zum nächsten Hafen handiges Wetter. Dieser Hafen wird Plymouth sein, das steht jetzt fest. Nach Helgoland geht es unter diesen Umständen beim besten Willen nicht.

Aus mehreren Gründen. Erstens: Astrids Zustand. Zweitens: Polster und Decken sind naß. Drittens: Alle Seekarten für den Kanal und die Nordsee sind futsch. Viertens: Wir haben keine Positionslichter für die Nacht. Fünftens: Alle Nudeln, Fertigsuppen und sonstigen lose verpackten Lebensmittel sind verdorben, und das Wasser wird knapp.«

9. April

»Ein Tag mit Sonne, allerdings nur bis Mittag, danach zieht es sich zu, und der Westwind frischt erneut auf. Von unserem Hab und Gut ist nicht viel geblieben. Astrid hat kein Kleid trocken behalten; ihre wenigen restlichen Klamotten werden Stockflecken bekommen und dann über Bord gehen. Ein Blick durch unsere Kajüte ist nicht ermunternd, das schöne in Diego lackierte Holz, die neuen Gardinen, alles, für unsere Ankunft schmuck hergerichtet, ist zum Teufel. Nach einem Mittagessen aus der Dose haben wir Lust auf eine Tasse Tee, aber bei den noch verbliebenen drei Litern Süßwasser müssen wir ihn uns verkneifen. Das bleibt jetzt die Reserve für den äußersten Notfall.«

11. April

»Astrids erste Worte heute früh: ›Alles, was ich brauche, ist eine klitzekleine Wohnung mit Bad und einem großen Spiegel und was zu essen und zu trinken!‹

Astrid macht mir wirklich Sorgen. Sie ist nur noch ein Schatten ihrer selbst. Jeder harmlose Wellenknaller an der Bordwand läßt sie zusammenschrecken. Sie lechzt nach viel zu trinken. Sie hat Fieber.

Durch den Nordwind ist es sehr, sehr kalt geworden. Ich ziehe alles an, was einigermaßen trocken ist.

Heute noch 410 Seemeilen bis Plymouth. Obwohl es stürmt, lasse ich die Fock II stehen. Wir müssen endlich ankommen.

Was der Mensch alles benötigt, um zu existieren: Nahrung, Flüssigkeit, Wärme. Andernfalls bricht der ganze Organismus zusammen. Er wird schwach und gleichgültig. Heute abend bemerkte ich an mir selber erste Anzeichen von Gleichgültigkeit. Bei Sonnenuntergang gibt es ein halbes Glas Wasser, das sind für jeden gerade zwei kleine Schlucke.«

12. April

»Ich konnte die Nacht nicht schlafen. Meine Gedanken beschäftigten sich mit der Gefahr, daß wir beide zusehends schwächer werden. Ich mußte aus Seewasser Trinkwasser machen – denn nur dann kann ich hoffen, daß wir ohne körperliche Schäden ankommen. Ich goß also Seewasser in unseren Teekessel, brachte es zum Kochen und leitete den Dampf durch ein Rohr in ein anderes Gefäß. Das Salz blieb im Teekessel zurück, und im Rohr kühlte der Dampf so weit ab, daß er als genießbares Wasser heraustropfte. Das Ganze läßt sich hoffnungsvoll an. Vor Freude bin ich richtig aufgeregt. Wir produzieren mit unserer Destillieranlage heute einen ganzen Liter Wasser!«

15. April

»Eine hohe ungemütliche See. Dazu Eiseskälte und Wind von vorn. Wird es denn gar nicht besser? Astrid zeigt ernstlich Schwächen. Sie braucht viel Zuspruch. Es sieht trist an Bord aus – Rost, Tücher, Tauwerk überall, Fenster verschalt. In der Kajüte noch immer feucht und häßlich. Wir haben keine Wäsche zum Wechseln, waschen uns nicht. Sicher sehen wir aus, wie man sich Seeräuber vorstellt. In unseren kleinen Spiegel schaut keiner von uns. Heute ist übrigens mein Geburtstag. Mein Gott! – Destilliere heute wieder einen Liter.«

17. April

»Die letzte Nacht war aufregend. Schiffe, Schiffe! Wo fahren die nur alle hin? Obwohl ich in den vergangenen Tagen noch des öfteren mit dem Gedanken spielte, doch direkt nach Helgoland zu segeln, gebe ich es nach dieser Nacht endgültig auf. Wir haben nämlich kein Positionslicht für draußen, da uns beim Wassereinbruch beide Petroleumlaternen kaputtgegangen sind. Und wie leicht können wir bei diesem Schiffsverkehr nachts überfahren werden, wenn wir nicht zu erkennen sind.

Ich destilliere heute einen Liter Trinkwasser in nur zwei Stunden. Die anschließend gekochte Tasse Kaffee putscht uns auf. Vom Rest Mehl backe ich das letzte Brot. Das Rezept: 2 Tassen Mehl, 2 gehäufte Teelöffel Backpulver, 1 Tasse Kondensmilch mit Kochöl, eine Prise Salz – alles miteinander vermischen, zehn Minuten gehen lassen, dann in einer Bratpfanne mit Deckel auf jeder Seite fünf Minuten backen.«

21. April

»02.00 Uhr – Auf Nachtwache im Englischen Kanal. Dies ist nun schon unsere 121. Nacht auf See, und wie es im Augenblick aussieht, wird es die letzte auf diesem Törn sein. Ein Weitersegeln nach Helgoland wäre Leichtsinn. Ich habe für die ständigen Segelmanöver keinen Mumm mehr in den Knochen. Wir sind in einem miserablen Zustand, körperlich wie seelisch. Jetzt werden deutlich die Spuren der Unterernährung sichtbar. Ich brauche zwei Stunden für Arbeiten, für die ich normalerweise keine halbe benötigt hätte. Alle paar Minuten muß ich verschnaufen.

10.30 Uhr. – Land voraus. Etwas verschwommen zwar, aber es ist deutlich als Start Point auszumachen. Unser erstes Land seit dem Tafelberg in 121 Tagen. Aber wir jubeln nicht. Für solche außergewöhnlichen Reaktionen sind wir zu erschöpft.

12.00 Uhr – Wir packen es. Wir packen es. Ein Landwind hat sich eingespielt.

20.30 Uhr – Der Anker ist im Grund. Wir haben es geschafft.«

So kurz und knirsch schließen meine Logbuch-Aufzeichnungen über unseren großen Törn, an dessen Ende wir so erschöpft waren, daß ich kein Wort mehr schreiben mochte. Zwar waren wir in Plymouth noch nicht ganz zu Hause, aber wenn man eine mehrjährige Weltumseglung hinter sich hat, verschieben sich die Dimensionen räumlich und zeitlich. Was jetzt noch folgte, war ein Zwölf-Tage-Trip bei widrigen Winden nach Helgoland und von dort ein Katzensprung zum Zielort Cuxhaven, wo wir ehrenvoll empfangen wurden. Aber das tiefste innere Erlebnis der Ankunft verspüren wir wirklich in Plymouth.

Obwohl unsere Reise um die Welt mit der Notiz »Anker im Grund« abgeschlossen war, möchte ich diesen Bericht nicht so trist schließen wie mein Logbuch. Unsere ersten Erlebnisse an Land gehören als Kontrast zu unseren letzten Erlebnissen auf See. Ungläubig wie kleine Kinder begannen wir nach den langen Monaten auf See und all unseren unmenschlichen Strapazen, die Welt ganz neu zu entdecken.

Das fing schon mit dem Ankermanöver an. In der Abenddämmerung schien uns die weite Bucht von Plymouth viel zu eng, um uns angesichts unseres körperlichen Zustandes noch komplizierte Manöver zum Einlaufen in den Hafen zuzutrauen. Gleich Kleinkindern bei ersten Gehversuchen blieben wir lieber draußen, ankerten dicht hinter dem Wellenbrecher, kaum mehr als eine Meile vom ersehnten Land entfernt.

Die ersten Menschen, die wir wieder sahen, halfen uns in der Not. Es war die Besatzung eines Lotsenbootes, das sich unserer *Kathena* neugierig näherte. Dreimal mußte ich versuchen, so laut wie möglich zu rufen, weil ich der rauhen Töne an Land entwöhnt war, bis sie mich verstanden und endlich einen Zehn-Liter-Behälter voll Frischwasser von Bord zu Bord herüberreichten. Hastig füllte ich in unseren Kanister um, und erst wenn ich mich jetzt hinterher genau besinne, glaube ich mich zu erinnern, wie merkwürdig, wie skeptisch ungläubig uns die Männer von der Barkasse betrachteten.

Hastig tranken wir beide gleich aus dem Kanister, unsicher, ob wir dabei etwas aus der weiten Tülle übers Kinn verschütten durften oder immer noch auf jeden Tropfen achten mußten. Als unsere Bäuche voll von Wasser waren, kochten wir unseren letzten Tee, gleich zwei Liter, und genossen ihn wie ein Feinschmecker das Steak nach einer opulenten Vorspeise. Hunger hatten wir danach nicht mehr, nur noch das Bedürfnis nach Schlaf.

Wir wissen beide nicht mehr, wie lange wir vor Erschöpfung in den Kojen gelegen haben, und auch am nächsten Morgen verholten wir wie in Trance an den Kai im inneren Hafen. Mir schwante nur noch, daß ich meinem Freund Ortwin in Hamburg versprochen hatte, mich gleich nach unserer Rückkehr nach Europa zu melden. So begab ich mich auf leicht unsicheren Beinen zum nächsten Telefon und investierte den größten Teil meines letzten Geldes in den Anruf.

»Ich will mal sehen, ob ich kommen kann«, sagte er von ferne, »ich lasse wieder von mir hören.«

Am nächsten Mittag waren er und unser gemeinsamer Freund Hanns-Jörg schon bei uns. Sie hatten es in ihrer Firma möglich gemacht, gleich das erste Flugzeug nach London zu nehmen und mit einem Mietwagen in der Rekordzeit von vier Stunden nach Plymouth zu fahren. Ich kann mich kaum erinnern, daß ich jemals Menschen so freudig umarmte.

Spontan luden uns die beiden zum Essen ein, was immer wir nur wollten. Ihr Vorschlag erregte helle Begeisterung bei uns: Steak!

Zum nächsten Steakhouse waren es zwar nur ein paar hundert Meter, aber dennoch war Astrid froh, daß wir mit dem Auto fahren konnten. Ihre Wadenmuskeln waren dünn geworden, ihre Knie sackten durch, und sie faßte an Land keinen festen Fuß.

Es war ein stilechtes altenglisches Lokal, in dem unsere Freunde die größten und zartesten Steaks für uns bestellten. Mitten im Schwelgen waren Astrid und ich so frei, einen zweiten Berg frischen grünen Salats nachzubestellen und dann noch einen dritten. Die Serviererin sah uns fassungslos an, als hätte sie Kaninchen zu Gast.

Ich kratzte meine allerletzten Pennies zusammen und revanchierte mich mit einer Einladung zu einem Bier in einer

Kneipe um die Ecke. »Sir Francis Chichester« hieß das Lokal sinnigerweise. An den Wänden hingen ein paar Handschriften des verehrten britischen Segel-Opas, aber sonst gab es hier nichts Besonderes. Aus dem Zapfhahn lief das Bier wie überall in England: fade, dünn und ohne leckeren Schaum.

Dennoch feierten wir das Wiedersehen mit überschwenglicher Freude. Nach vielen Monaten zweisamer Einsamkeit wieder unter Menschen, dazu noch welche, die unsere Muttersprache sprachen und uns kannten! Wir konnten uns nicht satthören, was sie aus der Heimat erzählten, und auch wir sprudelten über von lauter Geschichten aus unserer anderen Welt.

Wir mochten uns trotz der fortgeschrittenen Stunde gar nicht trennen, und so schlugen die Freunde vor: »Zieht doch zu uns ins Hotel. Wir laden euch ein.«

»So wie wir sind?« fragte Astrid erschrocken und sah an sich hinunter auf den ausgebeulten, verspakten Pullover und die blankgewetzten Jeans.

»Na und?« sagte Ortwin. Er hatte gut reden mit seinem weißen Hemd und der akkurat gebundenen Fliege am Hals. Aber schließlich ließen wir uns doch überreden angesichts der jahrelang entbehrten Herrlichkeiten, mit denen Hanns-Jörg uns lockte: »Da ist erstens geheizt und zweitens könnt ihr euch mal wieder richtig waschen.«

»Und richtig im Bett ausstrecken«, setzte Ortwin hinzu.

Ohne noch einmal an Bord zurückzukehren, folgten wir in den »Duke of Cornwall«, das erste Hotel am Platze. Astrid und ich kamen uns vor wie Menschen von einem anderen Stern, als wir da in unseren letzten schäbigen Bordklamotten in der Halle standen, auf feinen Teppichen, vor dem Empfangstisch mit der Marmorplatte, unter dem kristallenen Kronleuchter.

Die Freunde waren dezent und zogen sich nach einem letzten Plausch an diesem Tag bald zurück aus unserem fürstlichen Doppelzimmer.

KOSTEN ZUR SEE UND ZU HAUSE (VERGLEICH)

	Kosten für 2 Prs. eines Monats an Bord	Kosten für 2 Pers. eines Monats in Düsseldorf
ESSEN	DM 160,-	DM 350,-
MIETE	nichts	" 385,-
Strom / Petroleum / Gas	5,-	25,-
WASSER	nichts	10,-
Unterhaltung (Radio, Fernsehen, Zeitung)	10,-	50,-
Verkehrsmittel	nichts	40,-
Auto	nichts	80,-
Telefon	nichts	35,-
Versicherungen	nichts	20,-
Kleidung	10,-	50,-
Reinigung + Wäsche	nichts	10,-
Arzt + Medikamente	10,-	nichts
Instandhaltung des Bootes bzw d. Woh	30,-	20,-
PORTO	30,-	10,-
Andenken	10,-	nichts
Film + Foto	30,-	nichts
	DM 295,-	DM 1085,-
SONSTIGES, darunter sind Posten, die 2 Mark monatl. nicht überschreiten	10,-	20,-
GESAMT	DM 305,-	DM 1105,-

Nach einer schnellen Dusche huschte ich ins überbreite Bett und genoß die trockene saubere Wäsche auf der nackten Haut.

»Oh, Wilfried!« hörte ich Astrid aus dem Badezimmer jubeln, »fließendes warmes Wasser ...«

Ich weiß nicht, wie lange Astrid in der Badewanne saß. Es war gewiß mehr als eine Stunde. Inzwischen war ich eingenickt und schreckte nur kurz hoch, als sie sich endlich zu mir unter die Bettdecke kuschelte.

Ich nahm sie in die Arme. »Mein braves Mädchen«, flüsterte ich ihr ins Ohr, »mein tapferes Mädchen. Jetzt weiß ich wirklich, was ich an dir hab!«

Dann gaben wir uns unseren Träumen hin, Träume in die Vergangenheit und in die Zukunft.

Anmerkungen über das Boot und seine Ausrüstung

Ich habe in allen Kapiteln ganz bewußt nur wenige technische Daten gebracht, weil sie in einem Reisebuch stören würden, das sich an einen allgemeinen Leserkreis richtet. Deshalb hier einige fachliche Bemerkungen für besonders interessierte Yachtsegler.

Die *Kathena II* wurde 1966 nach Plänen des holländischen Yachtarchitekten van Cappellen auf der Bootswerft Reedeyk in Rotterdam-Schiedam als Slup mit dem Namen *Molch III* gebaut. Wir kauften das Boot am Mittelmeer aus zweiter Hand.

Die Abmessungen:

Länge über alles	8,90 m
Länge in der Wasserlinie	6,60 m
Größte Breite	2,68 m
Tiefgang	1,50 m
Wasserverdrängung	ca. 5 t
Besegelung am Wind	38 qm

Dieses Boot erwies sich gewiß nicht als ideal für eine Weltumseglung. Dazu waren seine Linien zu rank. Es liebte die steifen Winde nicht; schon bei Windstärke fünf mußte ich dem Großsegel einige Reffs geben und die Fock II setzen. Am dankbarsten war die *Kathena II* für flaue Winde; da zeigte sie, daß sie es eilig hatte.

Der Stahlrumpf war einfach zu pflegen: Rost kratzen und malen, malen, malen. Das mußten wir öfter machen, als uns manchmal lieb war, denn unterwegs bekamen wir für gewöhnlich nur minderwertige Farben der lokalen Fabrikanten. Zweimal erhielten wir jedoch von Frachtern aus der Bundesrepublik ein paar Eimer Farbe der deutschen Markenfirma Wiederhold, die eindeutig mehr Glanz zeigte und – abgesehen vom üblichen Verschleiß auf dem Deck – sich an besonders exponierten Stellen dauerhaft hielt. Insgesamt auf der ganzen Weltumseglung nahmen wir die *Kathena II* fünfmal aus dem Wasser und strichen sie vom Kiel bis zum Mast neu.

Die Steuerung ohne dauernde Ruderwache war ein großes Problem. Die halbe Weltumseglung lang versuchte ich einen Trimm zu finden, der automatisch den Kurs beibehielt. Aber das war manchmal gar nicht möglich. So probierte ich dafür günstige Segelstellungen, aber dann zogen die Segel nicht optimal, und wir machten weniger Meilen bei mehr Anstrengungen und etlichem Ärger.

Eine Selbststeuerungsanlage nimmt einem das alles ab, und so setzte ich mich endlich in Moorea nahe Tahiti in den Sand und konstruierte mit einfachen Strichen so ein praktisches Ding frei nach dem Flettnerprinzip. Die Herstellung kostete mich einfache verzinkte Wasserrohre und Beschläge im Wert von etwa 20 Mark. Gewiß gibt es bessere Anlagen, und diese ließ das Boot bei achterlich rauhem Wind manchmal bis zu 20 Grad gieren, aber bei steifem Wind steuerte sie die *Kathena II* praktisch auf geradem Kurs, und selbst bei schweren Stürmen ohne einen Quadratmeter Segel hielt sie den Bug in der gewünschten Richtung.

Die insgesamt sechs Segel stammten aus den Werkstätten von Beilken, Gaastra und Hood/Neuseeland. Während ich an denen von Gaastra ständig was zu nähen und zu flicken hatte, waren die Beilken-Segel am Ende der Reise noch immer ohne einen Stich und standen prächtig. Vielen Dank dem Segelmacher! Gewiß würden sie noch eine zweite Weltumseglung durchstehen – wenn man sie mir nicht nach meiner Rückkehr in Hamburg von Bord gestohlen hätte ...

Das Ankergeschirr der *Kathena II* bestand aus einem 15-Kilo-Hauptanker von Danforth mit 25 Meter 8-mm-Kette als Vorläufer und 35 Meter Nylontrosse. Zweitanker war ein 10 Kilo schwerer Danforth mit 15 Meter langer und 6 mm starker Kette, angeschäkelt 40 Meter Nylontrosse. Dieses Ankergeschirr reichte für eine Weltumseglung nicht immer ganz aus. Mitunter wünschte ich mir bei Liegeplätzen auf unreinem Grund, also über scharfen Korallenblöcken, mehr Kette. Aber wir hatten Glück und verloren keinen Anker.

Als Hilfsmotor war ein Albin-Zweitakt-Benziner mit einer Leistung von 10 PS eingebaut, der bei ruhigem Wasser eine Höchstgeschwindigkeit von 5,5 Knoten mit einem Verbrauch von nur zwei Litern in der Stunde zuließ. Bei 35 Liter Brennstoff im Achtertank gab das einen Aktionsradius von beinahe 90 Seemeilen. Ein Dynamo mit Riemenübertragung diente zum Aufladen der 12-Volt-Batterie, aber da sie sich bald nach unserem Start als überaltert erwies, warfen wir sie über Bord und begnügten uns mit Petroleumlampen.

Den Standort ermittelte ich meistens mit einem Sonnenbesteck. Als Navigationshilfen benutzte ich dazu den Trommelsextanten, den ich schon auf meiner ersten Weltumseglung mitgeführt hatte, ferner eine Omega-Armbanduhr als Chronometer, und ein Kurzwellenempfänger *Zenith-Trans-Oceanic* lieferte stets Zeitzeichen zur Chronometerkontrolle. Als schriftliche Unterlagen dienten die Tafeln HO 249 und gelegentlich das Nautische Jahrbuch, vor allem aber die davon unabhängigen und sehr einfachen französischen Tafeln von S. de Neufville.

Der Steuerkompaß stammte von Plath/Hamburg und zeigte – auf dem Lukendeckel montiert – so gut wie keine Deviation.

Das wichtigste Rettungsmittel an Bord und einzige Verkehrsfahrzeug zwischen *Kathena* und Strand war ein nagelneues Schlauchboot der Marke *Zephyr* von der Firma Scheibert. Trotz der starken Temperaturschwankungen in den Tropen zeigte es keine Mängel und war auch auf See, zusammengelegt und auf dem Kajütendach mit einer Persenning bedeckt, stets zuverlässig parat.

Als Fotoausrüstung führten wir zwei Apparate mit: eine Contaflex von Zeiss-Ikon und eine Vitomatic Ia von Voigtländer. Obwohl ich die Contaflex sorgfältig behandelte, versagte sie gegen Schluß der Reise ihre Dienste, während meine schon 1959 gekaufte Voigtländer nach vielen Jahren Seefahrt und zwei Weltumseglungen noch immer vollkommen intakt ist. Alle Schwarzweißfotos in diesem Buch und alle Bilder für meine Zwischenberichte während der Reise in der *Rheinischen Post* und der *Welt am Sonntag* sowie für die große Schlußreportage im *Stern* wurden mit dieser Kamera aufgenommen.

Tabelle der Abfahrten und Ankünfte

Abf.-Datum	von	nach	Tage	Std.	sm
2. Aug. 1969	Ile des Embiez (versch. Stops an der span. Ostküste)	Gibraltar	15	10	1016
30. Sept.	Gibraltar, Algericas	Casablanca	3	7	217
15. Okt.	Casablanca	Las Palmas	6	1	552
27. Nov.	Las Palmas	Barbados	25	18	2752
8. Jan. 1970	Barbados, St. Vincent	Bequia		20	110
19. Jan.	Bequia	Christobal	10	1	1172
3. Febr.	Christobal	Balboa		9,5	45
16. Febr.	Balboa	Kokosinsel	10	19	548
5. März	Kokosinsel	San Christobal	12		648
17. März bis 27. April	In den Gewässern der Galapagos-Inseln		3	6	217
27. April	Black Beach (Floreana)	Fatu Hiva	35	7	3008
6. Juni bis 14. Juni	In den Gewässern der Marquesas-Inseln			17	67
14. Juni	Hana Menu (Hiva Oa)	Papeete	9	4	801
5. Sept.	Papeete	Moorea		17	79
16. Sept.	Moorea	Apia (Samoa)	14		1340
12. Okt.	Apia	Wallis	2	7	282
	In der Lagune von Wallis				7
27. Okt.	Wallis	Futuna	1	1	140
2. Nov.	Futuna	Suva (Fiji)	2	23	329
16. Nov.	Suva	Whangarei	16	2	1160
2. Jan. bis 1. April 1971	In den Gewässern Neuseelands		5	16	543
3. April	Whangarei	Aneityum (Neue Hebriden)	13	3	1046

Abf.-Datum	von	nach	Tage	Std.	sm
19. April	Aneityum	Port Vila	1	18	186
8. Mai	In den Gewässern der Neuen Hebriden		2	23	236
30. Mai	In den Gewässern der Torres-Inseln und Vanikoro		3	3	273
7. Juni	Vanikoro	Rennel-Insel (Salomon-Inseln)	5	3	443
13. Juni	Rennel-Inseln	Port Moresby	7	5	854
	In der Lagune v. Port Moresby			5	19
12. Juli	Port Moresby	Cocount Island (Torresstraße)	2	10	285
19. Juli	Cocount Island	Thursday Island		12	68
25. Juli	Thursday Island	Weipa	2	6	170
9. August	Weipa	Dili (Timor)	9	6	1022
30. August	Dili	Komodo (Indonesien)	5	22	402
8. Sept.	An der Küste von Komodo				8
8. Sept.	Komodo	Diego Garcia (Chagos Arch.)	34	4	2979
	In der Lagune v. Diego Garcia			14,5	35
25. Okt.	Diego Garcia	Diego Suarez (Madagaskar)	21	22	1510
	In der Bucht von Diego Suarez			7	30
22. Dez.	Diego Suarez	Plymouth	121	14	9902
27. April 1972	Plymouth	Helgoland	12	5	548
11. Mai	Helgoland	Cuxhaven		8	37
		Gesamt	420	376	35086

Abdrift	seitliche Versetzung durch Wind, Seegang oder Strömung
achtern	hinten
Achterpiek	kleiner Stauraum im Heck des Schiffes
aufslippen	ein Boot mit Hilfe einer Slippanlage aus dem Wasser holen.
backbord	linke Schiffsseite
Backskiste	Raum unter einer Sitzbank
Baum	Rundholz, an dem das Segel mit seiner untersten Kante befestigt wird
beidrehen	das Schiff ohne Fahrt oder unter kleinstem Segel treiben lassen
Besteck	Ortsbestimmung mit Instrumenten
Bilge	tiefster Hohlraum im Schiff
Bö	Windstoß
Breite	geographischer Breitengrad
Crew	Mannschaft
Dingi	kleines Beiboot
dümpeln	das Hin- und Herwerfen eines Schiffes bei Windstille auf See oder vor Anker
Echolot	Gerät zur Messung der Meerestiefe durch Schallwellen
einhand	Division Seglerausdruck für allein
Etmal	die von Mittag zu Mittag zurückgelegte Entfernung eines Schiffes
Fall	Tau zum Setzen der Segel
fieren	Leine nachgeben
Fock	Segel vor dem Mast
gegißt	geschätzt
Genua	großes Vorsegel
Großsegel	Hauptsegel hinter dem Mast
Kabellänge	185,2 Meter
Kalmen	Zonen häufiger Windstille
Ketsch	Yachttyp mit 2 Masten
Kimm	Horizont
klarieren	an- und abmelden bei der Hafenbehörde
Klüse	Öffnung an Deck für die Ankerkette
Knoten	Geschwindigkeit, Seemeilen je Stunde
Koppelkurs	die nach Log und Kompaßkurs ermittelte Fahrtrichtung
kreuzen	gegen die herrschende Windrichtung segeln
Kurs	Fahrtrichtung
Lagune	vom offenen Meer abgetrennte Bucht
Länge	geographischer Längengrad
Lee	die dem Wind abgewandte Seite

Log	Gerät zum Messen der Fahrtgeschwindigkeit eines Schiffes
Luk	Eingang zur Kajüte
Luv	die dem Wind zugewandte Seite
Masttop	Spitze des Mastes
Mißweisung	Abweichung der Kompaßnadel von der geographischen Nordrichtung
Passat	beständiger Tropenwind
Pinne	Hebel des Steuerruders
Plicht	vertiefter Sitzraum am Ruder
pullen	rudern
reffen	Verkleinern der Segelfläche
Rigg	alle Taue und Drähte, die zum Halten des Mastes und zur Bedienung der Segel und Bäume dienen
Saling	Querstange am oberen Mast
schamfielen	das Scheuern von Segel und Tau gegeneinander
Schoner	mehrmastiges Segelschiff
Schot	Segelleine
schralen	schwach, ungünstig, drehend
schwojen	sich (vor Anker) drehen
Seemeile	1852 Meter
Slup	Bootstyp mit einem Mast
Speigatt	Abflußloch an Deck für das überkommende Wasser
spleißen	Drahtseil- oder Tauende miteinander verflechten
Stag	Halte-, Stützdraht
steuerbord	rechte Schiffsseite
Tausendfüßler	bürstenartige Segelschoner aus Tauwerk gefertigt
Tide	Ebbe oder Flut
Trimaran	Dreirumpfboot
Trosse	starkes Hanf- oder Drahttau
Wanten	Spanndrähte des Mastes
Zenit	höchster Punkt des Himmels über dem Beobachter